HAMBURGISCHE UNIVERSITÄT

Abhandlungen
aus dem Gebiet der Auslandskunde

Band 10 — Reihe B. Völkerkunde, Kulturgeschichte und Sprachen, Band 6

Die Marind-anim von Holländisch-Süd-Neu-Guinea

von

Dr. P. Wirz

I. Band

HAMBURG
L. FRIEDERICHSEN & CO.
1922

HAMBURGISCHE UNIVERSITÄT

Abhandlungen
aus dem
Gebiet der Auslandskunde
(Fortsetzung der Abhandlungen des Hamburgischen Kolonialinstituts)
Band 10

Reihe B. Völkerkunde, Kulturgeschichte und Sprachen,
Band 6

Die Marind-anim
von Holländisch-Süd-Neu-Guinea

von

Dr. P. Wirz

Teil I und II in einem Bande

HAMBURG
L. FRIEDERICHSEN & CO.
1922

Die Marind-anim
von
Holländisch-Süd-Neu-Guinea
I. Band

Teil I
Die materielle Kultur der Marind-anim

von

Dr. P. Wirz

Mit 43 Tafeln und 7 Abbildungen im Text

HAMBURG
L. FRIEDERICHSEN & CO.
1922

Die „Abhandlungen aus dem Gebiet der Auslandskunde" (Fortsetzung der Abhandlungen des Hamburgischen Kolonialinstituts) erscheinen in folgenden Reihen

A. Rechts- und Staatswissenschaften (auch politische Geschichte umfassend),

B. Völkerkunde, Kulturgeschichte und Sprachen,

C. Naturwissenschaften,

D. Medizin und Veterinärmedizin.

Sämtliche Zuschriften und Sendungen, die den Druck und die Herausgabe der Abhandlungen betreffen, insbesondere sämtliche druckreifen Manuskripte bittet man zu adressieren:

An die Schriftleitung der Abhandlungen aus dem Gebiet der Auslandskunde

Hamburg 36
Universität

Druck von J. J. Augustin in Glückstadt und Hamburg.

Vorwort.

Die vier Teile der vorliegenden Monographie: „Die Marind-anim von Holländisch Süd-Neu-Guinea“ sind das Ergebnis einer ethnologischen Forschungsreise nach der Südküste von Neu-Guinea. Ich unternahm die Reise mit der Absicht, von den noch wenig bekannten und in raschem Aussterben begriffenen Stämmen auch für spätere Zeiten eine bleibende Erinnerung zu sichern. Unternehmend und hoffnungsvoll, wie ich damals war, beabsichtigte ich zuerst, möglichst weit ins Innere vorzudringen und möglichst unberührte Stämme zu sehen. Aber schon nach den ersten Wochen meines Aufenthaltes mußte ich einsehen, daß ich mich in meiner Auffassung geirrt hatte, und daß das Tiefergreifen ethnologischer Arbeiten nur an der Küste möglich war und hier um so nötiger schien. Es sollte dies vor allem dem großen am Strande ansässigen Stamm der *Marind-anim* gelten, welche das Zentrum einer von der Küste ausstrahlenden Kultur bildeten. Diesen Stamm nach allen Richtungen hin zu untersuchen, schien mir bald darnach um so notwendiger zu sein, als das Aussterben der total verseuchten Bevölkerung bevorstand und nur noch eine Frage der Zeit ist.

Vorüber war die Zeit der grausamen Kopfjagden, der grotesken Feste und der rohen, blutdürstigen Geheimkulte, aber es gelang mir noch von vergangenen Zeiten einen letzten Widerschein zu verspüren.

Ich habe das Glück gehabt, gerade in der Zeit nach Merauke zu kommen, als der damalige Assistentresident aus Interesse an den Eingeborenen und aus Verständnis für sie diese eine Reihe von Festen feiern ließ, die wohl an Schönheit, an künstlerischem Wert und an Ausstattung alles übertrafen, was uns von Neu-Guinea überhaupt bekannt ist. Diese Feste waren es dann auch, welche mir eigentlich den Anstoß gaben, um tiefer in die Mythenwelt und die Geheimkulte der Marind einzudringen und von ihrer ganzen Vergangenheit ein lebendiges Bild zu erhalten.

Es sei daher hier an erster Stelle den Behörden von Merauke gedankt. Durch sie gelang es mir auch, eine reiche und wertvolle Sammlung mitzubringen, die größtenteils und in mustergültiger Weise im Museum für Völkerkunde zu Basel untergebracht ist. Zu weiterem Dank bin ich den Missionaren der römisch-katholischen Mission von Süd-Neu-Guinea verpflichtet, die mir während meines ganzen Aufenthaltes in Neu-Guinea mit Rat und Tat beistanden und mir besonders in linguistischer Hinsicht behilflich waren. Schließlich sei noch den Herren Direktoren der Merauke-Company gedankt, die mir in verschiedenster Weise Entgegenkommen erwiesen.

Inhaltsverzeichnis des I. Teils.

Verzeichnis der Abbildungen des I. Teils.

Abbildungen im Text.

Tafeln.

8. Haartrachten

Abb. 1—3. Geschmückte *Amnanga*.

Abb. 4. *Amnangib* mit *Bokboka-beisam*.

Abb. 5. *Garigra-beisam*.

Abb. 6. *Majub-wahukuk*-Haartracht.

9. Abb. 1—3. *Amnanga* in vollem Schmuck.

10. Gesichtsbemalungen, darunter

Abb. 1. *Kidub-mahi* (Adlerschmuck).

Abb. 2. *Ebob-mahi* (Reiherschmuck).

Abb. 3. *Momoho-mahi* (Eulenschmuck).

Abb. 4. *Darimb-iwåg* (Vogelschmuck).

Abb. 5. *Tĕreharé-mahi* (Lappenkibitzschmuck).

Abb. 6. *Waiko-mahi* (Schmuck für einen Reigen, den *Waiko*).

Abb. 12. *Ngåt-mahi* (Hundeschmuck).

11. Schmuck (*Mahi*)

Abb. 1 u. 2. *Dunduvi*, Oberarmringe, die aus einem dünnen Rotanstreifen geflochten sind. Sie werden von allen männlichen Altersklassen getragen.

Abb. 3. *Barar*, Oberarmringe, aus schmalen Rotanstreifen geflochten. Dieser Schmuck wird von sämtlichen Altersklassen getragen. Er ist der erste, den das Kind erhält.

Abb. 3a. Flechtornamente des *Barar*. Sie werden als Schweinefährten (*Basik-isas*) oder als Fischwirbelsäule (*Awē-hajau*) gedeutet. Das Flechtschema entspricht dem von 8a auf Tafel 33.

Abb. 4. *Muk-dond*, Armringe für Männer (*Miakim* und *Amnanga*). Dieser Schmuck besteht aus Bambusstäbchen, die mit Bindfaden umflochten werden nach dem Schema 4a.

Abb. 5. Mit Schneckenschalen (Nassa spec.) besetzter Gürtel, der vom *Miakim* und *Amnangib* über dem *Segos* getragen wird.

Abb. 6. *Segos*, Lendengürtel der Männer, *Miakim* und *Amnanga*, geflochten aus schmalen Rotanstreifen.

Abb. 6a und 6d. Überflechtornamente des *Segos*.

12. Schmuck (*Mahi*)

Abb. 1. *Wib*, Lendengürtel, der aus dem gleichnamigen Cyperaceengras verfertigt ist. Er wird von den Männern (*Amnanga* und *Miakim*) über dem *Segos* getragen, so daß die herabhängenden Grashalme die Gesäßspalte verdecken. Beim *Miakim* sind sie bedeutend länger und reichen bis zu den Waden herab.

Abb. 2 und 3. *Sahu-bob*, Penisbedeckung der Männer (*Amnanga*), bestehend aus einer kleinen halbierten und mit eingravierten Ornamenten versehenen Kokosschale, die um die Lenden getragen wird.

Abb. 4. Penisbedeckung in Form eines halbzylindrischen, aus rauhem Holz geschnitzten Phallus (Herkunft: *Adka-zé-mirav*).

Abb. 5 und 6. *Korasig-baba* (kreuzweise Coixsamen). Brustbänder, die kreuzweise über Brust und Rücken getragen werden, die schmalen von Kindern (*Ewati*, *Iwåg* und *Kiwasum-iwåg*), die breiten von Männern (*Miakim* und *Amnanga*).

Abb. 7. Aus Schnüren geflochtener Brustgürtel; Flechtweise: s. 7a. Ebensolche schmale Bänder (nach der Art 7b geflochten) werden von den *Patur* getragen.

Abb. 8. *Pur*, Schmuck aus zwei Knochen eines Storches oder Reihers, die an den Gelenken durch ein kurzes Geflecht verbunden sind, an welchem Coixsamen, Muscheln und andere Dinge hängen. Der Schmuck wird vom *Ewati* und der *Iwåg* im *Barar* getragen und dient zu Liebeserklärungen (*Parané*).

13. Schmuck (*Mahi*).

Abb. 1. *Kind-arir*, Brustschmuck für Kinder (*Ewati* und *Wahuku*, gelegentlich auch vom *Patur* und der *Kiwasum* getragen). Er besteht aus zahlreichen spitzen Nautilusabschnitten, denen ein halbringförmiges Geflecht von Kokosblattfiedern und Rippen aufgenäht ist. 1a veranschaulicht das Flechtschema dieses Ringes. Die Kokosblattfiedern sind grau gehalten.

Abb. 2. *Ngåt-end*, Brustschmuck der Männer (*Miakim* und *Amnanga*) und Mädchen (*Kiwasum-Iwåg* und *Iwåg*), bestehend aus einem Bastgeflecht, auf welches durchbohrte Hundezähne aufgenäht sind.

Abb. 3. *Saham-semb*, analoger Brustschmuck für Männer (*Miakim* und *Amnanga*), der auch an Stelle des *Ngåt-end* getragen wird. Statt der Hundezähne werden bei diesem Känguruh-Incisiven an einem halbringförmigen Geflecht befestigt.

Abb. 4. *Gudeva*, Brustschmuck der Männer (*Miakim* und *Amnanga*), bestehend aus einem Geflecht von feinen Rotanstreifen. An diesem werden einige, 3 oder 4, zugespitzte Muschelabschnitte befestigt.

Abb. 5. *Hazind*, Kopfschmuck für Jünglinge (*Ewati*) und Männer (*Miakim* und *Amnanga*), bestehend aus den Bastfasern (*Haz*) von Caryota spec. (*Gongai*). Er wird über den Haarverlängerungen getragen, so daß er diese gleichmäßig bedeckt.

Abb. 6. *Zimbu*, analoger Kopfschmuck wie 5, der jedoch bloß von Männern (*Miakim* und *Amnanga*) getragen wird, so daß er die Haarverlängerungen bezw. den *Hazind* gleichmäßig bedeckt. Er besteht aus langen Kasuarfedern, die an einem bandartigen Geflecht befestigt werden.

Abb. 7. Ein Schmuckersatz für den *Zimbu*, der aus weißen Kakadufedern verfertigt wird.

Abb. 8. *Gui*, ein Brustschmuck aus gepreßten Schweineschwänzen, die an gespaltenen und aufgereihten Coixsamen von Jünglingen und Männern (*Ewati*, *Miakim* und *Amnanga*) und hin und wieder auch von den *Iwåg* um den Hals getragen werden.

14. Schmuck (*Mahi*).

Abb. 1. *Karuri*, Kopfschmuck von Federn von Paradisea apoda. Sie sind auf einer Schnur aneinandergereiht und bedecken gleichmäßig den *Pajaman* der *Miakim* und der *Amnanga*. Bei Festen wird er hin und wieder diademartig um die Stirne getragen.

Abb. 2. *Pajaman*, Kopfschmuck von Kasuarfedern. Diese werden büschelweise an einem bogenförmigen Schnurgeflecht befestigt. Der *Amnangib* trägt diesen Haarschmuck über der Stirn und auf der Haargrenze.

Abb. 3. Ersatz des *Pajaman* aus weißen ausgezackten Kakadufedern.

Abb. 4—6. *Angior*, geflochtenes Band mit eingeflochtenen schwarzgefärbten *Noah*-Fasern. Das Geflecht ist zum Teil rot bemalt. Es dient zum Festhalten der Haarverlängerungen der *Ewati*, *Miakim* und *Amnanga* und wird unter denselben festgeknüpft.

Abb. 7—9. Schmale geflochtene Bändchen, sog. *Bir-a-bir*, welche an der Haargrenze über der Stirne getragen und unter den Haarverlängerungen zusammengeknüpft werden. Das sind Schmuckstücke der *Ewati*, *Miakim* und *Amnanga*. 8 ist mit kleinen rhombischen Nautilusschalstückchen belegt.

Abb. 10. *Anda-rek*, geflochtenes Bändchen, das transversal über dem Scheitel getragen wird und zum Zusammenhalten der Haarverlängerungen dient.

15. Schmuck (*Mahi*).

Abb. 1. *Ihir*, Ohrschmuck aus kreisförmig gebogenen Kasuarfederkielen. Er wird von allen Altersklassen, beginnend mit dem *Ewati* und der *Wahuku* getragen.

Abb. 2. Geflochtene Grasringe, welche einen Ersatz für die *Ihir* bilden.

Abb. 3. Ohrringe aus dem Schwanz eines Rochen (*Papu*).

Abb. 4. Ohrschmuck eines *Mokraved* oder *Patur*, bestehend aus einem zugespitzten Bambusabschnitt. Weite: $2^1/_2$ cm.

Abb. 5. *Enod*, und zwar der *Kwarhan-enod*. An zwei halbierten Kasuarfederkielen stecken Federn von Myristicivora bicolor (*Bevom*). Die untern Kielenden sind durch einen Coixsamen durchgesteckt, und zwar der eine axial, während der andere durch eine seitliche Durchbohrung austritt, wodurch die beiden Federn in gespreizter Lage festgehalten werden; weiterhin sind die Kielenden durch eine Nautiluskammerwand (*Tapé-kindarir*) durchgesteckt, welche auf dem Scheitel aufliegt. Dieser Schmuck wird vom *Ewati*, *Amnangib*, *Kiwasum-iwåg* und *Iwåg* getragen.

Abb. 6. Federschmuck eines *Samb-anim*, der keine Haarverlängerungen mehr trägt. Er bildet einen Ersatz für den *Enod*. Die Federn stecken an einem aus Rotan geflochtenen Bügel, der sagittal auf dem Kopf befestigt wird.

Abb. 2. Vorderteil der *Noah* und des *Upip* verheirateter Frauen.

Abb. 3. *Tsinak*, Schamschürze der *Jee*-Weiber aus Bastfasern.

24. Schnurfiguren.

Abb. 1. Schnurfigur, Stern (*Wajor*), die von zwei Personen ausgeführt wird.

Abb. 2. Schnurfigur.

25. Musikinstrumente.

Abb. 1. Panflöte, fünf ungleich lange rohe Abschnitte von Bambusa longifolia, die mit einem Bastfaden zusammengehalten sind; Länge: 35 cm.

Abb. 2. Maultrommel von Bambus; Länge: 24 cm.

Abb. 3 u. 4. Pfeife aus einer kleinen, seitlich durchbohrten Kokosnuß.

Abb. 5. Trommel der *Jee anim*, aus dunkelbraunem Holz, Form. Sanduhrähnlich, etwas konkav. Die Haut besteht aus einem Varanusfell, das mit Blut und Kalk festgeklebt ist; einige Harztropfen auf demselben dienen zur Abstimmung. Am untern Teil sind einige erhabene Rinnen herausgeschnitten, die zwischenliegenden Partien sind weiß und rot bemalt.

Abb. 6. Trommel der *Marind*, mit dem Spiral- und Zickzacklinienornament; ersteres imitiert das Gehäuse der Schlammwespe und wird folglich *Pihui-arir* (Wespenornament) genannt.

Abb. 7. Am oberen Teil befindet sich stets ein einziges Ornament, das entweder den fliegenden Hund (a) oder einen Stern (g), oder die *Sarahai*-Figur (e) repräsentiert; diese drei Ornamente gehen jedoch in einander über, wie die zwischenliegenden Figuren zeigen.

26. Zwei Methoden der Feuerbereitung.

Abb. 1. Feuerbohren.

Abb. 2. Feuersägen.

27. Sagobereitung.

Abb. 1. Apparat zur Sagobereitung.

Abb. 2. Sagoklopfende Frau von *Kumbe*.

Abb. 3. Sagoklopfende Weiber. Hier sind zwei Apparate miteinander kombiniert. Der ausgewässerte Sago fließt aus beiden Apparaten in horizontale auf dem Boden liegende Sagoblattscheiden, in welchen er sich absetzt.

28. Sagobereitung.

Abb. 1 u. 2. Das Herausraspeln des Sagomarks aus dem geöffneten Palmstamm; wozu sich die Inlandmarind des Gerätes

Abb. 3 u. 4 oder seltener 5 bedienen; d. h. eines natürlich gebogenen oder zusammengesetzten Schlägers, dessen Schlagende mit einer Bambuskappe versehen ist.

Abb. 6. Bambusstock, welcher zum Verarbeiten des angefeuchteten Sagomarks dient; die Oberseite ist mit Ritzornamenten versehen.

29. Fallen.

Abb. 1. Große Falle für Krokodile

Abb. 2. Kleine Falle für Krokodile.

Abb. 3. Schema einer Krokodilfalle.

30. Fallen.

Abb. 1. Falle für Wildschweine.

Abb. 2. Schema der Schweinefalle.

Abb. 3. Jagdhütte, kleines Blätterhüttchen in einem Sumpf am oberen *Bian*, in welchem die Eingeborenen den Wasservögeln auflauern.

31. Fischerei.

Abb. 1. Fischreuse aus gespaltenem Bambus, mit einem Rotanstreifen spiralig verflochten; Länge: 155 cm.

Abb. 2. Fischreuse, ganz von Rotan verfertigt. Die längs verlaufenden Streifen sind mit kleinen Widerhaken versehen, wodurch das Zurückweichen der Fische verhindert wird. Länge: 196 cm.

Abb. 3. *Hauprä*, Fischkorb, hergestellt aus gespaltenem Bambus, der mit Zweigen einer Mangrove *(Hauprä)* verflochten ist.

Abb. 4. Mit der *Hauprä* fischende *Mes-iwåg*.

Abb. 5. Angelhacken *(Akada)* aus Bastrippen der Kokospalme verfertigt; Länge: 5 cm.

Abb. 6. Abgesperrter Seitenbach am obern *Bian* zum Einfangen der Fische.

32. Abb. 1 u. 2. Bogenschützen.

Abb. 3. Mann mit Speerschleuder.

33. Waffen.

Abb. 1. Erste Bogenform mit gleichausgebildeten Enden. Die Rotansehne wird festgehalten durch einen kleinen von Rotanfasern geflochtenen Ring, den sog. *Bea*, welcher die Sehne am Abrutschen verhindert.

Abb. 2 u. 3. Zweite Bogenform; 2 entspricht dem vordern Ende *(mahai)*, 3 dem hintern Ende *(es)* des Bogens. Das erstere ist kürzer und spitz und wird auch als Nase *(Angib)* bezeichnet. Das hintere ist etwas länger und stumpf und wird auch Fuß *(Tagu)* genannt. Das Abheben der Bogensehne und das Bespannen geschieht stets am vordern Ende. Die Bogensehne wird festgehalten durch einen kleinen Fortsatz, die Nase *(Angib)*, resp. durch einen Wulst, der am hintern Ende aus dem Bogenkörper herausgeschnitzt ist.

Abb. 4. Bogenschutz *(Rakarik)* für Knaben *(Patur)*, hergestellt aus Blattrippen der Kokospalme *(Suru)*, zwischen welche Bastfasern der Kokosnuß nach dem Schema 4a und 4b eingeflochten sind; Länge: 23 cm.

Abb. 5. Bogenschutz für Männer und Jünglinge. Zwischen Sagoblattrippen sind schmale Rotanstreifen nach dem Schema 5a eingeflochten; Länge 23 cm.

Abb. 6. Ebensolcher Bogenschutz nach dem Schema 4a geflochten; Länge: 28 cm.

Abb. 7. Bogenschutz *(Gim)* für Männer, geflochten aus einer Liane *(Gim)* nach Schema 4a. Diese Form von Bogenschutz findet sich mehr im Westen am *Buraka* und *Mauwekle* und weiter im Westen; Länge: 23 cm.

Abb. 8. Von Rotan geflochtener Bogenschutz nach Schema 8a. Vom obern *Bian*. Länge: 20 cm.

Abb. 9. Bogenschutz der *Jee-anim*, aus einer Liane geflochten nach Schema 9a. Länge: 20 cm. Meistens wird auch von diesen der Bogenschutz 4, 5 und 6 benutzt.

34. Pfeile *(Tange)*.

Abb. 1. Gewöhnlicher Kriegspfeil *(Arib)*, Spitze: Nibungholz *(Arib)*. Diese Pfeilform ist überall bekannt. Länge 114 cm.

Abb. 2. Kriegspfeil *(Arib)*, Spitze: Nibungholz *(Arib)*. Die Verbindungsstelle ist mit einem Blutkalkgemisch verkittet. Der oberste Teil des Schaftes rot bemalt. Länge: 130 cm.

Abb. 3. Vogelpfeil *(Kapan)*, Spitze: Bambus. Ist überall bekannt. Länge: 120 cm.

Abb. 4. Fischpfeil *(Ambáta)*, Spitze: Bambus. Länge: 120 cm.

Abb. 5. Fischpfeil *(Ambáta)*, Spitze: Nibungholz. Ist an der Küste überall bekannt. Länge: 140 cm.

Abb. 6. Jagdpfeil *(Sok)*, Spitze: Bambus *(Sok)*. Verbindungsstelle ist mit Blut und Kalk verkittet und mit gelbem Pflanzensaft bemalt, der obere Teil des Schaftes ist rot und schwarz bemalt (Herkunft: *Saringe)*. Länge: 114 cm.

Abb. 7. Jagdpfeil *(Sok)*, Spitze: Bambus *(Sok)*. Ist im ganzen Gebiet bekannt. Länge: 192 cm.

Abb. 8. Jagdpfeil *(Sok)*, Spitze: Bambus *(Sok)*. Die Verbindungsstelle ist mit Bast umwickelt. Der Pfeil ist im ganzen Gebiet bekannt. Länge: 176 cm.

Abb. 9. *Kapi-po*, Spitze: Bambus *(Kapi)*. Herkunft *Jee-anim (Marpid-anim)*. Die Verbindungsstelle ist mit einer Schnur umwickelt. Länge: 180 cm.

Abb. 10. Jagdpfeil, Spitze: Bambus. Die Verbindungsstelle ist mit einem Rotangeflecht versehen. Herkunft unsicher.

Abb. 11. *Kapi-po*, Spitze: Bambus *(Kapi)*. Die Verbindungsstelle ist mit einem Blatt umwickelt und verschnürt. Herkunft: *Jee-anim*. Länge: 151 cm.

Abb. 12. Jagdpfeil mit Bambusspitze der *Kanum-anim* vom *Torassi*. Verbindungsstelle mit Schnur umwickelt. Länge: 114 cm.

Abb. 13. Zusammengesetzter Jagdpfeil *(Dadēv)*, Spitze: Bambus *(Sok)*. Das gespaltene Zwischenstück, das aus Nibungholz besteht, ist in die Bambusspitze lose eingefügt und mit einer Verschnürung festgehalten. Dieser Pfeiltypus ist im Gebiet der *Marind* überall bekannt. Länge: 176 cm.

Abb. 14. Zusammengesetzter Jagdpfeil *(Dadēv)*, wie 13. Länge: 180 cm.
Abb. 15. Zusammengesetzter Pfeil von *Eromka*, Spitze: Bambus *(Sok)*. Das Verbindungsstück besteht aus Nibungholz. Länge: 145 cm.
Abb. 16. *Darau-angib*, Spitze: Nibungholz. Dieser Pfeiltypus ist im Gebiet der *Marind* überall bekannt. Länge: 161 cm.
Abb. 17. *Kujar-telendolé*, Herkunft: *Jee-anim*. Spitze: *Kujar*-Holz. Länge: 189 cm.
Abb. 18. Pfeil mit einem Widerhaken, Spitze von Nibungholz. Herkunft: *Torassi*. Länge: 115 cm.
Abb. 19. *Kujar-telendolé*, Spitze: *Kujar*-Holz. Herkunft: *Jee-anim*.
Abb. 20. Pfeil mit einseitigem Widerhaken. Dieselbe und ähnliche Formen finden sich auch bei den Bewohnern am *Eli*- und *Buraka*-Fluß. Spitze: Nibungholz. Länge: 157 cm.
Abb. 21. Pfeil mit einseitigem Widerhaken von *Aboi*. Spitze: Nibungholz. Länge: 157 cm.
Abb. 22. *Darau-angib*, Spitze: Nibungholz. Im Gebiet der *Marind* überall bekannt. Länge: 152 cm.
Abb. 23. *Kujar-telendolé*, Spitze: *Kujar*-Holz. Herkunft: *Jee-anim*. Länge: 148 cm.
Abb. 24. dgl.
Abb. 25. Pfeil der *Mongum-anim*. Spitze: Nibungholz. Länge: 195 cm.
Abb. 26. dgl. Länge: 159 cm.
Abb. 27. *Koa*, Spitze: Känguruhklaue. Herkunft: *Jee-anim*. Länge: 145 cm.
Abb. 28. *Keitjwor-telendolé*, Spitze: Knochen. Herkunft: *Jee-anim*. Länge: 155 cm.
Abb. 29. *Tjeweler-tjerloa*. Spitze: Nibungholz *(Tjerloa)*. Herkunft: *Jee-anim*. Länge: 162 cm.
Abb. 30. *Kujar-karguhan*, Spitze: *Kujar*-Holz. Herkunft: *Jee-anim*. Länge: 157 cm.
Abb. 31. dgl. Länge: 157 cm.

35. Pfeile *(Tange)*.

Abb. 32. *Tjeweler-telendolé*, Spitze: Nibungholz. Herkunft: *Jee-anim*. Länge: 165 cm.
Abb. 33. *Kujar-telendolé*, Spitze: *Kujar*-Holz. Herkunft: *Jee-anim*. Länge: 176 cm.
Abb. 34. dgl. Länge: 167 cm.
Abb. 35. dgl. Länge: 165 cm.
Abb. 36. dgl. Länge: 162 cm.
Abb. 37. dgl. Länge: 171 cm, *Pagula* genannt.
Abb. 38. *Paltigré-telendolé*. Widerhaken von Pteropusknochen *(Paltigré)*. Spitze: Knochen. Herkunft: *Jee-anim*. Länge: 150 cm.
Abb. 39. *Kat-kat*. Zier- und Tanzpfeil der *Kanum-anim* an der englisch-holländischen Grenze. Gesammelt in *Rohr*.

Abb. 40. dgl. Länge: 143 cm.
Abb. 41. dgl. Länge: 148 cm.
Abb. 42. dgl. Länge: 140 cm.
Abb. 43. dgl. Länge: 154 cm.
Abb. 44. dgl. Länge: 152 cm.
Abb. 45. dgl. Länge: 146 cm.
Abb. 46. dgl. Länge: 148 cm.

36. Waffen.

Abb. 1. Einfacher Speer *(Dam)*, aus einem Stück bestehend. An der Spitze steckt eine Kasuarklaue. Länge: 265 cm.

Abb. 2. Zusammengesetzter Speer *(Dam)* von Bambus und Holz. Die Spitze besteht aus einer Kasuarklaue und einem Widerhaken von Knochen. Das obere Ende des Bambusschaftes ist mit Baststreifen umwickelt und mit einem Blutkalkgemisch verkittet. Unterhalb derselben sind eingravierte Ornamente (2a) angebracht. Länge: 274 cm.

Abb. 3. Speerschleuder *(Kander)* aus einem rohen Bambusabschnitt bestehend. Länge: 96 cm.

Abb. 4 bis 8. Holzkeulen vom obern *Bian* aus Palmholz, mit eingravierten Ornamenten.

Abb. 9. Grabstock *(Aboi)* aus Palmholz. Zwischen dem Grabstock und einer Schlagwaffe besteht ein unmerkbarer Übergang.

Abb. 10 u. 11. Holzschwerter von Frédérik-Hendrik-Eiland. Länge: 126 cm.

Abb. 12. Geheimkultwaffe *Imbassum*; Speerschleuder, Stich- und Schlagwaffe zugleich; eine einzelne Klinge in der Mitte (Museum für Völkerkunde, Batavia).

37. Geräte.

Abb. 1. Steinbeil der *Marind*. Der Schaft besteht aus dem Wurzelende eines Bambushalmes, in welches die Klinge in sagittaler Stellung eingelassen ist. Länge des Schaftes: 60 cm.

Abb. 2. Steinbeil vom *Digul*. Hierzu gehört die einseitig geschliffene Klinge, während die doppelseitig geschliffene hier unbekannt ist. Länge des Schaftes: 58 cm.

Abb. 3. Steinbeil der *Jee-anim* und der Eingeborenen vom Fly-river. Dieser Schäftung entspricht die doppelseitig geschliffene Klinge, sie erlaubt eine Einstellung derselben in sagittaler und transversaler Richtung. An der Küste kommen beide Klingenformen vor, doch ist die doppelseitig geschliffene am obern Fly-river weitaus die häufigere. Länge des Bambusschaftes: 80 cm.

38. Geräte.

Abb. 1 bis 3. Gewirkmuster der Fischnetze *(Kipra)*. Kleine Netze mit engen Maschen werden nach Schema 2 oder 3 geflochten, große Netze nach Schema 1. Man beginnt jedoch von der Mitte aus nach 2 zu flechten, weil das Zentrum aus engeren Maschen bestehen muß, als die Peripherie des Netzes.

Abb. 4. Kleines von Schnüren gewirktes Netzkörbchen *(Kipa-wad)* für Betelingredienzien. Herkunft: *Anasai*. Geflochten nach Schema 4a.

Abb. 4a. Gewirkmuster zu 4.

Abb. 5. Netzkorb *(Kipa-wad)* der *Marind*-Weiber zum Transport von Früchten, Kokosnüssen, Sago usw. Besteht aus einem gewobenen Rotan, der mit einem Schnurgeflecht versehen ist (geflochten nach Schema 4a), während die Rückseite durch ein Stück verflochtener Palmblattfiedern gebildet wird.

Abb. 6. Ausgehöhlte Kokosnuß, Wassergefäß der *Marind*-Weiber.

Abb. 7. Wassergefäß der Weiber des Inlandes (am obern *Maro)*, bestehend aus einer Blütenscheide der wilden Arecapalme; Länge: 33 cm.

Abb. 8. Kleiner Holzmörser, welcher zum Zerstampfen der Betelnüsse dient. Er ist mit eingekerbten Ornamenten versehen, wie man sie auf den Trommeln anzubringen pflegt.

Abb. 9. Holzschale (aus *Eromka)* zum Bereiten der Speisen, d. h. zum Durchmischen des Sago mit geraspelter Kokosnuß. Länge: 77 cm.

Abb. 10. Wasserrohr *(Derari)* aus Bambus; Länge: 85 cm.

39. Körbe *(Wad)*.

Abb. 1 u. 2. Kinderkorb *(Vahób)*. In ihm werden die Säuglinge getragen, bis sie ihm entwachsen sind. Länge 42 cm. Geflecht: Cyperaceenhalme *(Wib)* mit eingeflochtenen schwarzgefärbten Bastfasern *(Noah)* und weißen Halmen einer Cyperacee *(Gĕrengér)*. Die einander umfassenden Quadrate stellen *Pihuiarir* (Wespenornament, d. h. Ornamente des Gehäuses der Schlammwespe dar). Das Ornament links davon (Abb. 1) wird als *Samani-arir*, d. h. Ringwurmornament, bezeichnet, weil es ein ebenso unbestimmtes und unreines Aussehen hat wie die ringwurmkranke Haut, während das Ornament rechts vom *Pihuiarir* als *Banon* bezeichnet wird. Die Bedeutung dieses Wortes ist nicht klar. Dazwischen liegen vertikal verlaufende gebrochene Linienzüge die als Schweinefährten *(Basik-isās)* oder als Fischwirbelsäule *(Awē-hajau)* gedeutet werden (vgl. Tafel 11 Abb. 3a). Diese sind gut sichtbar auf dem Betelkorb 5.

Abb. 3. Betelkorb *(Zid-wad)* d. h. Kalkkalebassenkorb (von *Kondo)*. Geflecht: Blattstreifen der großen Fächerpalme *(Ugā)* mit Einflechtungen schwarzgefärbter *Noah*-Streifen, und glänzender Cyperaceenhalme *(Gĕrengér)*. Die Ornamente sind mit rotem und gelbem Ocker übermalt.

Abb. 4. Betelkörbchen *(Zid-wad)* eines Jünglings *(Ewati)*, das er an seinem Fest erhält. Es ist dies eine vom gewöhnlichen Betelkorb abweichende konische Form und ist verziert mit Coixsamen, Stückchen Cuscusfell, denn es ist der erste Betelkorb, den der Jüngling erhält. Geflecht: *Wib* mit eingeflochtenen schwarzen *Noah*-Fasern und glänzenden *Gĕrengér*-Halmen. Die Flechtornamente sind rot übermalt.

Abb. 5. Betelkorb von *Eromka (Wamal)*. Geflecht: *Wib* mit Einflechtungen schwarzer *Noah*-Fasern und weißer glänzender *Gĕrengér*-Halme. Flechtmuster (deren Bedeutung s. Abb. 1) sind mit gelbem und rotem Ocker übermalt.

Abb. 6. Sagokorb von *Aboi*. Geflecht aus dem Bast eines Baumes.

Abb. 7. Sagokorb vom obern *Bian*.

Abb. 8 bis 11. Betelkörbe der *Kanum-anim*. Geflecht aus Blattstreifen der Fächerpalme *(Ugā)* mit eingeflochtenen rot und schwarz gefärbten Bastfasern.

Abb. 12. Betelkörbchen.

40. Flechtwerke der *Jee*-Frauen.

Abb. 1 bis 3 sind die verschiedenartig besetzten Trauergewänder *(Kabu)* der Weiber. Das Geflecht besteht aus dem Bast eines Baumes und ist mit Einflechtungen schwarzgefärbter Bastfasern und glänzend gelber Streifen von Orchideenrinde *(Nagol)* versehen. Stellenweise ist das Geflecht mit rotem Ocker übermalt. Die Benennung der Ornamente ist folgende:

a) *Tjur*, d. h. Auge, b) *Jatrkakmak*, c) *Elnur*, d) und e) *Jarer*, f) *Jaknakel*.

Abb. 4. Trauermütze der Männer *(Wud*; entspricht dem marind. *Ud)*. Die Flechtornamente entsprechen den obigen.

Abb. 5. Betelkörbchen.

41. Kanuschnäbel und Paddel.

Abb. 1 u. 2. Kanuschnäbel, die als Kopf der Seeschildkröte *(Baba)* gedeutet werden. Dieser Typus scheint vorwiegend von den *Bādé-anim* am *Maro* gebaut zu werden.

Abb. 3 bis 5. Kanuschnäbel, die als Menschengesichter gedeutet werden; auf Abb. 3 ist dies ohne weiteres erkennbar, 4 und 5 stellen bereits Vereinfachungen von 3 vor. Dieser Kanutypus ist am untern *Kumbe*-Fluß (bei den *Saror* und *Senam-anim* zu Hause).

Abb. 6 u. 7. Paddel vom obern *Bian*. Das beschnitzte Blatt trägt die bekannten Spezialornamente (Augenornamente oder Wespenornamente). Das Stielende von 6 läuft in eine Hand, dasjenige von 7 in einen Storchenschnabel aus.

Abb. 8. Paddel, nur bemalt.

42. Kanu.

Abb. 1. Herstellung eines Kanu aus einem gefällten Baumstamm am *Torassi*.

Abb. 2 u. 3. Kanu der *Bādé-anim* von *Senajo* (Typus 1).

Abb. 4. Kanu der *Senam-anim* (Typus 4).

43. Brücken.

Abb. 1. Brückenkonstruktion (oberer *Bian*).

Abb. 2. Brücke aus Baumstämmen in der Nähe von *Saror*.

1. Geschichtliches.

In der Geschichte der Entdeckungsfahrten der Spanier, Portugiesen und Holländer, von denen viele zur Erforschung der melanesischen Inselwelt beitrugen, finden wir die ältesten Nachrichten über das uns am meisten interessierende Küstengebiet von Holländisch Süd-Neu-Guinea datierend aus dem Jahre 1606 von Torres, welcher zum ersten Male die nach ihm benannte Torres-Straße durchfuhr.

Am 18. Januar 1606, so lesen wir in „Descubrimentos de los espagnoles en el mar del Zur y en las costas de la Nueva Guinea“[1]) wurde Espirito Santo auf den neuen Hebriden verlassen und in nordwestlicher Richtung bis Neu-Guinea gesegelt. Die Küste verlief hier in Nordwest-Südost-Richtung. Alsdann setzte man die Fahrt längs der Südküste in westlicher Richtung fort. „Wir fuhren 300 Leguas längs der erwähnten Küste und verminderten die Breite um $2\frac{1}{2}^0$, so daß wir nun in 9^0 S. gelangten. Der starken Strömung und vielen Untiefen wegen vermochten wir nicht weiter zu segeln, so daß wir gezwungen wurden in S.W.-Richtung bis 11^0 zu fahren. Überall fand sich ein Archipel von unzähligen Inseln, die wir passierten, und am Ende des 11. Grades wurde die Bank seicht. Hier fanden sich sehr große Inseln, von denen noch mehr in südlicher Richtung zu gewahren waren. Wir liefen zwei Monate lang über diese Bank. Am Ende derselben befanden wir uns in 5^0 S. mit 25 Faden Tiefe und 10 Leguas von der Küste entfernt. Nach Zurücklegung von 480 Leguas wendete sich die Küste nach NO. Ich erreichte jedoch dieselbe nicht, da die Bank sehr untief wurde.“ Es will dies besagen, daß Torres das Kap Valsch von Frédérik-Hendrik-Eiland umfahren hatte. Aber erst viel weiter nördlich konnte Torres an Land gehen und mit den Eingeborenen zusammentreffen, welche nach seiner Mitteilung große Schilde, Pfeile und Wurfspeere hatten, sowie Bambusrohre mit Kalk gefüllt ausschleuderten, um den Feind blind zu machen.

Eine zweite Mitteilung finden wir aus dem Jahre 1623 datiert. Um den südlichen Küstenstrich von Neu-Guinea kennen zu lernen, schickte der Gouverneur von Amboina, Hermann von Speult, in diesem Jahre zwei Yachten „Pera“ und „Arnhem“ nach den unbekannten Gebieten im Osten. Am 21. Januar 1623 wurde Ambon verlassen und zunächst nach Banda gesegelt. Nach einem kurzen Besuch der Kei- und Aru-Inseln erfolgte am 4. Februar die Weiterfahrt nach Osten, „naar het Eyland in eenige Carten geteekend staet Ceram, ende anderen De Papoes“; noch wußte man nicht, ob jenes Land mit Papua oder mit Serang zusammenhing, doch schien letzteres wahrscheinlich zu sein.

[1]) Boletin Soc. Geog. Madrid 1878, S. 20—22; vgl. Wichmann: Entdeckungsgeschichte von Neu-Guinea. Nova Guinea Vol. I. Leiden 1909.

Am 7. wurde hohes Land gesichtet und die Mittagbreite 4° 57′ bestimmt. Am 9. wurde dem Land zugesegelt, und man befand sich mittags unter 4° 17′. In dem abgehaltenen Schiffsrat wurde der Beschluß gefaßt zu landen, zumal aus gewissen Schriften hervorging, daß man das Goldeiland vor sich habe. Eine Landung war aber infolge der heftigen Brandung nicht möglich. Hingegen fuhr man zwei Meilen in einen Fluß hinein ohne einen Menschen zu sehen[1]).

Überall stand das Land unter Wasser. Weiter landeinwärts erwies es sich als gebirgig und glich dadurch Serang. Am 15. begab sich der Kapitän der „Arnhem", Carstensz in einer Schaluppe zum Fischen an den Strand. Kurz darauf erfolgte ein Überfall der Eingeborenen, wobei neun Mann der Besatzung das Leben einbüßten. Der Fluß erhielt den Namen Totschlägerfluß. Das Geschwader segelte weiter längs der Küste, und am 16. gewahrte man landeinwärts ein „overhooch geberchte dat op vele plaetsen wit met snee bedect lach".

Am 17. befand sich das Schiff unter 5° 24′, am 19. unter 5° 27′. In einer Nota wurde unter dem 26. die folgende Mitteilung als Marginalbemerkung eingeschaltet: „Hier endigen die Berge des West-Endes von Neu-Guinea. Das hohe Binnenland von Serang endigt hier ohne einen Durchweg nach Norden zu besitzen, sondern ununterbrochen ödes und unter Wasser gelegenes Land darstellend, dessen Küste sich in der Richtung O.S.O. und S.O. zu O. erstreckt, allem Anschein nach bis nach West-Neu-Guinea, das wir wahrheitsgetreu und mit Sorgfalt, so Gott will, zu untersuchen gedenken. Die Insel Serang (lies: Neu-Guinea) zeigt von Aru kommend ödes Vorland, über welches man sich beim Anlegen täuscht, weil man sich noch 7 oder 9 Meilen von ihm entfernt befindet. Infolge der überaus hohen Berge wird dieses Vorland erst bemerkt, wenn man sich ihm bis auf 3 oder 4 Meilen genähert hat. Das hohe Gebirge dehnt sich wohl noch 30 Meilen nach Osten aus, wenn man sich im Norden von Aru befindet. Das Land scheint bis hierher über viele und schöne Täler, sowie Flüsse mit süßem Wasser zu verfügen; was aber für Früchte, Metalle und Tiere sich dort befinden, darüber können wir kein Urteil abgeben, weil die Bewohner Wilde und Menschenfresser sind, die uns feindlich begegneten"[2]).

Unter sehr ungünstigen Witterungsverhältnissen, welche die „Arnhem" dem Untergang nahe brachten, wurde die Fahrt längst der S. O.-Küste fortgesetzt. Am 2. März befanden sich die Schiffe unter 6° 45′ S. Nachdem am Morgen des 7. eine Meile weit gesegelt worden war, wurden die Schaluppen bemannt, um das Land zu untersuchen. Ein Kanu mit 3 Eingeborenen zog sich bei Annäherung zurück und Tauschhandel war unmöglich. Es kam zu Feindseligkeiten, wobei zwei Papua erschossen wurden. Das Land, angesichts dessen man sich befand, wurde „Keerweer" genannt, weil hier die Küste eine S.W. und W.-Richtung annahm, man also umkehren mußte. Am Mittag des 10. befand man sich unter 7° 35′. In einer Nota bemerkte Carstensz, daß es hier unmöglich sei zu landen. Der Boden sei so schlammig, daß man bis über die Hüften einsinke, und das Land stehe halb unter Wasser. Es sei mit wilder Savanne bedeckt, und am

---

[1]) Mededeelingen uit het Oost-Ind. Archief I. Amsterdam 1859, S. 1—56.

[2]) „Het aandeel der Nederlanders in de ontdekking van Australië." Leiden 1899, S. 21—47.

Strande finde sich eine Art Bäume, die der Kiefer gleichen. „Die Menschen sind pechschwarz, gänzlich unbekleidet, nur das Glied im Gehäuse einer Seeschnecke tragend, die mittelst eines Taues um den Leib festgehalten wird. In ihren durchbohrten Nasenflügeln tragen sie Eberhauer oder Zähne vom Schwertfisch. Die Kanu sind so klein, daß nur drei oder vier Schwarze darin Platz finden können. Ihre Ruder sind lang, und ihre Waffen bestehen aus Bogen, Pfeilen und Speeren, in deren Behandlung sie große Geübtheit an den Tag legen, so daß ihr Verlangen nach altem Eisen und Messern sonderbar genannt werden muß. Die Gegenden, längs deren wir segelten, und die wir besucht haben, sind nicht allein von wilden Menschen bewohnt und unfruchtbar, sondern auch im Meer finden sich keine andern Fische als Hai und Schwertfische und derartige Unnatürlichkeiten. Auch die Vögel sind hier wild und scheu, wie die Menschen."

Nachdem am 11. März abermals in S.S.W.-Richtung gesegelt worden war, begab sich Carstensz mit beiden Schaluppen wiederum an Land (an der N.W.-Küste von Frédérik-Hendrik-Eiland). Aber bereits in Büchsenschußweite vermochte man nicht weiter zu rudern, so daß zu Fuß, bis an die Hüften in Schlamm einsinkend, das Ufer gewonnen wurde. Hier gewahrte man Fußspuren und landeinwärts 20 erbärmliche Hütten, woraus geschlossen wurde, daß hier arme, miserable Menschen hausen müßten. Als man tiefer einzudringen versuchte, stieß man auf Wilde, die sofort zum Angriff übergingen und zwei Matrosen verwundeten. Ein Wilder wurde getötet und man kehrte an Bord zurück.

Das Ende des mit 8° 15′ erreichten Landes erhielt den Namen „Kap Valsch".

Während der nächsten Tage wurde die Fahrt längs der Südküste fortgesetzt. Am 21. März gewahrte man abermals eine kleine Insel, welche „Vleermuys-Ey and" *(Habee)* genannt wurde. Da die Küste mit Kokos besetzt war, und die Gegend weiter landeinwärts fruchtbar zu sein schien, so begab man sich am folgenden Tage mit den beiden Booten dorthin. Doch scheiterte der Landungsversuch wiederum infolge der schlammigen Beschaffenheit des Meeresbodens. Hierauf wurde auf der Fledermaus-Insel gelandet, wo etwa 100 alte und viele junge Kokospalmen, außerdem Bananen und Jams gefunden wurde. Die Insel selbst war unbewohnt.

Die Fahrt längs der Küste wurde fortgesetzt, und bald darauf kamen die Eingeborenen vom Festland her mit ihren Kanu zu den Schiffen herbei. Sie waren aber sehr mißtrauisch. Eisenstücke und Perlen wurden jedoch mit Freuden in Empfang genommen. Wegen der Untiefen von 7 bis 10 Fuß und der schlammigen Beschaffenheit der Küste vermutete Carstensz, daß er sich in einer Bucht befinde, und gab diesem Teil der Torresstraße den Namen „Droogebocht". Unter Vermeidung der Untiefen wurde die Fahrt in südlicher Richtung fortgesetzt nach Australien hinüber und wieder zurück, der Südküste von Neu-Guinea folgend, denselben Weg, den man gekommen war.

Einige Jahre später, 1644, wurde Tasman[1]), welcher in anderen Gebieten erfolgreiche Fahrten unternommen hatte, von der indischen Regierung zu einer Fahrt nach dem Süden Neu-Guineas aufgefordert, um zu entscheiden, ob das

[1]) I. E. Heeres: „Abel Jansz Tasman, his Life and Labours." 1898.

Südland (Australien) von Neu-Guinea durch eine Meerenge getrennt sei. Mit drei Schiffen begab er sich von Banda zwischen den Kei- und Aru-Inseln hindurch nach Neu-Guinea, der Nordküste von. Frédérik-Hendrik-Eiland. Das Kap Valsch wurde umfahren und der Südküste entlang weitergesegelt. Als neue Namen findet man den „Mannen-rivier", der augenscheinlich der Princes-Marianne-Straat entspricht, ferner der „Clappus-rivier", d. h. Kokospalmen-Fluß, wohl der *Buraka*; weiter östlich den „Rivier d'Orangie", der vielleicht dem *Bian* entsprechen könnte. Hieran anschließend findet man die „Clappuscust" (Kokos-Küste) und endlich als äußersten Punkt „de drooge hoek".

Das Wenige, was Nik. Witsen über diese Fahrt zu berichten weiß, beschränkt sich darauf, daß dieser Küstenstrich voller Kokospalmen und gut befeuchtet ist. Das Volk ist ganz schwarz, ist ein großer Liebhaber von Glasperlen, Eisen, Spiegeln usw. Man findet bei ihm Hunde und Schweine; auch viele Fische gibt es hier.

Der angegebenen Lage nach muß Tasman mit der Bevölkerung der Gegend vom *Maro*-Fluß in Berührung gekommen sein. Nach einem Besuch von Neu-Holland kehrte die Expedition, ohne die Durchfahrt durch die Torresstraße gefunden zu haben, nach Batavia zurück.[1])

1679 schickte die indische Regierung eine weitere Expedition nach dem Südland, wo einem Bericht von Tasman zufolge sich unter dem 12° S. ein großer Fluß befinden sollte, in welchen kleine Yachten bequem einlaufen könnten. Die Führung dieser Expedition übernahm Augustijn Dircksz. Ferner sollte er auch die Insel mit Kohlen „Lakahia" und die Perlenbank in der Quaelberghs-Bucht einer eingehenden Untersuchung unterziehen und über Karas heimkehren.

Nur spärliche Berichte über jene Fahrt stehen zur Verfügung, da das geführte Journal verloren ging[2]). Man besuchte die Südwest-Inseln Kei, die Südspitze von Aru, aber die an angegebener Stelle genannten Inseln und Plätze wurden nicht gefunden, da sie überhaupt nicht existierten. In südlicher Richtung weitersegelnd kam man zwischen 9° 50′ und 10° 28′ auf Untiefen. Das Wasser änderte plötzlich die Farbe und wurde wie Milch. Wahrscheinlich befand man sich auf der später von Kolff entdeckten Bank. Hierauf kam man nach der Pisang-Bai, wo man mit Eingeborenen zusammentraf, die jedoch feindselig gesinnt waren.

Erst 1770, also 126 Jahre nach Tasmans Reise, wurde jenes Gebiet wieder besucht, und zwar von James Cook. Wohl war inzwischen die Torresstraße gut bekannt geworden und von vielen Forschern besucht worden, aber nie mit dem Zweck, die unwirtliche Südküste von Neu-Guinea zu untersuchen. James Cook umfuhr das Kap Horn und durchfuhr, von Osten, von Tahiti und Neu-Seeland kommend, die von ihm entdeckte Endeavour-Straße. Weiter westlich fahrend gewahrte man ein niedriges Eiland, das, wie Cook richtig erkannte, die Fledermaus-Insel war. Hierauf kam Frédérik-Hendrik-Eiland in Sicht und Kap

[1]) s. P. A. Leupe: „De reizen der Nederlanders naar het Zuid-Land" Amsterdam 1868.

[2]) P. A. Leupe: „De reizen der Nederlanders naar NieuwGuinea", Bijdragen tot de Taal- Land- en Volkenkunde, X, 1875, S. 87—91.

Valsch wurde umschifft; und wieder wurde der Versuch gemacht, dem Ufer nahe zu kommen, um eine Landung vorzunehmen, jedoch stets vergebens.

Endlich am 3. September kam man 3—4 Meilen ans Land heran. Ein Boot wurde bestiegen, und 12 Personen mit Cook fuhren ans Land. 200 Yard vom Ufer entfernt mußte man durch den Schlamm ans Ufer waten. Unmittelbar nach dem Betreten des Strandes gewahrte man menschliche Fußspuren, und bald traf man eine verlassene menschliche Siedelung und Pflanzungen und in einiger Entfernung einige Eingeborene. Auf die Eindringlinge zueilend warf einer der Eingeborenen etwas aus der Hand, das genau wie Schießpulver brannte, ohne jedoch einen Knall zu geben. Es war in Wirklichkeit Kalk gewesen, der aus Bambusrohren ausgeblasen oder geschleudert wurde; wahrscheinlich ein magisches Abwehrmittel, über welches spätere Reisende noch oftmals berichteten. Zugleich warfen die Kameraden mit Speeren, welche Angriffe die Engländer mit Gewehrschüssen beantworteten. Während eines kurzen Augenblickes stürzte einer der Papua. Dann aber wurde ein dritter Speer unter die Ankömmlinge geschleudert, welcher einem Weißen das Leben kostete. Hierauf wurden die inzwischen scharf geladenen Gewehre abgefeuert, worauf die Wilden schleunigst im Dickicht verschwanden. Der Rückmarsch wurde angetreten. Man ruderte noch eine Strecke der Küste entlang und bekam abermals 60—100 Papua zu Gesicht. Die besuchte Stelle liegt nach Cook unter 6⁰ 15′; Rouffaer[1]) glaubt jedoch, daß diese Breitenbestimmung nicht richtig sei, sondern daß die Stelle sich annähernd unter 6⁰ 17½′ befinden müsse. Cook fuhr weiter nach der Insel Java und über Batavia nach England zurück.

Wieder vergingen mehr wie 50 Jahre, bis wir eine weitere Nachricht aus dem Gebiet der *Marind* erhalten. Am Anfang des Jahres 1826 verbreitete sich das Gerücht, daß die Engländer sich an der Küste von Neu-Guinea niedergelassen hätten. Es bewahrheitete sich nicht. Aber möglicherweise lag dem Gerücht die Tatsache zu Grunde, daß ein oder zwei Jahre zuvor ein englisches Boot dort gestrandet war. Dies gab dem Gouverneur der Molukken Pieter Merkus den Anlaß, die vom Leutnant zur See D. H. Kolff befehligte Brigg „Dourga" auszusenden[2]). Nachdem er am 26. März Ambon verlassen hatte, wurde zunächst Banda angefahren. Von da begab man sich nach Ceram-Laut, um Leute zu holen. Am 13. wurde die Fahrt fortgesetzt nach den Aru-Inseln, und am 26. stieß die Dourga unter 7⁰ S. 136⁰ 4′ O. auf Untiefen, die von Kolff „Droogh" genannt wurden.

Es ist dieselbe Bank, die Augustin Dircksz bereits im Jahre 1679 entdeckt hatte, wenngleich hinsichtlich ihrer Lage keine Übereinstimmung besteht. Am 21. glaubte man sich südlich vom Kap Valsch zu befinden, was auch zutraf, da abends im Norden Land bemerkt wurde. Die Fahrt dehnte sich bis östlich vom Bartholomäus-Fluß aus (es war in Wirklichkeit die Princes-Marianne-Straat). Der anhaltenden Dünung und des schlechten Wetters wegen konnte nicht ge-

[1]) „De Zuid-West-Nieuw Guinea Exp. van het Kon. Aardr. Gen. 1904/05." Leiden 1908.

[2]) D. H. Kolff: „Reize door den weinig bekenden Zuidelijken Molukschen Archipel en langs de geheel onbekende Zuid-West-Kust van Nieuw-Guinea gedaan in den jaren 1825—1826." Amsterdam 1828, S. 304—374.

landet werden. Die Flußmündung vermochte man hingegen deutlich zu unterscheiden und deren Lage zu bestimmen. Am 3. Mai wurde die Rückfahrt angetreten, Kap Valsch umschifft und längs der morastigen Küste weitergesegelt. Auch hier ließ sich nirgends eine Landung bewerkstelligen, bis man am nördlichen Ausfluß der Princes-Marianne-Straat, die damals noch für einen Fluß angesehen wurde, Anker warf. Sie erhielt von Kolff den Namen „Dourga-Fluß". Auf Booten wurde eine Strecke in dieselbe aufwärts gefahren und am Ostufer schließlich ein Bach mit süßem Wasser entdeckt. Gelandet wurde jedoch auch hier nicht. Man segelte der Südwestküste entlang weiter und entdeckte an der von Cook besuchten Stelle die Hütten und beim Betreten des Landes auch Eingeborene, welche wieder Kalk aus Bambusrohren schleuderten und in den Busch flüchteten. Man segelte sodann der Küste entlang weiter bis nach der Insel Lakahia und über Tanimbar und Banda nach Amboina zurück.

Die ersten zuverlässigen Nachrichten über die *Marind* rühren alle aus dem englischen Gebiet her, wo sie seit langer Zeit unter dem Namen Tugeri als gefürchtete Kopfjäger bekannt waren, ohne daß man eigentlich wußte, mit welchem Stamm man es zu tun hatte, und wo dieser ansässig war. Vielmehr handelte es sich immer bloß um vereinzelte phantastische Mitteilungen der Eingeborenen des englischen Küstengebietes, die schließlich, nach dem sich die Überfälle mehrten, die Aufmerksamkeit der englischen Regierung auf sich zogen.

1890 unternahm Mac Gregor in Begleitung von T. H. Hatton-Richards, James Chalmers und J. B. Cameron eine Fahrt nach der Westgrenze, um endlich einmal die Heimat der räuberischen Tugeri zu ermitteln[1]). Man landete auf der Insel Boigu, wo sich aus den eingezogenen Erkundigungen ergab, daß die Tugeri vor drei Jahren ihren letzten Überfall unternommen und den Häuptling sowie einen Missionsgehilfen getötet hatten. Westlichen Kurs nehmend gelangte man nach der Thomson-Bai und einige Stunden später nach der Heath-Bai. Nach einigen Stunden Fahrt kam abermals die Küste und Hütten von Eingeborenen in Sicht, mit welchen Mac Gregor mit Überwindung einiger Schwierigkeiten in Berührung kam. Es waren Tugeri, die 36—40 Fuß lange Kanu bei sich hatten. Die vorgenommene Ortsbestimmung ergab, daß man sich bereits 9 Meilen jenseits der Grenze befand, also auf niederländischem Gebiet. Zwei Tage später suchte man hier nach einem Fluß, den man erst nach längerem Suchen weiter östlich auffand, und der den Namen „Morehead" erhielt (einheimischer Name: *Torassi)*. Es war also festgestellt, daß die Tugeri aus dem niederländischen Gebiet stammten. Nach dieser Entdeckung wurde wahrscheinlich zum ersten Mal der Name *Marind-anim* bekannt, während früher immer nur von Tugeri die Rede gewesen war, wie die Kopfjäger von den Eingeborenen im englischen Küstengebiet von jeher genannt wurden[2]).

---

[1]) Vergl. Wichmann: Entdeckungsgeschichte von Neu-Guinea. Nova Guinea Vol. II. Leiden 1912.

[2]) Hier finden wir nun zum ersten Mal die Benennung *Marind-anim* (d. h. Marind-Menschen), wie sich der Stamm selbst nennt. Man konnte aus verschiedenen Gründen, auf die wir später zurückkommen werden, versucht sein, *Marind* von *Maro* herzuleiten; *Mar-end* eine Abkürzung von *Maro-end*, würde heißen: „vom Maro"; *Mar-end-anim*: „die Leute vom Maro". Mit *Maro* bezeichnen die Eingeborenen eine Reihe von Flüssen u. a.

Nach dieser Entdeckung erhielt die Koninklijke Paketvaart-maatschappij von der holländisch-indischen Regierung den Auftrag, regelmäßige Fahrten auch nach dem Osten von Neu-Guinea auszuführen, was besonders im Hinblick auf die Verhältnisse im deutschen und englischen Anteil sehr wünschenswert erschien. Die Fahrten nahmen im Frühjahr 1891 ihren Anfang. Hierbei wurde regelmäßig die Humboldts-Bai im Norden und auch die Südküste bis zum 191⁰ besucht.

Auf der vierten Fahrt nahm im Auftrage des Residenten von Ternate der Postenhalter G. W. van Ahee teil. Nachdem das Schiff vorschriftsgemäß bis zur Grenze gelangt war, kehrte es um und ließ angesichts eines Dorfes ein Boot abgehen. Unweit des Strandes kam ihm ein Kanu entgegen, in dem sich zur allgemeinen Überraschung ein Weißer befand, der sich als Dr. Montague vorstellte.

Nur kurz will ich auf Montagues aberteuerlichen Aufenthalt, der als erster weißer Kolonist sich in jenem Gebiet aufhielt, eingehen. Montague hatte sich im März 1891 im Auftrage der Church medical missionary society zu London ungeachtet der Warnungen des Resident-Magistrat von Mabudauan 70 Meilen oberhalb der Mündung des Morehead-river niedergelassen in einem Dorfe namens Parpilonu *(Bapir?)*. Im April fand ein Überfall von ca. 300 Tugeri statt, wobei ein Dorfbewohner getötet und zwei verwundet wurden. Montague aber wurde als Gefangener weggeführt. Nachdem abends mit dem Kanu die Mündung des Flusses erreicht worden war, so berichtete Montague, habe man den Getöteten geröstet und aufgezehrt. Den folgenden Tag wurde die Heimfahrt westwärts nach *Sarira* angetreten. Nach dreimonatiger Haft sei es Montague möglich gewesen, eine Fußtour längs der Küste bis zur Princes-Marianne-Straat anzutreten (in Wirklichkeit wahrscheinlich bloß bis zum *Bian*), wobei er überall freundliche Aufnahme gefunden habe. Die folgenden Monate seien endlich darauf verwendet worden, um die Eingeborenen in erfolgreicher Weise in den Anfangsgründen der christlichen Lehre zu unterrichten. Soweit die Berichte von Montague selbst. In einem 1892 in die Hände von Mac Gregor gelangten Schreiben heißt es, daß er „had travelled along the Dutch coast and had started missionary work among the Tugeri. He claimed to have gained sufficient influence among them to detain them at home in future and to stop their raids into the possession". Montagues Angaben erregten allgemeines Aufsehen. Aber bereits sehr bald stellte

---

auch den Fly-river, wo der Stamm in früherer Zeit sehr wahrscheinlich angesiedelt war, wie die Eingeborenen berichten, und wie aus den zahlreichen Mythen hervorzugehen scheint. Aus *Mar-end* konnte sehr wohl im Laufe der Zeit das etwas kürzer klingende *Marind* werden, auch die Betonung mochte sich dabei geändert und auf die letzte Silbe verschoben haben. Für die Möglichkeiten einer solchen Umformung ist mir noch ein weiteres Beispiel bekannt, das ich hier des Beweises halber anführe und welches zeigen soll, daß solche Umformungen, keineswegs ausgeschlossen sind. Es betrifft dies das Wort: *Hazind*, bei welchem heute gleichfalls niemand mehr daran denkt, daß es aus *Haz-end* entstanden ist. *Hazind* ist ein Kopfschmuck der Männer und Jünglinge, der aus den schwarzen Bastfasern einer Palme (Caryota spec.) verfertigt wird. Diese Bastfasern bezeichnet der Eingeborene vergleichshalber mit *Haz*, d. h. Bart. *Haz-end* heißt soviel wie „herrührend vom Bart" oder „das aus dem Bart" — hieraus wurde im Laufe der Zeit *Hazind*.

sich heraus, daß Montague eine zum mindesten sehr zweifelhafte Person war, und daß u. a. eine Church medical missionary society gar nicht existierte[1]).

Im April 1892 unternahm Mac Gregor abermals eine Fahrt nach dem westlichen Teil der Küste, wo er die Tugeri nun zu fassen hoffte. Als er mit den letzten Vorbereitungen zur Abreise beschäftigt war, stellten sich plötzlich Eingeborene der Landschaft Dabu auf der Station Mabudauan, wo sich Mac Gregor befand, ein und meldeten, daß die Tugeri bereits am Mai-kusa gesehen worden seien. Sofort wurde am nächsten Morgen mit der Barkasse und zwei Walbooten im Schlepptau ausgelaufen. Als man aber am Nachmittage in den Mai-kusa einlief, war von den Tugeri keine Spur zu entdecken. Unverrichteter Sache kehrte Mac Gregor wieder nach Port-Moresby zurück, wo er bald darauf die Nachricht erhielt, daß die Tugeri einen neuen Überfall verübt hätten und bis Mabudauan gekommen seien. Am 8. Mai kehrte Mac Gregor abermals zurück und kam nach Mabudauan, wo sich später herausstellte, daß die Tugeri am 15. Mai gesehen worden waren; aber wieder fand man beim Absuchen der westlichen Küstenstrecke, daß die Tugeri bereits vor einigen Tagen abgezogen waren.

Nach den vielen vergeblichen Bemühungen sollte Mac Gregor endlich einmal die Genugtuung haben, die Tugeri abzufassen. Am 29. April 1896 verließ er Port-Moresby und fuhr nach Daru und von hier nach Saibai. Am 11. Mai ging er nach der Insel Boigu und am 12. nach dem Wasu-kusa. Drei bis vier Meilen von der Küste entfernt, konnte er mit dem Feldstecher 10—12 Tugeri-Kanu beobachten. Sofort ging er zum Angriff über, und es glückte ihm, einige Männer gefangen zu nehmen, während er diejenigen, welche nach der Jnsel Matakawa geflüchtet waren, nicht verfolgen durfte, da diese Jnsel zu Queensland gehörte. Am 12. wurde die Verfolgung wieder aufgenommen, doch zwang der Eintritt der Dunkelheit zur baldigen Einstellung. Am folgenden Tage gelang es ihm aber, mit den Tugeri nochmals Fühlung zu bekommen, und nachdem die Eingeborenen durch Schüsse in die Flucht getrieben worden waren, betrug die zurückgelassene Beute 48 Kanu und mehrere Tote. Die verlassenen Tugeri-Lager wurden abgesucht, von weiterer Verfolgung wurde Abstand genommen. Im Februar 1897 unternahm der Resident-Magistrat B. B. A. Hely eine Fahrt in westlicher Richtung, um die Tugeri abermals aufzusuchen. Er konnte aber weder im Wasu-kusa noch im Morehead eine Spur von den Tugeri entdecken.

Am 12. Juli 1900 traf der neuernannte Resident-Magistrat der westlichen Abteilung, Ch. G. Murray, in Daru ein und trat bald darauf seine erste Inspektionsreise an. Drei Monate später verließ er die Station, um die Siedelungen Mowavat und Buwi zu besuchen, worauf er in einem Walboot den Morehead-river

---

[1]) Vgl.: „Een bericht van den zendeling Montague over Nieuw-Guinea", Tijdschrift Kon. Aardr. Gen. IX. 1892.

„Dr. Montague's govangenschap bij de Tugere's". Algem. Handelsblad Amsterdam 3. April 1892, hieraus: „Dr. Montagues Gefangenschaft unter den Tugeri Kanibalen". Globus LXI, 1892, S. 268—279; Petermann Mitteil. XXXVIII, 1892, S. 223.

„Leven en zendelingswerk onder de Tugerezeeroovers", Batavia 1892. „Dr. Montague's verslag en zijn verblijf bij de Tugere's". Maandberichten v. h. Nederl. Zendelingsgenootschap XCIV, Rotterdam 1892.

gegen 100 Meilen weit aufwärts fuhr. Bei seiner Rückkehr nach Daru fand er den inzwischen auf dem niederländischen Kreuzer „Serdang“ angelangten Kontrolleur I. A. Kroesen vor, mit dem er gemeinsam zuerst wieder nach Saibai und Bugi zurückkehrte und am 12. wiederum den Morehead-river aufsuchte. Der Sergeant der in dem Gebiet stationierten Polizei-Truppen berichtete ihm, daß er am 10. Tugeri gesehen habe, 40 Kanu mit 300 bis 400 Insassen, von denen 30 erschossen worden seien; außerdem seien drei Kanu erbeutet worden.

Ch. G. Murrays Nachfolger, der Resident-Magistrat von der westlichen Abteilung, A. J. Jiear, unternahm während des Dienstjahres vom 1. Juli 1901 bis 30. Juni 1902 drei Inspektionsreisen nach dem westlich von Daru liegenden Gebiet. Auf einer Fahrt nach dem Morehead-river erfuhr er daselbst, daß die Tugeri aufs neue eingedrungen waren und bei einem Überfall eines Dorfes mehrere Bewohner getötet hatten.

Nachdem es der britischen Regierung gelungen war, festzustellen, daß die Tugeri im holländischen Gebiet zu Hause und mit den *Marind-anim* identisch waren, machte sie der niederländischen Regierung Vorstellungen. Sofort schickten die Holländer ein Kriegsschiff nach der Süd-Küste von Neu-Guinea, welches bei der Fledermaus-Insel landete. Die Eingeborenen kamen in ihren Kanu herbei und erhoben ein ohrenbetäubendes Geschrei, indem sie unablässig *kaia, kaia, kaia* riefen, d. h. gut, gut, das will sagen: wir sind gute Menschen[1]). Dies geschah am 1. Dezember 1892. Am folgenden Morgen lichtete der Kreuzer „Java“ den Anker und fuhr nach Osten bis zur Einmündung eines kleinen Baches, nahe bei der englischen Grenze, welcher Javakrek genannt wurde. Gleichzeitig traf auch der Regierungsdampfer „Zeemuiv“ ein, mit dem Residenten Bensbach, dem Pater C. van der Heyden und einem Postenhalter. Die Küste war unbewohnt, und man fuhr westwärts zurück bis zur ersten Siedelung an der Küste namens *Sarira*. Dieser Ort wurde als künftige Niederlassung für den Postenhalter nebst 12 Polizeisoldaten bestimmt. Aber die Verhältnisse entwickelten sich nicht in gewünschter Weise. Fortwährend fanden Überfälle statt, und von den 12 Mann waren nach ein paar Tagen schon 9 verwundet; und am 6. Januar 1893 faßte der Postenhalter den Entschluß abzuziehen. Auch Pater van der Heyden stellte seine Pläne zur Gründung einer Missionstation zurück[2]). Diese erfolgte erst nach etlichen Jahren, 1902, durch P. Negens in Gestalt einer größeren Station und Niederlassung.

Bis 1900 blieben also die *Marind-anim* sich selbst überlassen. Wiederum hatte in diesem Jahre ein Überfall der Insel Saibai von Seiten der *Marind* stattgefunden. Sobald dies den holländischen Behörden bekannt wurde, fuhr der Assistent-Resident Kroesen nach Thursday-Island, um mit dem Lieut. Governor von Papua eine Beratung abzuhalten und den angerichteten Schaden auf der Insel Saibai festzustellen. Hierauf wurde eine Strafexpedition unternommen, wobei zugleich die Dörfer östlich vom *Maro* bis zum *Kumbe*-Fluß, zwecks Gründung einer Station auf holländischen Gebiet besucht wurden. Der *Maro* war

---

[1]) Demzufolge werden die *Marind-anim* auch *Kaja-Kaja* genannt, eine Bezeichnung, die von den Kolonisten und Ansiedlern am häufigsten gebraucht wird.

[2]) Siehe Koloniaalverslag van 1884. s'Gravenhage, S. 123.

seiner guten Einfahrt wegen und als östlichster Fluß im holländischen Gebiet der einzige in Betracht kommende Fluß. Die Station wurde aber erst 1902 gegründet und erhielt den Namen Merauke[1]. J. A. Kroesen wurde zum Assistent-Residenten ernannt. Das Betragen der Eingeborenen war anfänglich den Ankömmlingen gegenüber freundlich, doch litt das Verhältnis sehr bald durch die Ermordung dreier Polizeisoldaten und vier chinesischer Sträflinge, und am 27. Februar erfolgte sogar ein Überfall, der jedoch zurückgeschlagen wurde. Die Überfälle mehrten sich trotz der Beschießung einiger Dörfer durch Granaten; 28 entflohene atchinesische Sträflinge wurden bis auf zwei hingemordet, und das gespannte Verhältnis dauerte noch lange Zeit an. In demselben Jahre 1902 wurde in Merauke und später in *Okaba* eine Station gegründet von der römisch-katholischen Mission des hl. Herzens Jesu, die aber wenig Erfolg hatte.

In dem Annual Report on Britisch-New-Guinea 1899/1900 beschreibt der damalige Administrator des „Western Territory", Sir G. R. Le Hunte, den Zustand in jenen Gegenden folgendermaßen:

„I expect one of two possibilities for the future of the Morehead if the people (there) will settle at Bugi[2]) either in time they will increase in numbers and become strong enough and, with some assistance from the Governement, trained enough in defending themselves, to enable them to return and reoccupy their own land (on Morehead river), or the Tugeri, finding the river unoccupied, may settle on it and be gradually brought under the influence of our Governement. I would willingly welcome a strong warlike race like theirs, for, once brought under control, they would be invaluable native colonists in a rich and fertil country wich they have themselves depopulated".

Der Administrator Le Hunte hatte bei dieser Gelegenheit eine Besprechung mit den Dorfältesten des Morehead-Stammes, über die er rapportierte:

„Next morning I had a final talk with the chiefs about coming to Bugi; in fact, it was then — I put it off till the last moment — that I broke to them my not being able to go for the Tugeri across the boundary, which they were quite ready to do if I would take them, or even to do distasteful task I have never performed. They appeared, however, to understand the position".

So sah sich die holländisch-indische Regierung genötigt, sofort zu einer Kolonisation des Landes zu schreiten, deren Aufgabe es war diese „strong and warlike race" unter Kontrolle zu bringen.

Gleich bei Beginn der Kolonisation wurden venerische Krankheiten eingeschleppt, die infolge der Sitten der *Marind* sehr rasch um sich griffen, und bereits nach wenigen Jahren war der Krankheitszustand derart, daß man einem baldigen Aussterben der Bevölkerung entgegensah. Zu ernsten Maßregeln gegen das weitere Umsichgreifen der Seuchen schritt man eigentlich erst in allerjüngster Zeit, als bereits alle Hoffnung geschwunden war, daß überhaupt noch etwas von dem Stamme der *Marind* übrig bleiben werde.

---

[1]) Der Name Merauke kommt von *Maro-ka*. *Maro* wird der Fluß genannt, an welchem die Station gegründet wurde, *-ka* ist eine Endung, die an die meisten Worte, Substantiva und Adjektiva, angehängt wird, aber weiter keine Bedeutung hat.

[2]) Das ist der Sitz des britischen Residenten der „Western Division" von Britisch Neu-Guinea, ungefähr 40 Meilen östl. des Morehead-river.

Mit der Gründung von Merauke nahmen nun die Kopfjagden ins englische Gebiet und zu den andern Nachbarstämmen ein Ende, aber noch lange Zeit wurden im Innern die Kopfjagden weitergetrieben. Insbesondere war der *Digul* ein sehr beliebtes Ziel der waldbewohnenden *Marind*, und erst in jüngster Zeit haben auch im Innern die Kopfjagden aufgehört, mit der Gründung zweier Stationen am *Digul*-Fluß und obern *Maro*. Die Folge dieser anfangs noch fortdauernden Kopfjagden waren zahlreiche Strafexpeditionen, die von Merauke her unternommen wurden; die meisten Dörfer der Küste kamen an die Reihe und wurden eingeäschert. Es wurde eigentlich erst nach und nach bekannt, daß die gefährlichsten Kopfjäger die Küstenbewohner waren, während die Inlandbewohner schon wegen der äußerst dünnen Besiedelung des Landes weit weniger in Betracht kamen.

In den letzten Jahren hat Merauke einen raschen Aufschwung genommen, wozu vor allem der sehr ausgiebige Handel mit Paradiesvögeln beitrug. Dieser hatte auch ein rasches Zuwandern von Chinesen und allerhand Farbigen aus den südlichen Teilen des Archipels zur Folge, was wohl für die Entwicklung der jungen Kolonie, nicht aber für die bereits verseuchten Eingeborenen gut war. Man kann sich wohl denken, daß die Paradiesvogeljäger nicht zur Elite gehörten und die Ausbreitung der venerischen Krankheiten noch beförderten und sie ins Innere verschleppten, aber auch abgesehen von den Krankheiten zog die Paradiesvogeljagd alljährlich eine Reihe von Streitigkeiten zwischen den Jägern und den Eingeborenen nach sich, wovon man in Merauke natürlich nur das Wenigste zu hören bekam. Selbst größere Feindseligkeiten kamen alljährlich vor, wobei mancher Eingeborene umgebracht wurde. Wenn dann hin und wieder von Seiten der Eingeborenen die Jäger ihrer Köpfe beraubt wurden, so wurden von der Regierung große Strafexpeditionen unternommen, wobei hunderte von Eingeborenen ihr Leben lassen mußten. Derartige Streitigkeiten mehrten sich von Jahr zu Jahr mit dem tieferen und tieferen Vordringen der Vogeljäger, bis sich schließlich die Regierung genötigt sah, im Jahre 1917 zwei neue Stationen zu gründen, und zwar eine am obern *Maro*, die andere am *Digul*, in der Nähe der englischen Grenze, um auf diese Weise eine Kontrolle sowohl über die Eingeborenen als auch über die Paradiesvogeljäger zu haben.

Mehr als die Paradiesvogeljagd war für die Entwicklung der jungen Kolonie der Koprahandel von Bedeutung, welcher gleichfalls von Jahr zu Jahr rapide zunahm, und es wird die Kopra auch später, wenn einst keine Paradiesvögel mehr geschossen und ausgeführt werden, ein dauernder Exportartikel bleiben, der mit der Anlegung regelrechter Plantagen noch erheblich gesteigert werden kann. Die Kokospalme gedeiht in diesem Gebiete vortrefflich, und es sind die Früchte von einer Größe wie an wenigen anderen Stellen des Archipels. Bis vor kurzem waren noch sämtliche Kokospalmen Eigentum der Eingeborenen, und es wurden von den farbigen Kleinhändlern, die sich in den Dörfern der Eingeborenen niedergelassen haben, die Nüsse eingetauscht und die Kopra an die Chinesen weiterverhandelt. In der jüngsten Zeit aber hat mit dem rapiden Aussterben der Eingeborenen die Regierung begonnen, die Kokosbestände konzessionell zu verpachten, was für die Zukunft zweifellos am besten sein wird, wenn diese Maßnahme auch jetzt unter den Eingeborenen und den farbigen Kolonisten viel Unzufriedenheit hervorgerufen hat.

2. Das Land.

Nirgends in Neu-Guinea kommt die Übereinstimmung mit dem australischen Charakter mehr zur Geltung als an seiner Südküste. Dies äußert sich sowohl in der Flora als auch in der Fauna und nicht zuletzt in der Kultur der Volksstämme, die, obschon sie physisch in vieler Hinsicht von den Australiern verschieden sind, doch ethnisch so große Ähnlichkeiten aufweisen, daß man irgend einen Zusammenhang annehmen muß. Das ganze Gebiet von Süd-Neu-Guinea ist ein Tafelland, und zwar ein Teil eines großen Kesselbruchgebietes, dessen tiefster Teil in der Arafura-See liegt. Seit geraumer Zeit ist dieser Teil von Neu-Guinea wieder in Hebung begriffen, die noch gegenwärtig anhält, und es ist an der ganzen Küste die negative Strandverschiebung deutlich zu beobachten. Die Tafeln werden von einander getrennt durch Brüche und Flexuren, die bestimmte, vornehmlich nord-südliche und west-östliche Richtung besitzen, oder besser gesagt konzentrisch und radial nach dem tiefern Punkt hinlaufen. Dies läßt sich auch schon aus dem Verlauf der Flüsse schließen, welche vornehmlich diese Richtung einschlagen, und somit einen zickzackförmigen, stark serpentinisierten Lauf besitzen.

Die Hebung findet jedoch keineswegs gleichmäßig statt. Es folgen vielmehr regelmäßige Perioden von Hebung und Senkung aufeinander. Letztere haben zur Folge, daß an der Küste große Mengen von Sand und Seeton abgesetzt werden, was zur Zeit der Hebung viel weniger intensiv stattfindet. An diesen Sandablagerungen lassen sich die alten Küstenlinien, die Perioden des Stillstands, bis weit ins Innere hinein verfolgen, und der Abstand dieser Küstenlinien gibt einen Maßstab für die Zeit, wie lange es zurückliegt, daß jene alten Küstenlinien vom Meere bespült wurden.

Die ganze Südküste bis an den Fuß des Zentralgebirges ist mit einem rötlichen oder gelbweißen Ton bedeckt, der überall dort zu Tage liegt, wo alluviale Absetzungen von Sand, Seeton und Moorbildungen fehlen, und der auch unter diesen Absetzungen stets zurückzufinden ist. Dieser Ton wird von den Flüssen nach dem Meere geführt und erleidet dadurch eine Trennung der Sand- und Tonteilchen; durch die langsam fließenden Flüsse werden erst die Tonteilchen mitgeführt, die schweren Sandteilchen folgen später. Es ist der durch die Flüsse mitgeführte Ton, der sich als See-, Fluß- oder Lagunenton in den tiefen Partien absetzt, während der Sand nach dem Meere geführt und durch die Wellen auf den Strand zurückgeworfen wird, wo er die Sandwälle und Dünen bildet.

Umgekehrt besitzt das Seewasser verhärtende Wirkung auf den Ton. Dies läßt sich besonders gut da beobachten, wo das Meer die rötliche Tonküste bespült und erodiert, wie z. B. längs der Küste östlich von *Welab* und zwischen *Domandéh* und *Ongari* und längs den Ufern des *Muri*. Hierbei findet eine chemische Umsetzung statt, eine Bereicherung von Eisenoxyd und Hydroxyd, was zugleich das Material zur Verfestigung liefert, so daß die weichen und rötlichen Tonstücke zu hartem Gestein, in Rot- und Brauneisenstein verwandelt werden. Solche Bildungen finden sich stets nur an der Küste.

Vom südlichen Eingang des *Muri* bis nach *Awehima* erstreckt sich die eintönige schlammige Küste, eintönig durch die graue Farbe des Strandes und die düstere Mangrovevegetation, welche den Strand abschließt. Keine Pfade münden hier an die Küste, keine Kokospalmen können hier gedeihen, und sumpfig, unbegangbar ist auch das Hinterland bis weit landeinwärts und längs des *Muri*.

Dann kommt *Awehima*, die westlichste marindinesische Siedelung, die auf einem breiten Sandrücken gelegen ist und wie eine Insel von brakigem Wasser und unwirtlicher Mangrovevegetation umgeben ist. Weiter ostwärts folgt wieder schlammiger Mangrovestrand bis zur *Wamal*-Mündung, von wo sich zwei Sandrücken landeinwärts bis hinter *Awehima* ziehen, von denen der nördlichere den ehemals bewohnten und mit Kokospalmen bewachsenen Platz *Kindkana* trägt.

Von der *Wamal*-Mündung bis *Gelieb* folgt wieder mühsam gangbarer Mangrovestrand; dann dehnt sich bis zur *Buraka*-Mündung ein zunehmend breiter werdender blendendweißer Sandstrand aus; erst drei, dann zwei, hierauf noch ein Sandrücken laufen längs des Strandes, auf welchem die Siedelungen gebaut sind und ein breiter, mit Kokospalmen bewaldeter Gürtel sich dem Meere entlang zieht.

Vom *Buraka* weiter nach Osten zieht sich der sandige, mit Kokospalmen bewachsene Strand, der nur an wenigen Stellen durch Ablagerungen von Ton mit der damit vergesellten Mangrovevegetation unterbrochen wird oder aber durch eine rotbraune steinharte Erosionsterrasse da, wo die Brandung auf die Tonküste zerstörend einwirkt und das Seewasser den Ton in roten Brauneisenstein verwandelt hat. Dies ist z. B. östlich von *Welab* der Fall. Rechtwinklig zur Küste ragt hier eine große Anzahl dunkelroter Riffe ins Meer hinaus, welche bei der Ebbe bis nach *Habee*, der Fledermausinsel Carstensz', hinüberzureichen scheinen, als bildeten sie in früherer Zeit eine Brücke; eine künstliche Verbindung der dämonenhaften Vorfahren der Eingeborenen ist es auch den Mythen nach. Bei heftigem Winde entsteht hier eine starke Brandung, indem die Wellen mehr und mehr eingeengt werden und ihre erodierende Wirkung fühlbar machen.

Einen eigenartigen Kontrast zur eintönigen flachen Küste bildet die Insel *Habee*, die aus steil aufgerichteten Felswänden von rötlichem Gestein besteht und dichten Kokosbusch trägt, welcher Eigentum der Bewohner von *Wambi* ist und zeitweise von diesen aufgesucht wird. Am Westende ist der Insel eine kleine Sandbank vorgelagert, welche sich je nach den Monsunen etwas verschiebt, so daß die Eingeborenen glauben, die Insel sei schwimmend und führe Drehungen aus. Begreiflich ist es, daß an dieses sonderbare Gebilde zahlreiche Mythen anknüpfen.

1 bis 3 Seemeilen von *Habee* entfernt liegt noch ein nur zeitweise über Wasser emporragendes Riff namens *Sametin*, das ebenfalls aus rotem Gestein besteht

und als südlichster Punkt einer ehemals zusammenhängenden Landmasse betrachtet werden kann, die sich bis nach *Sametin* zog, aber durch den starken Flut- und Ebbestrom weggespült wurde, bis auf die noch übriggebliebenen Reste.

Weiter ostwärts folgen wieder parallel verlaufende Sandrücken, die nur an einzelnen Stellen, da, wo Flüsse münden, von Tonablagerungen unterbrochen werden und somit auch stets mit Mangrovevegetation bewachsen sind, während die sandige Küste durchwegs mit Kokos bepflanzt ist und die Siedelungen trägt. Zwischen *Domandēh* und *Ongari* ist die Küste hingegen wiederum starker Erosion ausgesetzt; daher ist auch hier der Ton in Brauneisenstein umgewandelt, und eine breite, steinige Erosionsterrasse erstreckt sich weit ins Meer hinaus, so daß sich auch hier weder Kokospalmen noch Siedelungen finden. Weiter ostwärts wechseln Sand- und Tonablagerungen ab bis westlich von *Urambi*, der letzten marindinesischen Siedelung. Hierauf werden die Sandablagerungen immer spärlicher, denn es münden hier keine großen Sand führenden Flüsse. Immer unwirtlicher und schlammiger wird die Küste, wenn man sich weiter nach Osten begibt, und bald hat man die letzten kümmerlich gedeihenden Kokospalmen erreicht, während mehr und mehr der Mangrovebusch vorherrschend wird. Die Eingeborenen, welche diese Küstengegend bewohnen und dem fremdsprachigen Stamme der *Kanum-anim* angehören, haben ihre Siedelungen etwas im Innern angelegt, und nur zur Trockenzeit kommen sie nach dem Strand, soweit er noch sandig ist und mit Kokospalmen bepflanzt werden kann; aber kümmerlich wie die Kulturgewächse, die hier gedeihen, sind auch die Lebens- und Wohnbedingungen, spärlich ist auch die Versorgung mit Trinkwasser zur Trockenzeit, und es ist wahrscheinlich, daß die hier angesiedelten Eingeborenen im Laufe der Zeit von den vorgedrungenen *Marind* nach diesem unwirtlichen Gebiet verdrängt worden sind.

Von *Jena-riki* an, wo sich eine letzte kleine Sandablagerung findet, ostwärts ist die Küste kaum mehr begangbar. Nur zur Ebbezeit kann man weit von der Küste entfernt den Weg noch fortsetzen, denn nur weit im Meer draußen in der Ebbezone findet sich noch spärlich sandiger Boden, welcher verhindert, daß man nicht knietief im weichen schlammigen Ton einsinkt. Eine letzte kleine Sandablagerung auf holländischem und marindinesischem Boden findet sich bei *Wanme*, dem Küstendorf der *Kondo-anim*, das jedoch nur bei gewissen Gelegenheiten aufgesucht wird.

Hinter dem sandigen, mit Kokospalmen bepflanzten und die Siedelungen tragenden Strandwall ziehen sich parallel zur Strandlinie die Küstenwälle früherer Hebungsperioden. Küstenwälle und Täler wechseln mehrmals miteinander ab, bis sie mehr und mehr verflachen, die Sandrücken kleiner und spärlicher werden und schließlich ganz verschwinden. Die strandnahen Küstenwälle tragen, soweit sie sandig sind, fast ununterbrochen einen dichtbewachsenen Palmgürtel und trugen in früherer Zeit die Siedelungen der Strandbewohner, als sie noch vom Meere bespült wurden; aber in dem Maße, wie die negative Strandverschiebung vorschritt, mußten auch die Siedelungen meerwärts verlagert werden.

In den tiefer gelegenen sumpfigen Partien zwischen den Küstenwällen wird die Sagopalme gepflanzt. Hier finden sich auch meistens beiderseits der senkrecht zur Küstenlinie verlaufenden Pfade die Pflanzungen der Küstenbewohner in

Form von langgestreckten hochaufgeschütteten Beeten, so daß sie in der Regenzeit von wassererfüllten Gräben umgeben sind, sonst aber zu jeder Zeit trocken liegen. Hier pflanzt der Eingeborene alles, was er zu seinem Lebensunterhalt bedarf. Neben der dunkellaubigen Sagopalme stehen dichtgedrängt die verschiedenen Bananensorten, die in keiner Pflanzung fehlen. Dazwischen ragt die zierliche, schlanke Arecapalme empor, welche die Betelnüsse liefert, und nebenan rankt der Betelpfeffer, an trockenen Plätzen auch der Jams, während die Böschungen der hochaufgeschütteten Beete mit dem großblättrigen, wasserliebenden Taro bepflanzt sind. Nirgends fehlt der Croton, der mit seinen mannigfaltig geformten und bunten Blättern den *Marind* die hier seltenen Blumen ersetzt und einen unentbehrlichen Schmuck bildet. Ein lieblicheres Landschafts- und Vegetationsbild kann man sich in der Tat nicht denken, namentlich zur Regenzeit, wenn die Gräben, welche die Pflanzungen umsäumen und von einander trennen, mit Wasser gefüllt sind, in dem sich die weiße, zartrote und tiefblaue Lotosblume entfaltet.

Der Küstenbewohner hat somit tatsächlich alles in nächster Nähe seines Wohnortes, was er zu seinem Lebensunterhalte bedarf, während dies bei den Inlandbewohnern durchaus nicht überall der Fall ist. Der Strandwall bildet einen dauernd trockenen Platz für die Siedelungen. Das Meer liefert stets animalische Nahrung, und dicht hinter den Siedelungen liegen die ausgedehnten Kokos- und Sagobestände sowie die Pflanzungen, wo sich auch in der Trockenzeit stets trinkbares Wasser findet, während der Inlandbewohner dies alles nicht immer so nahe beisammen hat. Daher ist es auch begreiflich, daß die Strandbewohner ihre Siedelungen niemals aufgeben, während der Inlandbewohner weit mehr unsteten Charakter zeigt und auch häufig seine Siedelungen wechselt.

Weiter landeinwärts werden die Pflanzungen spärlicher. Auch die Sago- und Kokospalme tritt zurück, und der Busch wird mannigfaltiger und dichter, auch die Küstenwälle und Täler verflachen, obschon noch überall stellenweise selbst stundenweit hinter dem Strandwall sich Spuren einstmaliger Pflanzungen an den aufgeschütteten, langgezogenen Beeten erkennen lassen, die jedoch schon seit langer Zeit vollständig mit Busch überwuchert sind, und noch hin und wieder erkennt man einen alten Fruchtbaum, eine Strandkastanie (Inocarpus edulis) oder eine Eugenia aquea, die an frühere Zeiten erinnern. Aber auch der Busch erstreckt sich nur wenig weit ins Innere, wird spärlicher und dürftiger, je weiter man sich von der Küste entfernt, und mit einem Male treten wir in die Savanne oder Steppe (*Mamui*) hinaus, die sich unabsehbar weit ins Innere hinzieht. Sie beginnt je nach der Küstengegend 2—6 Kilometer hinter dem Strandwall.

Ins Innere fortschreitend nimmt das Land mehr und mehr erst schwach gewellten, dann hügeligen Charakter an, und es kommen damit auch die Quer- und Längsbrüche deutlicher zur Geltung, welche stellenweise äußerst regelmäßig verlaufen und das Land in viereckige Tafeln zerteilen. Zur Regenzeit sind dann die sich rechtwinklig durchkreuzenden Gräben und tiefer gelegenen Partien mit Wasser gefüllt und schließen Inseln ein, auf welchen die Siedelungen liegen. Besonders schön kommt dies am obern *Bian* zur Geltung, wo sich zu beiden Seiten des Flusses Furchen und Gräben abzweigen, die ihrerseits wieder untereinander in Verbindung stehen und die hochgelegenen Landpartien und Hügel umschließen, auf welchen sich auch die Kokoshaine mit den Siedelungen befinden. Die Savanne oder Steppe macht tatsächlich zur Regen- und Trockenzeit einen ganz verschiedenen Eindruck. Ich erinnere mich von meiner Reise an den obern *Bian* der unabsehbaren Grasflächen, die vollständig schwarz und in Rauch gehüllt waren. Schwarz und blätterlos waren auch die versengten Baumstämme, und Rauch- und feiner Aschenregen von verbranntem Gras erfüllte während mehrerer Wochen die Luft, so daß die Sonne verdüstert war und rötlich schien. Aber schon nach einigen Wochen, als wir die Rückreise antraten, und nachdem die ersten Regen gefallen waren, war auch die Landschaft fast momentan ganz verändert worden. Der schwarze Boden war wieder mit jungem, saftigem Gras überzogen, und die Bäume begannen sich zu belauben.

Einförmig wie die Bodenbeschaffenheit ist auch die Vegetationscharakter des Landes. Weite unabsehbare Grasflächen und Savannen bedecken weitaus den größten Teil des fast vollkommen flachen Landes, das zur Regenzeit weithin unter Wasser steht, so daß es der Eingeborene mit seinem Kanu mühelos durchqueren kann. Erst weiter landeinwärts, ca. 150 km von der Küste entfernt, beginnt das Land ganz sanfte Erhebungen aufzuweisen, die zur Regenzeit wie Inseln aus dem überschwemmten Land hervorragen und in der Regel auch die besiedelten Gebiete darstellen.

In der Nähe der Küste ist ein häufiger Savannenbaum eine Pandanacee, währenddem weiter landeinwärts an ihrer Stelle überall der mehr oder weniger dichte Eukalyptuswald tritt, dessen Bäume für den Hüttenbau der Eingeborenen von großer Bedeutung sind und besonders die dicke, weiße und weiche Rinde zu verschiedenen Zwecken liefern, im Innern auch zum Bedecken der Dächer, während die Küstenbewohner sich mühsam Atap (Palmblattgeflecht) herstellen müssen. Ein anderer sehr häufiger Savannenbaum ist eine Bombaxvarietät, welche zur Trockenzeit des Laub verliert, wodurch die Landschaft einen winterlichen Charakter erhält. Hier in diesen unabsehbaren Savannen ist das Känguruh zu Hause, und es pflegen die Eingeborenen zur Trockenzeit die Grasflächen regelmäßig abzubrennen; erstens um sich die Jagd auf die Tiere zu erleichtern, und zweitens um das Land ungehindert durchqueren zu können, was ohne dies stellenweise unmöglich wäre. Diese Grasbrände hüllen dann zur Trockenzeit große Landstrecken in Rauch, so daß die Sonne oft tagelang verdüstert wird und ein eigentümlich fahles Licht verbreitet, während nachts der Horizont sich als feuriger Streifen vom Himmel abhebt.

Nur stellenweise wird die Savanne unterbrochen vom dichten Urwald, welcher die Flußläufe einsäumt, jedoch nur in ihrem Unterlauf. Die Vegetation längs den Flüssen läßt sich in drei mehr oder weniger scharfe Zonen teilen, die durch die Strömung des Flusses und den Salzgehalt des Wassers bedingt werden. Eine erste und unterste Zone ist charakterisiert durch das Vorkommen von Rhizophoren und der Nipahpalme, welche als Charakterpflanze den Unterlauf der Flüsse einsäumt. Dichter Wald schließt hier die Ufer ein, der jedoch zur Regenzeit und bei Eintritt der Flut größtenteils unter Wasser steht. An solchen Stellen ist dann auch der Boden bedeckt mit den sogenannten Pneumatophoren, welche eine Wanderung durch einen solchen Wald und auf dem glatten schlammigen Boden recht beschwerlich machen. Häufig sind hier auch mächtige Pandanaceen (Pandanus tectorius), deren stachlige Stelzwurzeln einen mächtigen Kegel umschließen. Daß hier die Flora eine reiche Fauna beherbergen muß, kann man sich denken. Hier können Tiere und Pflanzen leben, die sowohl an die Trockenheit als auch an die Feuchtigkeit angepaßt sind. Am häufigsten ist hier an den schlammigen Ufern des Flusses der Beleophthalmus Novae-Guineae, der mit den Vorderfüßen auf dem Schlamm herumhüpft und sich am Wurzelwerk der Rhizophoren anklammert; Crustaceen sind hier in allen Gattungen vertreten, die auch an der schlammigen Meeresküste vorkommen, vom großen Taschenkrebs (Scylla serrata) an bis hinab zu den kleinsten Garnelen und Flohkrebsen. Desgleichen beherbergen die Flüsse hier noch ganz die Fischfauna des Meeres und schließlich als gefährlichsten Bewohner das große Leistenkrokodil (Crocodilus porosus), das trotz seiner Größe auf den schlammigen Uferbänken liegend kaum zu erkennen ist, bis es aufgeschreckt dem Wasser zueilt, so daß dieses hoch aufspritzt, und sich hierauf regungslos an der Oberfläche treiben läßt.

Ein häufiger Bewohner der Rhizophoren ist hier der plumpe Tüpfelcuscus (Cuscus maculatus), dem die Eingeborenen gerne nachstellen, nicht bloß des Fleisches, sondern auch seines dichten Haarkleides wegen, mit dem sie ihren Festschmuck verzieren, und im dichten Walde in der Nähe des Flusses hält sich auch mit Vorliebe der wasserliebende Kasuar auf. In dieser Vegetationszone finden sich auch zahlreiche Insekten; da sehen wir Falter, die unten im Gehölz vereinzelt wie verloren taumeln, in den Wipfeln der Bäume aber in Schwärmen fliegen. Schwirrende Insekten aus allen Ordnungen umsurren die Baumblüten, die im Äußern meist unscheinbar und klein sind, in ihrem Bau aber die bunte floristische Zusammensetzung der Blumen einer Wiese zeigen: Moraceen, Rubiaceen, Lauraceen, Rosaceen, Violaceen, Sapotaceen schließen hier ihre Kronen zusammen. Nicht minder reichhaltig ist die Spinnenfauna, die sich durch mannigfaltige Formen und Farben auszeichnet. Am meisten überraschte mich anfangs allabendlich das tausendstimmige Konzert der Cikaden, welche genau auf den Glockenschlag 5 ihr Gezirp anzustimmen pflegten. Eines der Tiere begann plötzlich sein Zirpen in einer Tonhöhe, die von unserm akustischen Sinn kaum mehr wahrgenommen werden kann, und mit einem Male stimmten tausende dieser Insekten mit ein, Dies dauert jedoch nur einen Augenblick, dann hört man von einem entfernten Platz, wie ein Echo, das Gezirpe an- und abschwellen und sich weiter und weiter fortpflanzen, dann wieder in nächster Nähe. So mag dies etwa eine halbe Stunde andauern, bis der durchdringende Pfiff ebenso plötzlich aufhört, wie er begann, und die Dämmerung hereinbricht. Dann, mit Einbruch der Dämmerung, werden die verschiedensten Vogelstimmen laut, während tagsüber in dem moderigen, feuchten Wald eine Totenstille herrscht: da erschallt aus dem dunklen Busch der durchdringende abgesetzte Schrei des Waldhuhns, das tiefe Brummen der Kronentauben und hin und wieder das des Kasuar, wodurch die Stimmung noch viel ernster und düsterer wird. Schließlich verstummen auch diese letzten Vogelstimmen, und man hört nur das Strudeln des Wassers an den Stämmen der Rhizophoren, die sich bis weit ins Wasser hinaus vorgeschoben haben und merkwürdiger Weise gerade da, wo die Strömung am stärksten ist. Dann, mit Einbruch der Dunkelheit, wird eine andere Erscheinung bemerkbar, die weiter flußaufwärts mit dem Fehlen dieser Bäume nicht mehr zu beobachten ist. Milliarden kleiner Fünkchen umgeben die Krone der Rhizophoren. Sie blitzen auf und erlöschen in regelmäßig pulsierenden Intervallen und werden hervorgerufen durch kleine leuchtende Insekten.

Hier in dieser Flußzone in einem kleinen verankerten Boot die Nacht zu verbringen, ist nicht ganz ungefährlich; abgesehen von der heftigen Strömung und dem äußerst schlechten Ankergrund, welcher ein Verankern des Bootes oft schwierig macht, sind im Wasser treibende Baumstämme hier sehr häufig und werden selbst für größere Boote gefährlich, indem sie das Boot mitreißen oder gar zerschlagen können. Gefährlich werden die großen Flüsse in ihrem Mittellauf aber durch eine starke Flutwelle, welche sich regelmäßig mit Eintritt der Flut flußaufwärts fortpflanzt. Diese Erscheinung kann natürlich nur in breiten Flüssen, wie im *Bian* und *Digul*, auftreten und wird hervorgerufen durch den Zusammenprall des Flut- und Ebbestromes, bezw. durch den Flutstrom, welcher den Ebbestrom überwinden muß; daher beginnt die Erscheinung stets an ein und derselben Stelle, da wo der Ebbe- und Flutstrom ungefähr gleich stark sind, und es pflanzt sich die Welle mit großer Geschwindigkeit flußaufwärts fort. Wenn der Flutstrom einsetzen muß, hört man schon in der Ferne ein Rauschen, das an- und abschwillt und den Windungen des Flusses folgt; dann wird es stärker und stärker, und in der Ferne sieht man die Welle heranbrausen, die sich mit großer Gewalt an den Ufern überschlägt, so daß das Ufergebüsch mitgerissen wird. Erst noch floß das Wasser meerwärts, aber im Nu, wenn die Welle vorbeigerauscht ist, ist das Wasser um 1—2 Meter gestiegen, und der Flutstrom setzt ein. Wehe dann dem kleinen Boot, das vor Anker liegt. Eine einzige Welle kann es vollständig überschütten, wenn nicht das Ankertau reißt, und das Boot flußaufwärts treibt. Das ist schon Manchem zum Verhängnis geworden und hat auch mich beinahe ein kleines Boot gekostet. Später war ich vorsichtiger und verbrachte keine Nacht mehr schlafend in dieser Zone.

Eine ganz andere Stimmung herrscht früh am Morgen. Da beginnt, noch ehe die Dämmerung anbricht, das Vogelkonzert, zuerst der geschwätzige Ruf des Eisvogels, dann setzt das Gezwitscher der buntscheckigen Lori ein und das Gekreisch des Eclectus pectoralis. In rauschendem, weithin hörbarem Fluge fliegt der Jahrvogel der schlanken Arecapalme zu, auf deren Früchte er es abgesehen hat, und aus dem Sagobusch ertönt das durchdringende Geschrei von Schwärmen weißer Kakadu, welche sich um die aufgebrochenen Sagostämme sammeln.

Dann, mit hochgehender Sonne, wird es stiller. Brütende Schwüle lagert sich über den moderigen, feuchten Wald, und man hört nur in der Ferne den wehmütigen Schrei der Paradisea minor-Weibchen, die umsonst ihre Männchen herbeilocken. Diese sind in dieser Zone schon längst ausgerottet worden, und man muß schon recht weit landeinwärts gehen, wenn man diesen Ausbund von Schönheit noch zu sehen bekommen will, was südlich des *Digul*-Flusses kaum mehr möglich ist; immer weiter und weiter landeinwärts geht das Ausrotten und Morden dieses Vogels einer Modetorheit wegen, welche rücksichtslos die schönsten Geschöpfe der Vogelwelt vernichten hilft.

Weiter flußaufwärts wird der Vegetationscharakter allmählich ein anderer. Die Nipahpalmen und Rhizophoren treten zurück, und es reichen erstere nur gerade soweit, als der Fluß das ganze Jahr hindurch brakiges Wasser führt. Diese Grenze des Übergangs von salzhaltigem in süßes Wasser liegt je nach der Jahreszeit verschieden, zur Trockenzeit bedeutend weiter von der Mündung entfernt als zur Regenzeit, wobei infolge des vielen zufließenden atmosphärischen Wassers der Fluß von der Mündung her ausgesüßt wird. Aber die Strömung ist dann eine viel stärkere und läßt sich in manchen Flüssen mit Ruderbooten kaum überwinden, während zur Trockenzeit Flut und Ebbestrom sich nahezu das Gleichgewicht halten.

So traf ich im Monat November am *Bian* schon bei der Einmündung des *Eli* trinkbares Wasser, während im September eines trockenen Jahres erst unterhalb des Seitenflusses *Mave* das Wasser salzfrei wurde.

Zwischen diesen beiden Grenzen, die bei allen größern Flüssen vorkommen, liegt eine zweite Vegetationszone, die sich durch das Fehlen gewisser Pflanzen, wie z. B. der Nipahpalme, und das Auftreten anderer, z. B. der Sagopalme, charakterisiert. Hin und wieder finden sich ausgedehnte Sagobestände unmittelbar am Fluß gelegen, an denen namentlich der *Kumbe* und *Maro* reich sind. Aber auch die Rhizophore findet sich noch immer und umsäumt die Flußufer mit Vorliebe da, wo die Strömung eine starke ist.

Noch weiter flußaufwärts tritt der zusammenhängende Wald allmählich zurück, wird lichter und einförmiger, und an seine Stelle tritt dichte Buschvegetation, die mit Schlingpflanzen (Gnetum) die Flußläufe umsäumt, so daß stellenweise zwei hohe grüne Bänder das Flußtal vollständig einschließen, durch die man nirgends durchblicken und auch nicht landen kann. Hin und wieder hängt von oben ein feurigrot oder dunkelblau blühendes Gespinst kaskadenartig bis zum Wasser hinab. Auch Bambusgebüsch ist hier häufig. Bei solchem finden sich dann stets geradezu ideale Lagerplätze für die Reisenden. Diese Gegend gehört in der Tat zu den schönsten Partien des ganzen Flußlaufes.

Noch etwas weiter flußaufwärts, und bald ist die Flutgrenze erreicht, die zur Trockenzeit sich recht weit ins Innere hinziehen kann.

Fast momentan erfolgt dann der Farbenumschlag des Wassers von trübem Grau in durchsichtiges Braun, was auch anzeigt, daß die Strömung nur äußerst gering ist, noch etwas weiter flußaufwärts, und das Wasser wird vollständig durchsichtig und fließt kaum mehr. Hier beginnt nun auch eine weitere Vegetationszone, die Savanne. Mehr und mehr werden die Flußufer von Gras und Schilfvegetationen umsäumt, deren Ausbildung durch das langsam fließende und stagnierende Wasser begünstigt wird. Mehr und mehr gewinnen schwimmende Grasdecken an Umfang und überziehen den Fluß, der stellenweise fast ganz überwachsen wird, was für die durchfahrenden Kanu oftmals hinderlich werden kann. Allmählich kommen wir ganz in die Savanne, durch die sich der noch wenig breite Fluß in phantastischen Serpentinen durchschlängelt. Zur Trockenzeit sind beide Ufer hoch, zur Regenzeit mit Wasser gefüllt, und auch die Savanne steht dann größtenteils unter Wasser, so daß man mit dem Kanu mühelos übers Land fahren und sich den Weg abkürzen kann. Die Savannen werden bevölkert durch große Herden von Känguruh und zur Regenzeit durch tausende von Wasservögeln, an denen namentlich der *Kumbe*-Fluß außerordentlich reich ist.

Zu tausenden und tausenden sammeln sich hier zur Regenzeit die verschiedensten Sumpf- und Wasservögel, so vor allem der weiße Reiher (Ardea sacra), der langschnäbelige Numenius, und behende läuft das kleine Sumpfhuhn (Ortygometra) über die sumpfige Steppe dahin. Zahlreiche Arten von Enten (Dendrocygna guttata, Anseranas semipalmata, Tadorna radjah etc.) bewohnen das Uferschilf, und hin und wieder trifft man auch den indischen Riesenstorch (Xenorhynchus asiaticus), der in der Mythologie der Eingeborenen eine durchgreifende Rolle spielt, sowie die etwas kleinere Unterart mit dunklerem Gefieder. Relativ häufig ist hingegen die graue Antigone australasiana, deren schnarrender Schrei weithin hörbar ist. Ein anderer seltsamer Vogel ist eine Tauchente (Nyroca australis). Hin und wieder sieht man vom Boot aus einen glatten schlanken Kopt und Hals gleich einer Schlange an die Wasseroberfläche hervorkommen, der beim Näherkommen untertaucht. Nachdem das Boot vorbeigefahren ist, taucht dann plötzlich ein großer brauner Vogel aus dem Wasser auf, der sich erst am Ufer die Flügel trocknet und hierauf in raschem Fluge das Weite sucht. Auch die Flußfauna ist hier natürlich eine andere und ganz dem Süßwasser angepaßt. Eine Schildkröte findet sich hier häufig, während sich am Ufer der Flüsse der Varanus aufhält, der sich hauptsächlich von den Eiern der hier reichen Vogelfauna nährt. Nur an vereinzelten Stellen wird das Flußufer durch größeres zusammenhängendes Bambusgebüsch eingefaßt, und es findet sich hier und da ein alleinstehender riesiger Manga- oder Ficusbaum, der weithin sichtbar ist, und dessen mächtiges Blätterdach eine große Fläche überdeckt und einen geradezu idealen Lagerplatz bildet.

Mit leiser Wehmut denke ich an jene Nächte unter freiem Himmel oder unter dem schützenden Blätterdach am Ufer eines Flusses zurück, während in der Ferne ein glühender Lichtstreifen der brennenden Savanne den dunklen Horizont umsäumte und dumpfe Trommelschläge und der Gesang der Eingeborenen vom kühlen Nachtwind zu unserm Lager herübergetragen wurden.

3. Die Bewohner.

Die *Marind-anim* und ihre Nachbarstämme.

Der Stamm der *Marind-anim* gehört sowohl seiner Kopfzahl als auch der Ausdehnung seines Wohngebietes nach zu den größten Stämmen in Süd-Neu-Guinea. Ehemals das englische Küstengebiet bis zum Fly-river bewohnend, hat er sich jedenfalls vor langer Zeit allmählich der Küste entlang nach Westen gezogen und den ganzen Küstenstrich, soweit er für die Besiedelung in Betracht kam, in Besitz genommen. Die damalige Küstenlinie entsprach jedoch keineswegs der heutigen, vielmehr lag sie in früherer Zeit bedeutend mehr landeinwärts, und es wird auch in den Mythen stets von Plätzen in der Nähe der Küste geredet, die in früherer Zeit besiedelt waren.

Nachdem die Küste in Besitz genommen worden war, so kann man annehmen, zogen die *Marind* den Flußläufen entlang landeinwärts und nahmen mit der Zeit das Gebiet des *Buraka*-, *Bian*- und *Kumbe*-Flusses in Besitz, indem die daselbst ansässigen Stämme zurückgedrängt wurden. Man muß, wie wir später sehen werden, annehmen, daß die heutigen Nachbarstämme der *Marind-anim*, soweit sie uns noch bekannt sind, ehemals das ganze Land in Besitz hatten.

Das heutige Wohngebiet der *Marind-anim* erstreckt sich also der ganzen Küste entlang vom *Muri* bis zur östlichsten Küstensiedelung *Urambi*, während das benachbarte *Mario* und die folgenden östlichen Siedelungen von fremdsprachigen Eingeborenen bewohnt sind; bloß das Gebiet von *Kondo* bildet noch eine kleine, von fremden Stämmen umgebene marindinesische Insel und läßt sich wohl als ein vom Hauptstamm zurückgebliebener Rest deuten.

Im äußersten Westen reicht das Gebiet der *Marind-anim* nur wenig weit ins Innere. Fast keine marindinesischen Inlandsiedelungen finden sich hier; erst am *Buraka* haben sich die *Marind-anim* weit ins Innere gezogen und den ganzen Fluß in Besitz genommen, sowie das Quellgebiet des *Mauweklĕ*, während an seinem Mittellauf ein fremder Stamm, die *Mąkleeu-anim*, ansässig ist. Die zwei folgenden Flüsse, der *Bian* mit seinen Nebenflüssen und der *Kumbe*, sind hingegen vollständig von *Marind-anim* besiedelt. Mit dem *Maro* erreicht das Wohngebiet der *Marind-anim* seine östliche Grenze, und was jenseits desselben liegt, ist heute größtenteils unbewohntes Land, indem die einstmals ansässigen Stämme ausgerottet worden sind. Der Oberlauf des Flusses ist hingegen im Besitz eines starken Stammes, der *Jee-anim*.

Noch weiter ostwärts ist wiederum nur der unmittelbare Küstenstrich besiedelt, an den sich die Pflanzungen, Sago- und Kokosbestände der Küstenbewohner anschließen, und mit *Urambi* ist die östlichste marindinesische Siedelung erreicht.

Von den zahlreichen, heute aber bis auf wenige spärliche Reste dezimierten fremdsprachigen Nachbarstämmen ist bis heute nur sehr wenig bekannt. Gänzlich unbekannt sind ihre Sprachen, die untereinander anscheinend gar nichts Gemeinsames haben, so wenig wie mit dem Marindinesischen, während diese Stämme ethnisch sich im großen ganzen an die *Marind-anim* anschließen. Die Ursache dieser mangelhaften Kenntnis liegt vor allem in ihrer Isoliertheit und äußerst dünnen Besiedelung; zählen doch manche Stämme heute nur noch wenige Individuen, die zudem fast ganz in den *Marind* aufgegangen sind. Dazu kam noch vor kurzem ihre außerordentliche Scheu den Fremden gegenüber.

Alle Nachbarstämme waren von jeher das Ziel langjähriger, rücksichtsloser Kopfjagden von Seiten der *Marind* gewesen, so daß man heute bloß noch den Siedelungsnamen und den Aussagen der Eingeborenen nach schließen kann, daß es noch vor kurzer Zeit, ehe das Land dauernd kolonisiert wurde, weit dichter besiedelt war.

In welchem Maßstabe die Kopfjagden bis vor kurzer Zeit noch geübt wurden, ließ sich erst nach und nach aus den Schädelfunden ermessen. In keiner Siedelung und in keiner Männerhütte fehlten ehemals die Trophäen. So fand man vor etlichen Jahren in *Sangassé* allein über 200 Schädel in den Hütten hängen, die alle von den Kopfjagden herrührten.

Es waren diese Kopfjagden eigentlich Expeditionen, an denen stets mehrere Dörfer und hunderte von Männern und Jünglingen teilnahmen, und die bloß den Zweck hatten, möglichst viele Köpfe zu erbeuten. Somit kann man annehmen, daß in wenigen Jahren ganze Stämme dahingemordet wurden. Aber immer weiter und weiter wurden die Kopfjagden ausgedehnt, und man scheute selbst nicht, wie wir in der geschichtlichen Einleitung gesehen haben, weit entfernte Gebiete aufzusuchen und lange Reisen zu unternehmen, um diesem Sport zu huldigen.

Aber auch bei den Nachbarstämmen der *Marind-anim* ging es nicht viel besser zu. Die Kopfjägerei steckte ihnen allen in Fleisch und Blut. Sie wagten sich jedoch niemals zu den übermächtigen Strandbewohnern, und auch den Inlandmarind schienen sie nicht gewachsen zu sein. Zudem war es aber nicht so sehr erbitterte Feindschaft, daß man bei den fremden Stämmen Köpfe holen ging, als vielmehr eine Notwendigkeit, die aufs engste mit den animistischen Anschauungen zusammenhing. Man ließ es auch nie zu einem offenen Kampf kommen und unternahm Kopfjagden wohlweislich meist in entfernte Gebiete, um nicht selbst den Überfällen ausgesetzt zu sein.

So wurden also die den *Marind-anim* benachbarten Stämme rasch dezimiert und sind heute nur noch als spärliche Überreste einer einstmals großen Bevölkerung anzusehen. Während die *Marind-anim* als relativ junge Einwanderer zu betrachten sind, war in früherer Zeit das ganze Gebiet jedenfalls von den Nachbarstämmen bewohnt gewesen; diese wurden durch die von der Küste keilartig eindringenden *Marind* nach West und Ost zurückgedrängt und durch die Kopfjagden ausgerottet. So muß man annehmen, daß die östlichen Nachbarstämme früher einst am *Kumbe*-Fluß und die westlichen Nachbarn ebensoweit nach Osten bis zum *Bian* angesiedelt waren. Für diese Annahme besitzen wir einige Anhaltspunkte, auf die wir später zurückkommen werden. Ethnisch sind sie aber alle mehr oder weniger in den *Marind-anim* aufgegangen, bloß von der Sprache haben sie gar nichts angenommen. Dieser zentrifugal von der Küste ausgehende marindinesische Einfluß ist durchweg zu konstatieren, und namentlich war es die dichtbesiedelte Küste, von der alles ausging, und wo heute noch die marindinesische Kultur am reinsten bewahrt ist.

Die Nachbarstämme im äußersten Westen, welche die beiden Inseln *Komolom* und *Dolak* (Frédérik-Hendrik-Eiland) bewohnen, gehören zwei oder mehreren sprachlich verschiedenen Stämmen an, die noch gänzlich unbekannt sind. Die Bewohner von *Dolak* werden ihres sumpfigen Wohngebietes wegen, das zur Regenzeit größtenteils unter Wasser steht, auch *Bob-anim*, d. h. Sumpfmenschen genannt. Tatsächlich haben sie sich in ihrer ganzen Lebensweise vollständig an das Sumpfleben angepaßt. Soviel man bis jetzt weiß, ist jedoch bloß der östliche Teil der Insel bewohnt.

Auf dem Festland wohnt im Osten der kleine Stamm der *Jab-anim*. An diesen grenzt der am *Mauweklĕ* ansässige Stamm der *Makleeu-anim*, während im Quellgebiet dieses Flusses, wie gesagt, *Marind-anim* wohnen, und erst am jenseitigen Ufer des *Digul* finden sich wieder fremde Stämme.

Während zwischen den *Marind-anim* und ihren Nachbarstämmen im Westen und Osten noch immer ein gewisser Kontakt und zwischen den direkt benachbarten Siedelungen auch Freundschaftsbeziehungen und Tauschhandel bestehen, war dies niemals der Fall zwischen den Nachbarstämmen am *Digul* und den südlich wohnenden *Marind*. Auffällig ist, daß auch nirgends die *Digul*-Bewohner direkt an die südlichen Stämme und die *Marind-anim* angrenzen; vielmehr befinden sich durchweg zwischen ihnen große unbewohnte Strecken, und nur an wenigen Stellen ist das linke Ufer der untern Hälfte des *Digul* von fremden Stämmen bewohnt, welche der *Marind* unter dem Namen *Digul-anim* zusammenfaßt.

Erst am *Maro* grenzen die *Marind-anim*, die Bewohner von *Senajo*, direkt an den großen fremdsprachigen Stamm der *Jee-anim*, welche den ganzen Oberlauf dieses Flusses bewohnen und im Vergleich zu den andern Nachbarstämmen der *Marind-anim* noch am meisten von ihrer ursprünglichen Eigenart bewahrt haben. Auf der westlichen Seite des *Maro* wohnen schließlich sporadisch äußerst spärliche Reste einiger einstmals großen Stämme, die bis zur englischen Grenze eine ziemlich einheitliche Sprache reden, und die von den *Marind* gewöhnlich unter dem Namen *Kanum-anim* zusammengefaßt werden. Mit diesem Namen bezeichnen sie jedoch auch sprachlich ganz verschiedene Stämme jenseits der englischen Grenze am *Torassi* und Morehead-river. Alle diese *Kanum-anim* sind bis in die jüngste Zeit hinein durch die Kopfjagden der *Marind* stark dezimiert worden. Sie bildeten zweifellos einstmals die Hauptbevölkerung des ganzen Gebietes zwischen dem *Torassi* und *Kumbe*-Fluß und über diesen hinaus, wie man dies noch an Ortsnamen erkennen kann, die ihren Sprachen entstammen.

Eine verschiedene Sprache spricht noch ein kleiner und nur noch wenige Personen zählender Stamm, die *Mangat-anim* (Zahn-Menschen), wie er ebenfalls von den *Marind* benannt wird. Meistens wird er jedoch auch zu den *Kanum-anim* gezählt.

Fragen wir erst, was man denn eigentlich unter den *Marind-anim* zu verstehen hat, und wie weit sich ihr Wohngebiet erstreckt. Noch weiß man oftmals nicht, welche Siedelungen und Bewohner man zum Stamm der *Marind* rechnen soll und was andern Stämmen angehört, und wie diese benannt werden sollen. Eine erste Schwierigkeit, um die *Marind* und die andern Stämme von einander zu halten, ergibt sich daraus, daß die Sprache der *Marind* in sehr zahlreiche Dialekte zerfällt, die an gewissen entfernten Orten derart von einander abweichen, daß eine Verständigung nur mühsam möglich ist; wieder in anderen Siedelungen findet sich eine gemischte Sprache, indem z. B. die Frauen aus einem Nachbarstamm hineingeheiratet haben.

Fragt man den Eingeborenen, was denn eigentlich die *Marind-anim* seien, so wird man sehr verschiedene Antworten erhalten, und meistens wird er verschiedene Nachbarsiedelungen, die mit den marindinesisch sprechenden befreundet sind, dem eigenen Stamme zurechnen und umgekehrt entfernte, aber einen marindinesischen Dialekt sprechende Siedelungen als Fremde bezeichnen. Es fehlt eben dem Eingeborenen an dem Zusammengehörigkeitsbewußtsein unter den Stammesangehörigen, das auf dieser sozialen Stufe noch nicht entwickelt ist. Dazu vermag der Eingeborene eine scharfe Unterscheidung zwischen der marindinesischen Sprache und solcher anderer Stämme natürlich nicht immer durchzuführen. Einen fremdklingenden Dialekt, sowie eine fremde Sprache nennt er *horak-meen*, d. h. soviel wie unverständliches Gerede. Er bezeichnet also alle unverständlich redenden als Fremde, d. h. *Ikam-anim*. Eine andere häufige Aussage lautet: Alle unsere Feinde, deren Köpfe wir erbeuten, sind *Ikam-anim*, und nach einer dritten, sehr weiten Definition rechnet er schließlich die meisten Nachbarstämme zu den *Marind-anim*, d. h. alle diejenigen Leute, welche die Haare zu kleinen Haarzöpfchen, sog. *Majub*, flechten und sie mit Haarverlängerungen versehen. In der Tat macht der Eingeborene zwischen seinen Stammeszugehörigen, die in einem weit entfernten Gebiet zu Hause sind, und den Zugehörigen eines fremdsprachigen Stammes keinen scharfen Unterschied. Beide können als *Marind* oder als *Ikam* bezeichnet werden. In erster Linie hängt es davon ab, ob man befreundet ist oder nicht. Direkt benachbarte Siedelungen, auch wenn sie von fremdsprachigen Leuten bewohnt werden, werden stets als Freunde (*Namika*) und als Stammeszugehörige betrachtet. Es kann dies selbst soweit gehen, daß marindinesisch sprechende Siedelungen, die an andere fremdsprachige angrenzen und mit diesen regen Verkehr und Freundschaft pflegen, sich sowohl zu den *Marind-anim* als zu dem fremden Stamme zuzählen, womit man etwa sagen will, daß man sowohl hier wie dort zu Hause ist und ebensogut zu jenen Leuten gehört wie auch zu den *Marind*. All dies beruht auf langjährigem Zusammenleben und Tradition. Soweit der *Marind* selbst.

Die Sprache der *Marind* hat jedoch mit den Sprachen sämtlicher Nachbarstämme absolut nichts Gemeinsames, obschon sie in zahlreiche Dialekte zerfällt, und die von der Küste entfernten Bewohner von den angrenzenden Nachbarstämmen manche Worte übernommen haben. Ich bezeichne daher als marindinesisch diejenigen Siedelungen, welche einen marindinesischen Dialekt reden.

Regelrechte Mischungen kommen nur vereinzelt in wenigen Siedelungen vor, und in solchen Fällen ist in der Regel die männliche Bevölkerung marindinesischer Abkunft, während die Frauen hineingeheiratet haben. Das Umgekehrte kommt nur vereinzelt vor. Es heiraten, soviel ich weiß, *Marind*-Frauen nicht in fremdsprachige Siedelungen hinein.

Bevölkerungszahl und Volksgesundheit.

Wie der größte Teil von Neu-Guinea, so ist auch das Gebiet, das uns hier am meisten interessiert, äußerst dünn bevölkert. Es fällt aber außerordentlich schwer, auch nur annähernd richtige Angaben über die Kopfzahl zu machen. Diese Schwierigkeit beruht zum Teil darauf, daß die Siedelungen meistens gruppenweise angeordnet sind, wodurch man oft den Eindruck erhält, daß einze ne Gebiete sehr dicht besiedelt seien, und es wird dieser Eindruck noch dadurch verstärkt, daß sich die Leute verschiedener Siedelungen sehr oft zusammentun, bei Gelegenheit von Festen, oder andern gemeinsamen Zusammenkünften, so daß man in entfernten Gegenden oftmals aufgegebene oder nur zeitweise verlassene Siedelungen findet, und andere, wo sich die Bewohner verschiedener Siedelungen zusammengefunden haben. Auch befinden sich die Eingeborenen sehr häufig nicht in ihren Hauptsiedelungen, kampieren vielmehr da und dort in den Pflanzungen oder im Busch, oder sind auf Reisen und Kopfjagden und dergl. begriffen.

Zwischen den dauernd bewohnten Gebieten liegen aber ungeheure Strecken, die vollständig unbesiedelt sind, baumlose Grasflächen oder Savannen, die zur Regenzeit unter Wasser stehen. Am dichtesten besiedelt ist auch hier wie in andern Teilen von Neu-Guinea der Küstenstrich. Hier reiht sich auf dem sandigen Küstenwall Dorf an Dorf, soweit sich die sandigen Strandwälle finden, welche die Hauptbedingung zur dauernden Besiedelung der Küste und zum Anpflanzen von Kokospalmen bilden.

Von den Küstendörfern der *Marind-anim* liegen auch seit 1915 Volkszählungen vor, welche von den Regierungsbeamten alljährlich mit möglichster Genauigkeit ausgeführt werden. Ich gebe hier die Volkszählungen von den Jahren 1915 bis 1917 wieder:

Siedelung:	1915	1916	1917
Borem und *Sarira*	327	363	
Sepadim	199	191	
Jobar	140	114	
Evati	91	88	
Imbuti	124	118	
Novari	129	126	
Total:	1010	1000	

Siedelung	1915	1916	1917
Urumb-sai	227	232	229
Noh-otiv	147	143	137
Jatomb	103	99	97
Bahor	123	123	121
Wendu	141	137	131
Matara	92	85	81
Birok	116	114	114
Anasai	129	119	118
Kumbe	305	292	295
Kaibur und *Melju*	283	272	269
Ongari	242	234	228
Samb Domandēh	413	411	390
Papis Domandēh	81	77	79
Samb Sangassé	285	259	251
Papis Sangassé	222	221	201
Alat-ep	226	205	174
Alaku	128	119	112
Tawala	71	73	68
Mewi	93	71	76
Okaba	197	206	197
Es Makalin	205	193	188
In Makalin	51	50	47
Mahai Makalin	82	82	79
Ivolje	91	86	81
Joh	89	87	78
Duv-mirav	153	143	126
Wambi	383	352	332
Ibon	255	141	139
Kobieng	168	157	146
Welab	?	?	?
Waolokleki	55	52	13 ?
Welba	?	?	?
Elibeme	141	125	134
Dokib	95 ?	122	112
Gelieb	143	140	137
Wamal	171	163	164
Belewil	192	189	201 ?
Awehima	250	236	242 ?
Total	7158	6810	5587

Über die Verhältnisse im Innern bleibt man auf Schätzungen angewiesen, ich glaube aber, daß, wenn man die ganze Bevölkerungszahl der *Marind* des Inlandes ebenso hoch anschlägt, dies kaum zu hoch gegriffen ist.

Die dreijährige Volkszählung zeigt, daß die Bevölkerung sehr rasch abnimmt. Schon bald nach der Gründung von Merauke unter Einführung regelmäßiger Postdampferverbindungen, der ein Zudrang allerhand fremder Einwanderer folgte, wurde schon gleich in den ersten Jahren der Eröffnung des Landes Syphilis eingeschleppt, welche bei den Sitten der Eingeborenen wie ein Lauffeuer um sich griff. Schon nach wenigen Jahren konnte man annehmen, daß die ganze Küstenbevölkerung durchseucht war; und mit der Erschließung des Landes, der Freigabe der Paradiesvogeljagd begann die Seuche auch ins Innere vorzudringen. Es dauerte aber noch ca. 10 Jahre, bis die Krankheit merkbar zum Ausbruch kam, und die Regierung ihre Maßnahmen zu ergreifen versuchte. Dann war es aber auch zu spät, und die Bevölkerung ging rasch dem Absterben entgegen.

In den ersten Jahren der Kolonisation hatte die holländische Regierung viel zu tun, bis sie überhaupt festen Fuß gefaßt hatte; dann erfolgte die Gründung von Merauke und damit die Eröffnung des Landes für Handel und Verkehr, und in den folgenden Jahren wurden große Expeditionen gemacht, um das Land noch zu erschließen. Vor 1900 war kaum der Küstenstrich bekannt gewesen, geschweige denn das vollständig unbetretene Innere, das erst durch die Expeditionen erschlossen wurde. Daher kam es, daß die Regierung für die Eingeborenen nicht viel Interesse zeigen konnte. Diese blieben vielmehr noch ein Jahrzehnt ganz sich selbst überlassen, trieben ihre Kopfjagden weiter und hielten ihre Geheimkulte ab, ohne daß die Regierungsbeamten etwas davon gemerkt hatten.

So kam es, daß ums Jahr 1911 der damalige Assistent-Resident rapportierte, daß an der ganzen Küste und in dem angrenzenden Gebiet die Kopfjägerei nicht vorkomme, sondern bloß fern im Binnenland noch bestehe, wogegen man einstweilen keine Maßnahmen ergreifen könne. Man wußte anscheinend damals noch nicht, daß gerade die Küstenbewohner die eifrigsten Kopfjäger waren und weit ins Innere auf die Kopfjagd gingen, und daß an der Küste selbst innerhalb des eigenen Stammes niemals Köpfe „geschnellt" worden waren. Das Morden dauerte also noch eine Weile weiter neben dem Bestehen der holländischen Regierung und der Mission, die sich gleichzeitig mit der Gründung von Merauke daselbst niederließ und später auch in *Okaba* eine Zweigstation gründete. Die Nachbarstämme wurden weiter dezimiert und ausgerottet und sind heute bis auf wenige spärliche Überlebende verschwunden. Dies dauerte ungefähr bis zum Jahre 1913, dann trat eine Wendung der Dinge ein, indem der neue Assistent-Resident Platen zu energischen Maßregeln griff, um der Kopfjägerei endgültig ein Ende zu machen, wofür seine Vorgänger keine Zeit und Gelegenheit hatten, da sie mit den Expeditionen beschäftigt waren. Die alten Köpfe wurden eingesammelt und zerstört, und eine Küstensiedlung nach der andern, die sich fortan der Kopfjagd schuldig machte, wurde niedergebrannt, und die Eingeborenen bestraft[1]). Bereits nach einem Jahre konnte der Assistent-Resident rapportieren, daß die Kopfjagd an der Küste und im angrenzenden Gebiet endgültig aufgehört habe. Durch die abschreckenden Maßnahmen wurden auch die Eingeborenen im Innern eingeschüchtert; so hörte ganz von selbst die Kopfjagd auch im Innern auf.

---

1) Vergl. Koloniaal Tijdschrift 1915.

Hand in Hand mit den Kopfjagden wurden auch die Feste abgeschafft. Statt dieser wurden fortan bei den Küstenbewohnern Steuern und Frohnarbeiten eingeführt, die von Jahr zu Jahr verschärft wurden. Die Eingeborenen mußten Straßen anlegen und Hütten bauen. Somit war die alte Zeit endgültig vorbei. Feste gab es nicht mehr und der Gesang und die Trommeln verschwanden. Für den *Marind* begann eine neue Zeit, leider aber keine bessere. Die Erschließung des Landes und namentlich die Eröffnung der Paradiesvogeljagd zog in kurzer Zeit alljährlich Scharen von Einwanderern aus allen Teilen des Archipels zu, die aber, wie man sich denken kann, nicht zu den besten Elementen gehörten. Dadurch nahm Merauke in sehr kurzer Zeit einen bedeutenden Aufschwung und wurde einer der größten Exportplätze für Kopra und Paradiesvögel. In dem Maße traten aber auch die Interessen der Eingeborenen mehr und mehr in den Hintergrund. Ihre Hauptsünden, die Kopfjagden und Geheimkulte, hatten sie aufgegeben; sie entrichteten die Steuern und leisteten Frohnarbeiten, und damit gab man sich zufrieden. Im Grunde genommen wünschten die Großhändler nur, daß die Eingeborenen möglichst bald aussterben sollten, damit sie selbst in den Besitz der Kokospalmen kommen könnten, denn diese waren einstweilen noch ganz und gar Eigentum der Eingeborenen. Wie wenig die Interessen der Eingeborenen selbst bei den Regierungsbeamten in Betracht kamen, geht aus einem Schreiben eines früheren Assistent-Residenten, der von 1912 bis 1915 in Süd-Neu-Guinea tätig war, hervor, in dem er u. a. sagt[1]), daß er angesichts des äußerst konservativen Verhaltens der Eingeborenen das Aussterben der Bevölkerung nicht als großen Schaden ansehe, im Gegenteil, wenn die Bevölkerung, die in jeder Beziehung der Entwicklung der Kolonie hemmend entgegenstehe, ausgestorben sei, werde diese voraussichtlich einen günstigen Aufschwung nehmen. Genau ebenso hat man auch vor 400 Jahren geredet.

Nun ist die Zeit nicht mehr zu fern, da auch der letzte Rest der Bevölkerung dahingeschwunden sein wird und die Erde um einige primitive Volksstämme ärmer sein wird.

Die furchtbar verheerende Krankheit machte sich erst in den letzten Jahren seit 1914 so recht bemerkbar. Nun trat eigentlich der Ausbruch der Seuche in Erscheinung; das Aussterben der Bevölkerung war nur noch eine Frage der Zeit. Es wurde nun auch dem Ausbreiten der Seuche von der holländischen Regierung mehr Aufmerksamkeit zugewendet; aber alle Maßnahmen, die man nun zu ergreifen versuchte, kamen zu spät. Mit Abschaffung der Feste und Zusammenkünfte und der obszönen Sitten war nichts mehr zu machen. Die Sorge um bessere Wohnverhältnisse und Ernährung der Eingeborenen, sowie um ihre Beschäftigung waren nutzlose Bemühungen, die die Eingeborenen bloß erbitterten.

Die Kranken zu heilen war sowieso aussichtslos. Die Mission drang vor ein paar Jahren darauf, alle jungen unverheirateten Leute und Kinder zu isolieren und in gesonderten Siedelungen anzusiedeln, wo sie unter Kontrolle stünden, was aber, abgesehen davon, daß es kaum durchführbar gewesen wäre, unter den Eingeborenen zum mindesten großen Widerstand und Erbitterung hervorgerufen

---

[1]) Platen: Kolonial Tijdschrift 1915.

hätte, die ohnedies schon gegen alle Fremden vorhanden war. Auf die Fremden führten sie auch das Auftreten und die Ausbreitung der Seuche zurück.

Somit bietet die heute noch lebende Bevölkerung einen traurigen Überrest des vor kurzem noch starken und gefürchteten Stammes, der mit raschen Schritten dem Aussterben entgegengeht, und ausgenommen einige wenige (ca. 200) junge Leute, die von der Mission noch frühzeitig abgesondert worden waren, kann man sagen, daß es heute kaum mehr einen syphilisfreien Eingeborenen gibt. Wohl wurde bei der Gründung von Merauke daselbst ein inländischer Arzt stationiert und ein Militärhospital eingerichtet. Wer aber den *Marind* kennt, der weiß, daß er niemals freiwillig ins Hospital kommen wird. Erst in letzter Zeit haben sich die Verhältnisse etwas geändert, aber gleichfalls zu spät. Was die Regierung nicht tat und nicht tun konnte, tat die katholische Mission, der es einzig und allein zu verdanken sein mag, wenn einige wenige *Marind* den Untergang ihres Stammes überleben werden. Tatsächlich bestand auch ihre Haupttätigkeit während 20 Jahren der Hauptsache nach im Heilen der Kranken, und wer dies gesehen hat, er mag nun von der Mission denken, wie er will, wird alle Achtung vor der Mission erhalten. Es sei übrigens gesagt, daß bis heute noch kein einziger erwachsener *Marind* getauft worden ist.

Es ist auch ganz unmöglich, daß die Arbeit, welche die Missionare an den Kranken verrichtet haben, überhaupt durch solche Anderer, selbst von Berufärzten ersetzt werden kann, so wenig wie das kleine unscheinbare Missionshospital für die Eingeborenen durch ein Militärhospital zu ersetzen ist. In der Tat haben die Missionare das Richtige gefunden, nämlich ein Hospital für die Eingeborenen, das sich nicht zu sehr von ihren Hütten unterscheidet, daher auch die kleine Hütte, die kaum Hospital oder Apotheke genannt werden kann, täglich von Eingeborenen belagert wird, die selbst von weither aus dem Innern nach Merauke kommen, aber leider meistens erst dann, wenn ihre Wunden entsetzliche Größe angenommen haben, wenn sie selbst mit ihren Zaubermitteln alles probiert und keinen Erfolg haben. Demgegenüber hat sich bis vor kurzem noch selten ein Eingeborener dem Militärhospital anvertraut. Eine erste Bedingung für einen Arzt, der hier erfolgreich arbeiten will, ist, daß er die Sprache der Eingeborenen beherrscht, ihre Sitten und Bedürfnisse kennt. Der größte Nachteil ist, daß die Leute meistens zu spät kommen, d. h. wenn die Krankheit schon solche Fortschritte gemacht hat, daß dem Patienten bereits ganze Glieder abgefault sind und die Wunden enorme Dimensionen erreicht haben. Erst dann entschließt sich der Eingeborene, nach Merauke zu kommen und den Missionar zu konsultieren. Dann ist es natürlich auch meistens schon längst zu spät. Die äußern Wunden heilen wohl bei genügend langer Behandlung, und es glauben die Patienten, wieder vollständig hergestellt zu sein, und kehren darauf so rasch wie möglich wieder in ihr Dorf zurück, sind übermütig und beginnen ihre früheren Sitten. Von einer längeren Behandlung ist somit gar keine Rede, und es wußte auch der Missionar mir nur einen einzigen Fall zu nennen, in dem ein Patient anscheinend geheilt wurde, wenigstens kam er nicht wieder zurück.

Auf Zureden der Missionare pflegen in jüngster Zeit die Eingeborenen aus der Nähe von Merauke auch ins Militärhospital zu kommen, zu dem sie allmählich auch Zutrauen gewinnen, und von dem die Kommenden fortwährend angehalten werden. Doch beschränkt sich auch hier die Behandlung fast nur auf die äußern Wunden, die namentlich an den Genitalien und der Leistengegend am bösartigsten auftreten. Von einer längern Behandlung ist natürlich auch hier nicht die Rede; sie ist nicht möglich.

Etwas dichter besiedelt ist das Gebiet am obern *Bian*. Auch scheinen daselbst die Eingeborenen einstweilen noch nicht so durchseucht zu sein, wie in der Nähe der Küste, wozu vor allem ihre Isoliertheit beitrug, und der Umstand, daß sie mit den südlichen *Marind* keinen Verkehr pflegen. Die zahlreichen kleinen zerstreuten Siedelungen weisen zum Teil recht hohe Einwohnerzahlen auf, und es kann eine einzige Hütte, die hier auch bedeutend größer als anderswo ist, 50 und mehr Personen fassen.

Von den Nachbarstämmen war bereits im vorhergehenden Abschnitt die Rede gewesen, und es wurde auch gesagt, daß sie alle bloß noch spärliche Überreste ehemals großer Stämme darstellen, die durch die eingedrungenen *Marind* zurückgedrängt wurden und das Ziel langjähriger Kopfjagden waren. Am vollzähligsten ist noch der Stamm der *Jee-anim* am obern *Maro*, der infolge seiner Abgeschlossenheit noch am meisten von seiner ursprünglichen Eigenart bewahrt hat, während die Stämme im Westen und Osten, die *Jab-anim*, *Makleeu-anim* und *Kanum-anim* sehr stark dezimiert worden sind, so daß von ihrer einstmaligen Kultur nichts mehr zu finden ist. Der kleine Stamm der *Mangat-anim*, der eine besondere Sprache redet, sonst aber ganz in den *Marind* aufgegangen ist, und den die Eingeborenen häufig auch zu den *Marind* rechnen, bewohnt noch zwei kleine Siedelungen, *Bud* und *Messe*. Er zählte im Jahre 1917 noch ca. 60 Personen und ist heute wahrscheinlich ganz verschwunden. Nicht viel besser steht es mit den *Kanum-anim*, wie die spärlichen und zerstreuten Reste eines einstmals großen Stammes genannt werden, der früher bis jenseits des *Kumbe*-Flusses angesiedelt war, heute aber vollständig verstreut und nach Osten zurückgedrängt worden ist und nur noch wenige hunderte Individuen zählt. Zahlreiche Clane und Siedelungen sind heute bloß noch dem Namen nach bekannt. So zählte *Tamarau* im Jahre 1918 noch ca. 20 Personen, *Jamu* noch 10, *Garam* noch 2, die *Siwasiv-anim* noch ca. 50 und nicht viel mehr die *Tomer-* und *Bangu-anim*. Der Clan der *Badi-anim* ist vollständig zerstreut. Einige haben sich an der Küste niedergelassen und mit den Leuten von *Ongeja* und *Mario* vermischt; andere zogen sich ins Innere. Sie waren alle bis vor kurzem noch das Ziel anhaltender Kopfjagden der *Bade-anim* von *Maro* gewesen und wären vollkommen ausgerottet worden, wenn nicht die Europäer Fuß gefaßt hätten.

Die holländisch-englische Grenze bildet auch eine ziemliche scharfe Sprachgrenze. In der Tat wohnen jenseits derselben im englischen Gebiet Stämme, die zwar von den *Marind* gleichfalls *Kanum* genannt werden, aber vollständig andere Sprachen reden und auch physisch merkbare Unterschiede aufweisen, und je mehr man nach Osten, dem Morehead-river zu geht, in einen andern ausgeprägten Typus übergehen, der sich von den *Marind* und ihren Nachbarstämmen merkbar unterscheidet. Es scheint auch, daß jenseits der Grenze die Syphilis einstweilen noch nicht in dem Grade Eingang gefunden hat, wie sie bei den *Marind* herrscht, weil bis vor kurzer Zeit zwischen jenen Eingeborenen und den *Marind* gar kein Verkehr gepflegt wurde, als daß letztere daselbst Köpfe holten. In den letzten Jahren scheinen sich allerdings zwischen den *Marind* und den Stämmen am *Torassi* freundschaftliche Beziehungen zu entwickeln, die wohl bald die Ausbreitung der Seuche nach sich ziehen werden.

Recht wenig ist bekannt von der Bevölkerung im Westen vom *Buraka*, den *Makleeu-anim* und den *Jab-anim*. Zweifellos stellen auch sie stark dezimierte Reste ehemals ausgedehnter Stämme dar, die ebenfalls rapid ihrem Untergang entgegengehen, denn die Krankheit wütet daselbst nicht minder als unter den *Marind* am *Buraka-* und *Bian*-Flusse.

Der Stamm der *Marind-anim* geht also heute mit raschen Schritten dem Aussterben entgegen. Daran zweifelt heute wohl niemand mehr. Abermals ist über die wenigen Überlebenden noch eine Epidemie, die spanische Grippe, hereingebrochen (im Dezember 1918 und Januar 1919), welche die Küstenbevölkerung in wenigen Wochen um weitere 20—25% dezimierte, ohne daß man irgendwelche Maßnahmen hätte ergreifen können. Nach zuverlässigen Volkszählungen gebe ich hier noch einige Angaben, die letzten, die mir zur Verfügung stehen. Es werden also von dem früher so gefürchteten und kräftigen Volksstamme bald auch die letzten dahingeschieden sein, und sich andere Völker im Lande der *Marind* niederlassen.

Siedelung	Anzahl der Einwohner im April 1914	Gestorben in 5 Jahren April 1914 bis Mai 1919		Hiervon an der spanischen Grippe gestorben
Samb Sangassé	357	140	43%	84
Papis Sangassé	296	141		83
Tawala	72	32	42%	17
Alaku	125	50		37
Mewi	107	45	42%	15
Okaba	192	75	39%	30
Es Makalin	198	65		30
In Makalin	48	16	34%	7
Mahai Makalin	126	48		20
Ivolje und *Wenil*	176	79	44.9%	40
Duv-mirav	161	72	44%	38
Es wambi	196	66	33.6%	—
Papis-otiv	241	94	39%	—

Die Sprache[1]).

Die Sprache der *Marind* zerfällt, wie gesagt wurde, in sehr zahlreiche Dialekte, was z. T. auf verschiedenzeitige Einwanderungen und auf Einfluß der

[1]) Hier sollen nur ganz kurz einige Charaktere der marindinesischen Sprache erwähnt werden, da demnächst von der römisch-kath. Mission eine vollständige Grammatik mit Vokabularium herausgegeben werden soll.

Nachbarstämme zurückgeführt werden kann. Längs der ganzen Küste kann man streng genommen drei Dialekte unterscheiden, die aber allmählich ineinander übergehen, während im Innern streng genommen jede lokale Gruppe ihren besonderen Dialekt besitzt. An der östlichen Küstenstrecke wird bis *Kumbe* oder *Kaibur* ein ziemlich einheitlicher Dialekt gesprochen, welchen man zweckmäßig als ost-marind. Küstendialekt bezeichnen kann. Ebenso einheitlich ist die Sprache von *Mevie* an westwärts bis *Awehima*. Man kann sie als west-marind. Küstendialekt bezeichnen. Beide unterscheiden sich voneinander nur durch geringe Abweichungen; während man z. B. im Westen *l* spricht, redet man im Osten *r*, also z. B. *Malind* (west), *Marind* (ost). Desgleichen verwandelt sich der westlich gesprochene *h*-Laut in ein östlich gesprochenes *s* oder in ein *v*, also z. B. *Bahik* (westmarind Dialekt) = *Basik* (ostmarind. Dialekt), *Nahek* (westmarind. Dialekt) = *Navek* (ostmarind. Dialekt[1]).

Die marindinesische Sprache besitzt keine Laute, welche den europäischen Sprachen nicht bekannt wären. Somit ist die Schreibweise relativ einfach. Es fehlt hingegen der *c*-, *f*-, *x*- und *z*-Laut der deutschen Sprache, hingegen kennt man das holländisch gesprochene *z*.

Abgesehen von diesen lokalen Unterschieden hat die marindinesische Sprache mit denen der Nachbarstämme gar nichts Gemeinsames und ebensowenig mit denen im englischen Küstengebiet, wie dies Ray schon konstatiert hat; hingegen besitzen alle, soweit heute bekannt ist, analogen grammatikalischen Bau. Sie gehören der papuanischen Sprachfamilie an, d. h. es sind Suffix-Sprachen, indem sich das Zeitwort hinten ändert. Es gibt besondere Verbalformen für das Zeitwort, ferner sind die Pronomina sehr reichhaltig. Durch Einschaltung von Lauten und Silben in das Zeitwort kann der Eingeborene einen ganzen Satz ausdrücken, also Subjekt, Verb und die Pronomina in einem Wort vereinigen. Die Sprache ist somit für den Europäer schwer zu erlernen.

Die Sprache kann als wortarm bezeichnet werden. Es sind den Missionaren in Merauke bis jetzt etwa über 3000 verschiedene Worte bekannt. Es fehlt vor allem an abstrakten Bezeichnungen, wozu man auch die Adjektiva rechnen kann, die meistens durch Vergleiche gebildet werden, so z. B. die Farben nach einem auffällig gefärbten Körper oder dem Farbstoff. Auf diese Weise können natürlich gleichwohl alle Farbennuancen mit absoluter Genauigkeit präzisiert werden. Es fehlen weiterhin Bezeichnungen für Gesamtbegriffe, so z. B. für Tier, Pflanze usw., es fehlen weiterhin die Bezeichnungen für Gemütsbewegungen, für Lieben

[1]) Die Fremdworte wurden im folgenden nach dem ostmarind. Küstendialekt und nach deutscher Schreibweise geschrieben, ausgenommen der holländisch gesprochene *z*-Laut. Ich habe weiterhin in der Schreibart des Fremdwortes möglichste Übereinstimmung mit den Publikationen der röm.-kath. Mission aus Merauke eingehalten in Hinsicht auf die obenerwähnte Grammatik und Wörterliste der marindinesischen Sprache. Desgleichen wurden die Zeichen der Vokalbetonung und Aussprache beibehalten, doch schienen mir einige Abänderungen unerläßlich zu sein; so liest man beispielsweise in der Literatur durchweg *War* (Riesenstorch), *Wati* (Piper methysticum), *Waba* (ein Name) usw., während ich der Aussprache der Eingeborenen gemäß *Uar*, *Uati*, *Uaba* etc. schrieb. Hauptwörter werden stets mit einem großen Anfangsbuchstaben geschrieben, zusammengesetzte Worte deutlichkeitshalber mit einem Bindestrich versehen.

und Hassen, für Dankbarkeit, und man kennt selbst keinen besonderen Ausdruck für Gruß. Statt lieben sagt man z. B. dies ist für mein Herz, und eine Art Gruß ist ein langgezogenes *e*, das man einem zuruft, womit sogleich die Entfernung ausgedrückt wird. Für danken kennt man gar keine Bezeichnung.

Anderseits ist die Sprache sehr reich an Ausdrücken, die sich an die umgebende Natur und die Wirtschaftsform anknüpfen. Mit Recht kann man auch von den *Marind* sagen, daß sich in der Sprache eines Volkes seine Lebensweise widerspiegelt, denn aus der Sprache läßt sich schließen auf das Wohngebiet, die Wirtschaftsform, die Kulturhöhe des betreffenden Volkes. So ist z. B. die marindinesische Sprache äußerst reich an Benennungen von Pflanzen und Pflanzenteilen, weniger reich für die Tierwelt, denn diese ist relativ arm. Reich ist sie auch an Verben, welche sich auf die wichtigsten Beschäftigungen, das Pflanzen, die Jagd und den Fischfang usw. beziehen.

Ein eigenartiges Beispiel bildet das Verb „tragen", wofür man ca. ein Dutzend verschiedener Bezeichnungen hat, je nach der Art und Weise des Tragens, d. h. in der Hand, auf der Achsel, dem Kopf oder um die Stirne gehängt usw.

Eine weitere Eigentümlichkeit der marindinesischen Sprache ist der Reichtum an onomatopoetischen Formen. Derartige Bezeichnungen kennt man für die meisten Tiere, welche Laute von sich geben, und für geräuschvolle Handlungen wie z. B. *ruru* bellen, knurren, *ivin* weinen usw.

Die Wortbildung geschieht weiterhin häufig durch Reduplikation einzelner Silben, zwischen denen häufig noch ein *a*-Laut eingeschaltet wird, z. B. *Pod-a-pod* (Eidechse), *Bang-a-bang* (ein Fisch) usw.

4. Das soziale Leben der *Marind-anim.*

Schwangerschaft und Geburt.

Wenn sich die Frau schwanger fühlt, so hat sowohl sie als auch ihr Gatte manchem zu entsagen, und beide müssen sich gewisse Einschränkungen auferlegen, andernfalls die Entwicklung des Kindes und die Geburt Gefahr laufen würden, durch irgend ein unliebsames Ereignis oder durch schädigende Einflüsse gehemmt zu werden. In dem Verhalten des Mannes lassen sich noch Reste einer ehemaligen Couvade erblicken. Vor allem müssen beide Ehegatten noch vor der Geburt des Kindes den Umgang mit andern Dorfgenossen meiden und die Weiber- und Männerhütte verlassen; die Frau bezieht eine besondere kleine Hütte, die für diesen Zweck im Dorf errichtet wird, ein sog. *Uramb-aha*, d. h. Hüttchen für eine Schwangere. Hier verbringt sie mehrere Monate vor und nach der Entbindung. In der Regel wird sie begleitet von ihrer Mutter, welche auch bei der Geburt behilflich ist. Der Mann hält sich nebenan in einem kleinen Verschlag oder unter einem Schutzdach auf. Beide Gatten haben also fortan den Verkehr zu meiden und sollen auch nur in den nötigsten Fällen das Dorf verlassen; sie sollen nicht in den Pflanzungen arbeiten, nicht fischen und jagen und nicht auf die Kokospalmen klettern, sollen weiterhin keinen geschlechtlichen Umgang pflegen und nicht von obszönen Dingen reden. Alles dies würde einen schädlichen Einfluß auf die Entwicklung der Leibesfrucht ausüben. Es soll der Mann sogar nicht von den *Dema* (den Dämonen) reden und keine Mythen erzählen, sonst würden die *Dema* ihren ungünstigen Einfluß ausüben, der dem Kind und der Mutter schaden könnte. Außerdem müssen sich beide Gatten gewisser Speisen enthalten, namentlich der Fleischspeisen, denn auch dies könnte schädlich sein. Hingegen pflegt die Schwangere häufig einen grauen, säuerlich schmeckenden Ton zu essen, der für die Entwicklung der Leibesfrucht gut sein soll. Dieselbe Sitte findet sich übrigens bei vielen andern Völkern des malaiischen Archipels wieder.

Infolge dieser Vorsichtsmaßregeln gebiert die *Marind*-Frau wie man glaubt, sehr leicht; oftmals gebiert sie ganz allein, oder zum ersten Mal unter Beihilfe ihrer Mutter oder sonst einer älteren Frau. Die Küstenbewohnerin gebiert stets am Strande in hockender Stellung, wobei sie zwischen den Beinen in den Sand eine Grube gräbt. Wenn das Kind samt der Plazenta geboren ist, was gewöhnlich sehr schnell abläuft, wird die Nabelschnur mit einer scharfen Muschel oder einem Bambusmesser von der Plazenta abgeschnitten, welche letztere vergraben wird. Hierauf wird auf die Nabelgegend des Kindes warme Asche gelegt, damit die Schnur bald abtrocknet. Ausnahmsweise wird die Nabelschnur auch von der Mutter aufbewahrt und in einem kleinen geflochtenen Täschchen um den Hals getragen.

Nach der Geburt wird das Neugeborene sogleich mit Wasser gewaschen und in eine *Kabu*, einen großen Kinderkorb, gelegt, den die Mutter oder Großmutter des Kindes schon vorher geflochten hat (s. Tafel 4, Abb. 4). In diesem Korb verbleibt der Säugling solange, bis er ihm entwachsen ist und selbständig sitzen kann. Mit ihm begibt sich die Mutter auch überall hin, indem sie den Korb mit dem Tragband um die Stirne oder den Hinterkopf trägt. Das neugeborene Kind ist von auffallend heller Farbe, die sich gewöhnlich erst nach einigen Monaten zu bräunen beginnt. Es besitzt auch am ganzen Körper ein dichtes flaumiges Haarkleid, das sich gleichfalls bald verliert. Die Frauen stillen ihre Kinder sehr lange. Viele werden nicht vor ihrem vierten oder fünften Lebensjahr entwöhnt, und hin und wieder sieht man selbst große Kinder, die schon lange laufen können, noch nach der Mutterbrust verlangen. Zwillinge (*Lupab*) sind recht selten; im allgemeinen war auch früher die Geburtszahl nicht groß, 2—3 Kinder waren das Durchschnittliche, und mehr als 4 Kinder gehörten auch früher zur Seltenheit. Heutzutage, wo der ganze Stamm durchseucht ist und rapid dem Aussterben entgegengeht, sieht man Säuglinge nur noch sehr selten, und wird auch hie und da noch ein Kind geboren, so stirbt es meistens in den ersten Wochen nach der Geburt infolge der Syphilis, welche überaus verheerend wirkt, so daß von dem Stamm in abermals 20 Jahren im besten Falle nur noch wenige Individuen übrig bleiben werden. Dasselbe Los erwartet auch die Nachbarstämme im Innern, während man von den östlichen Nachbarstämmen zwischen dem *Maro* und *Torassi* heute kaum mehr reden kann.

Der *Marind* liebt die Kinder und sucht auf verschiedene Weise die Kinderzahl zu vermehren. Es sucht z. B. die Frau durch allerhand Zaubermittel, u. a. mit phallusartigen Zaubersteinen, größere Fruchtbarkeit zu erreichen, und ebenso ist die Sitte des Stehlens der Kinder von fremden Stämmen auf den Kopfjagden mit derselben Absicht verbunden.

Bei den *Marind* und ihren Nachbarstämmen herrscht Vaterfolge. Die Kinder gehören in die Sippe und den Totemclan des Vaters. Aber es scheint, daß noch Überreste oder doch Hinweise auf ehemalige Mutterfolge nachgewiesen werden können, wie z. B. in der eigenartigen Rolle, welche der Mutter-Bruder bei den Familienfesten dem Kind gegenüber spielt und weiterhin in den Verwandtschaftsbezeichnungen. Von allen Verwandten scheint der Mutter-Bruder dem Kinde am nächsten zu stehen, worauf wir später zurückkommen werden.

Bald nach der Geburt erhält das Kind seinen ersten Namen, den Geburtsnamen, mit dem es später jedoch nur selten benannt wird, vielleicht aus animistischen Gründen, da mit der Nennung des Namens schädigende Einflüsse verbunden sind. Auffallend ist jedenfalls, daß der gewöhnlich gebräuchliche Name ein Übername, der sog. *Warei-igiz* oder *Téb-igiz*, d. h. Merkname oder kennzeichnender Name, ist. Sehr oft ist es irgend eine körperliche Eigentümlichkeit oder ein Fehler, der bei der Wahl des Namens bestimmend ist. Häufiger noch ist dieser *Warei-igiz* auf irgend einen totemistischen Verwandten der betreffenden Person zurückzuführen, wie z. B. *Jaba-ongat*, d. h. große Kokosnuß, *Koi-napet*, d. h. weiße Banane, *Sâv-ngat*, d. h. Hündin oder *Ngus-imu*, d. h. stinkender Taschenkrebs. Auch Namen mythologischer Vorfahren werden häufig beigelegt, aber stets nur der eines Clanzugehörigen; niemals dürfte der Name eines Tieres oder einer Person aus einem anderen mythologisch-totemistischen Verwandtschaftskreis beigelegt werden.

Ein dritter Name ist der eigentliche, der wirkliche Name, der *Igiz-hā*, oder der Kopfname, der *Pā-igiz*. Jedes Kind muß, und zwar so bald wie möglich, den Namen eines geschnellten Kopfes erhalten, und um diese Namengebung dreht sich nach Aussage der *Marind* die Kopfjagd überhaupt. Man muß Köpfe erbeuten, um Namen für die Kinder zu haben, sagen die Eingeborenen einstimmig; aber wozu die Kopfnamen dienen, scheinen sie heute nicht mehr zu wissen. Zweifellos spielen animistische Anschauungen mit, denn mit der Namengebung allein ist es nicht getan. Die erbeuteten Köpfe müssen auch präpariert werden, und obschon die Präparation der Haut und die Haarverlängerungen von den Trophäen sehr bald abfallen, bleiben die Schädel noch bis zum Tode der betreffenden Person in Verwahrung und werden unter keinen Umständen hergegeben. Sie spielen anscheinend noch eine letzte Rolle bei den Totenfeiern. Hierauf sind sie wertlos. Es handelt sich also gewiß um den Glauben an animistische Kräfte, die im Kopf aufgespeichert sind und mit der Benennung des Kindes nach ihm auf dieses übertragen werden sollen.

Wenn das Kind ein gewisses Alter erreicht hat — man sagt, wenn es aufrecht sitzen kann, — ist für die Eltern die Absonderungszeit vorüber. Dabei findet ein kleines Familienfest statt, das erste im Leben des Kindes, wobei es an Stelle der *Kabu*, der es bereits entwachsen ist, eine Tragtasche, die sog. *Vaseb*, erhält, in der es fortan von der Mutter sitzend getragen wird, wie die Abbildungen 2 und 3 der Tafel 4 zeigen. Diese Tasche hat die Form eines von zwei Seiten offenen Sackes, den die Großmutter, Mutter oder Tante des Kindes aus den Blattstreifen der Fächerpalme (*Ugā*) flicht. Mittelst eines Tragbandes wird die Tasche um die Stirn oder den Hinterkopf, also vorne oder hinten auf dem Rücken getragen, indem das Kind mit seinen Beinen die Mutter umfaßt.

Bei diesem kleinen Familienfest wird nun diese Tragtasche eingeweiht, und es wird das Kind von allen Verwandten der Reihe nach in die Tasche gesetzt, und zwar zuerst von der Mutter Bruder, der dem Kind am nächsten steht.

Von dieser Zeit an kehren die Eltern des Kindes wieder in ihre früheren Wohnhütten zurück und schmücken sich wieder wie ehedem, denn auch den Schmuck haben beide oder wenigstens die Mutter des Kindes vor der Geburt abgelegt.

Außer in der *Vaseb* werden die Kinder von der Mutter meistens rittlings auf den Hüften getragen, selbst wenn sie schon längst laufen können, wie Tafel 4 Abb. 1 zeigt. Diese Art des Kindertragens ist sofern am zweckmäßigsten, als sie am wenigsten ermüdend ist; sie findet sich auch im ganzen indischen Archipel wieder. Bei einer anderen Art des Kindertragens, namentlich auf weiten Wanderungen, sitzt das Kind rittlings auf dem Nacken der Mutter.

Die Altersklassen und ihr Schmuck bei den *Marind*.

Das ganze soziale Leben der *Marind* baut sich auf zwei Einrichtungen auf: dem Zusammenschluß der Altersgenossen zu Altersklassen und dem mythologisch-totemistischen Clanverband. Den Altersklassen steht die Familie fast isoliert gegenüber. Man kann fast sagen, daß die Altersklassen viel festere Verbände als die Familie bilden und deren Entwicklung hemmen.

Schon als Knabe verläßt der *Marind* den Kreis von Mutter und Geschwistern und das väterliche Dorf und muß mehrere Jahre abgesondert im Jünglingshaus zubringen. Dort findet er jedoch seine Altersgenossen, Spielgefährten und Kameraden, so daß er nach kurzer Zeit nicht das geringste Verlangen mehr empfindet, zur Mutter und zu den Geschwistern zurückzukehren. Neben den Eltern werden ihm Adoptiveltern zugeteilt, die sich fortan um das Wohl des Knaben bekümmern und ihm fast ebenso nahe stehen wie die leiblichen Eltern. Auch dieses Verhalten beruht auf gegenseitigen Vorteilen und hatte ursprünglich in erster Linie den Zweck, daß der Knabe beaufsichtigt sei und sich an die herrschenden Sitten halte, denn er muß das weibliche Geschlecht meiden. Vorehelicher geschlechtlicher Verkehr findet unter gewöhnlichen Umständen und offiziell wenigstens nicht statt.

Der Knabe erhält fortan Schmuck und Nahrung von den Pflegeeltern. Dafür ziehen diese aber auch gewisse Vorteile aus der Adoption, indem der Knabe in den Pflanzungen, auf der Jagd und beim Fischfang dem Adoptivvater behilflich sein muß. Auch bei den Mädchen findet sich dieselbe Einrichtung wieder; eine Absonderung findet jedoch nicht statt. Sie bleiben vielmehr im Dorf in der Hütte der Mutter bis zur Heirat. Hierauf zieht die junge Frau ins Dorf des Mannes. Der junge Mann verläßt das Jünglingshaus erst, wenn er heiraten kann. Aber wiederum bildet die Ehe nur einen ganz lockeren Verband gegenüber den Verbänden der geschlechtlichen Altersgenossen und den Clanverbänden. Die beiden Geschlechter sind weitaus die größte Zeit getrennt. Die Ehegatten wohnen gesondert, die Männer mit den Jünglingen im Männerhaus und in der Regel clanweise, die Frauen mit den kleinen Kindern und unverheirateten Mädchen in den Weiberhütten, die mehr den Familienwohnungen entsprechen und viel zahlreicher sind als die Männerhütten einer Siedelung. Die Frau zieht ins Dorf des Mannes und ihre Kinder gehören in die väterliche Sippe. Auch im übrigen bilden die Geschlechter getrennte Gesellschaftskreise. Die Mahlzeiten werden getrennt eingenommen, auf Reisen kampiert man getrennt, und die verschiedenen Verrichtungen werden von den Geschlechtern gesondert ausgeführt. Dennoch kann man nicht sagen, daß kein Familienzusammenhang besteht, im Gegenteil, alles dreht sich eigentlich nur um die Familie, der man angehört, denn die Familieninteressen stehen stets im Vordergrund, obschon man getrennt schläft, arbeitet und die Mahlzeiten einnimmt.

Man muß den *Marind* von allen Seiten betrachten, um dies zu verstehen. Am deutlichsten treten die Familieninteressen bei Festen hervor, bei denen eine Reihe kleiner Zeremonien abgehalten wird. Bei jedem Übertritt des Knaben oder Mädchens in die nächsthöhere Altersklasse werden innerhalb der Familiensippe Feste gefeiert. Desgleichen sind Heirat und Totenfeier ausschließlich

Familienangelegenheiten. Innerhalb der Familie bewegt sich die Sorge um die Kinder, wobei die leiblichen Eltern mit den Adoptiveltern geradezu wetteifern, denn die Kinder sind beliebt, und man ist stolz auf sie. Die Adoptiveltern werden auch von den leiblichen Eltern erwählt. Reine Familienangelegenheit ist u. a. das Bestellen der Pflanzungen, welche Arbeiten von den Gatten gemeinsam ausgeführt werden, und selbst bei gemeinsamen Unternehmungen, wie Jagden, Reisen, Festen und dergl. werden die Familieninteressen aufrecht erhalten. Der Mann jagt und fischt bei solchen gemeinsamen Unternehmungen nicht bloß für sich, sondern für die Familie, und auch bei den Festen feiert jede Familie im kleinen für sich.

Die Gesellschaft der *Marind* teilt sich in eine bestimmte Anzahl von Altersklassen und Unterklassen. Jeder gehört einer solchen an und durchläuft von seiner Geburt an die einzelnen Stufen der Reihe nach. Jede Altersklasse hat ihre besonderen Rechte, Privilegien und Verpflichtungen, und das ganze soziale Leben ist von ihnen durchdrungen. Es kommt auch jeder Altersklasse ein besonderer charakterisierender Schmuck zu, woran jede Klasse sogleich zu erkennen ist. Die Klassen werden, wie der Name schon sagt, bestimmt nach dem ungefähren Alter, aber da der *Marind* dieses nicht kennt, so ist auch die ganze Einrichtung ziemlich willkürlich und der Verbleib der Knaben und Mädchen in den einzelnen Klassen ziemlich weiten Schwankungen unterworfen. Ein besonderes Merkmal, das den Eintritt in eine gewisse Klasse andeutet, ist das Eintreten der Geschlechtsreife. Auch nach der Länge des Haares pflegt der Übertritt bestimmt zu werden. Somit wird das gleichförmig dahinfließende Leben des *Marind* unterbrochen durch eine Reihe von Festen, welche in bestimmter Reihenfolge vollzogen werden. Als erstes Fest haben wir das *Vaseb-angei*, d. h. Kindertragkorb-Fest, kennen gelernt. Diesem folgt nach einiger Zeit ein zweites Fest, wobei das Kind den ersten Schmuck erhält, und bei einem dritten werden ihm die Ohrläppchen durchbohrt. Hierauf erfolgt eine Reihe von Festen beim Übertritt von einer Altersklasse in die nächsthöhere, wobei dem Jüngling oder dem Mädchen stets mit besonderem Zeremoniell der entsprechende Schmuck der nächsthöheren Altersklasse angelegt wird. Bei allen diesen Festen spielt der Mutter Bruder, der *Wahok*, als *Apanapné-anim*, d. h. einer, der am Fest aktiv beteiligt ist, eine besondere Rolle. Er steht ja von allen Verwandten dem Kinde am nächsten, was jedenfalls auf ehemaliges Mutterrecht zurückgeht.

Männliche Altersklassen

Honakon = neugeborenes Kind (Knabe od. Mädchen).

Kantara = Kind im Alter von einigen Monaten (Knabe od. Mädchen), das noch nicht gehen kann.

Patur = Knabe.
Je nach dem Alter unterscheidet man:
- *Papis-patur* = kleiner Knabe, der erst eben gehen gelernt hat.
- *Musnakin-patur* = großer Knabe.

Altersklassenfeste:

1 tes Fest: Wenn das Kind sitzen kann, erhält es eine Tragtasche (*Vaseb*), in welcher es fortan von der Mutter getragen wird; d. i. das *Vaseb-angei*, d. h. Kindertragtaschenfest.

2 tes Fest: Wenn das Kind den ersten Schmuck, die Oberarmringe (*Barar*) erhält; d. i. das *Barar-angei*, d. h. das Oberarmbandfest.

3 tes Fest: Wenn dem Kind die Ohrläppchen durchbohrt werden; d. i. das *Kambit rahetok-angei*, d. h. das Ohrendurchstechen-Fest.

Aroi-patur = abgesonderter Knabe im Jünglingshaus (*Gotad*). Der *Aroi-patur* bildet bloß einen Übergangsgrad, bis seine Haare lang genug sind, um zu *Majub* (Haarzöpfchen) geflochten zu werden.		
Mokraved = abgesonderter Jüngling im *Gotad*. Man unterscheidet:	*Noh-mokraved*, d. h. neuer *Mokraved*. *Mes-mokraved*, d. h. alter *Mokraved*.	4tes Fest: Beim Übertritt des *Aroi-patur* in die Klasse der *Mokraved;* hierbei werden ihm die ersten Haarverlängerungen (*Angůr-wahukuk*) gepflochten.
Ewati = 3ter Grad der Jünglinge im *Gotad*. Man unterscheidet:	*Noh-ewati* d. h. neuer *Ewati*. *Ewati* (im engern Sinne). *Mes-ewati*; älterer *Ewati*, der das *Gotad* bald verläßt.	5tes Fest: Beim Übertritt des *Mokraved* in die Klasse des *Ewati;* hierbei wird ihm die *Dapis-wahukak*-Haartracht geflochten und die Penismuschel (*Sahu*) angelegt.
Miakim oder *Bitau* = junger unverheirateter Mann.		6tes Fest: Beim Übertritt des *Ewati* in die Klasse des *Miakim* od. *Bitau;* hierbei wird ihm die *Bokboka-beisam*-Haartracht geflochten. (*Bitau ngad* d. h. einem *Miakim* die ersten Haarverlängerungen flechten).
Amnangib = verheirateter Mann.		Bei der Heirat findet eine Hochzeitszeremonie statt.
Samb-anim = alter Mann, Greis.		

Weibliche Altersklassen:		Altersklassenfeste:
Honakon = neugeborenes Kind (Knabe od. Mädchen).		1tes Fest (*Vaseb-angei*): Wenn das Kind sitzen kann, erhält es bei Gelegenheit eines Festes eine Tragtasche (*Vaseb*), in der es von nun an von der Mutter getragen wird.
Kantara = Kind im Alter von einigen Monaten (Knabe od. Mädchen), das noch nicht gehen kann.		2tes Fest (*Barar-angei*): Hierbei werden ihm die Oberarmbänder (*Barar*) als erster Schmuck angelegt nebst einer Lendenschnur (*Kakim*).
Kiwasum = kleines Mädchen. Je nach dem Alter unterscheidet man:	*Papus-kiwasum* = kleines Mädchen, das erst gehen gelernt hat. *Musnakun-kiwasum* = größeres Mädchen.	3tes Fest (*Kambit rahetok-angei*), d. h. Ohrendurchstechen-Fest: Dem Kind werden die Ohrläppchen durchbohrt.
Wahuku = größeres Mädchen, das eine Schambedeckung und die ersten Haarverlängerungen trägt. Je nach dem Alter unterscheidet man:	*Papus-wahuku* = kleine *Wahuku*. *Musnakun-wahuku* = größere *Wahuku*.	4tes Fest (*Wahuku Ngad-angei*): Beim Übertritt des *Kiwasum* in die Klasse der *Wahuku* werden ihr die ersten Haarverlängerungen (*Mumbrĕ-majub*) und die Schambedeckung (*Noah*) angelegt.
Kiwasum-iwåg = größere Mädchen, welche die Geschlechtsreife erreicht haben. Je nach der Haartracht, die sukzessive geändert wird, unterscheidet man:	*Noh-amahata*. *Indiga*. *Okada*. *Borakau*. (So heißen die versch. Haartrachten, die in dieser Reihenfolge gewechselt u. getragen werden.)	5tes Fest (*Kiwasum-iwåg Ngad-angei*): Beim Übertritt in die Klasse der *Kiwasum-iwåg* werden ihr die entsprechende Haartracht (*Nohaman*) und Schmuck angelegt.

Iwåg = Jungfrau, der zu heiraten freisteht. — 6 tes Fest (*Iwåg Ngad-angei*): Beim Übertritt der *Kiwasum-iwåg* in die nächsthöhere Altersklasse der *Iwåg* erhält sie die entsprechende Haartracht (*Mumbrĕ-majub*) und Schmuck.

Såv = verheiratete Frau. — Bei der Heirat findet ein kleines Familienfest statt, das mit dem „Jus primae noctis“ abschließt.

Mes-iwåg = alte Frau, Greisin.

Patur und *Kiwasum*. Den ersten Schmuck, den das Kind bekommt, bilden zwei aus feingespaltenem Rotan geflochtene Oberarmringe, die *Barar* (s. Tafel 11, Abb. 3). Diese werden dem *Papis-patur* und der *Papus-kiwasum* bei Gelegenheit eines Festes, des sog. *Barar-angai* (d. h. Oberarmband-Fest) angelegt. Gleichzeitig erhält die *Kiwasum* eine einfache Schnur um den Leib, die sie fortan anbehält, bis sie die Schambedeckung (*Noah*) erhält. Diese Schnur kann als eine Geschlechtsmarkierung aufgefaßt werden.

Nach und nach wird den Kindern mehr Schmuck angelegt. Schnüre von aufgereihten Coixsamen (*Baba*) um den Hals und Gehänge von Nautilusschalen (*Kind-arir*[1]) s. Tafel 13, Abb. 1) oder deren Kammerwände (*Tapé Kind-arir*[2]). Bald darauf erhalten sie auch Brustschnüre von aufgereihten, meistens halbierten Coixsamen, Man nennt sie *Korasig-baba*, d. h. kreuzweise-Coixsamen, weil sie kreuzweise über die Brust und den Rücken getragen werden (s. Tafel 12, Abb. 5 u. 6). Noch später, wenn die Kinder schon größer sind, werden ihnen von der Mutter die *Rakarik* geflochten; das sind Manschetten aus feingespaltenem Rotan, die direkt am Handgelenk geflochten werden und hierauf nicht mehr abgelegt werden können; man müßte sie schon durchschneiden. Ein weiterer Armschmuck, den sich die größeren Knaben meistens selbst verfertigen, sind schmale, aus einem Rotanstreifen geflochtene Ringe (*Duṇduvi*, s. Tafel 11, Abb. 1 u. 2). Solche tragen alle männliche Altersklassen, und zwar mehrere an beiden Oberarmen. Das ist so ziemlich alles, was die Kinder an Schmuck besitzen.

Die Haare werden dem *Patur* und der *Kiwasum* kurz gehalten. Man rasiert den Kopf mit einem scharfen Bambusmesser von einer besonders harten Bambusart (*Sok*). Häufig läßt man den Kindern einen Haarbüschel oder einen Haarstreifen stehen, bald sagittal, bald transversal von einem Ohr zum andern, oder die Stirne umsäumend, oder aber einen Haarbüschel mitten auf dem Scheitel. Man sieht in diesen Haartrachten häufig mythologisch-totemistische Analogien, vergleicht sie mit Federn von Vögeln, mit der Mähne des Schweins, dem Schopf

[1]) D. h. wörtlich Augenornament. Die Spirallinie ist ein sehr beliebtes Mal- und Schnitzmotiv, das auf sämtlichen Geräten angebracht und meistens als Augenornament gedeutet wird.

[2]) *Tapé* = Scheitel, *Kind-arir* = Nautilus, bezw. = Bruchstücke der Schale. Die Kammerwände werden vornehmlich für einen später erwähnten Kopfschmuck verwendet. Daher diese Benennung. Aus einer ganzen Nautilusschale pflegt man zuerst zwei große Stücke herauszuschneiden, die man bei Festen paarweise um den Hals trägt. Man nennt sie *Samond*. Auch Halsgehänge von Kammerwänden der Nautilusschalen sind vornehmlich Festschmuck der Kinder.

des Kakadu und dergl. mehr. Man sucht sich mit der mythologisch-totemistischen Verwandtschaft in Einklang zu halten, indem man solche Analogien aufsucht und sie innehält; dies liebt der *Marind* ganz besonders. So schneidet man beispielsweise einem *Patur* oder einer *Kiwasum*, die mit dem Schwein mythologisch-totemistisch verwandt sind, die Haare in der Weise, daß man einen sagittalen Haarstreifen stehen läßt und nennt ihn *Tamanga*, d. h. Mähne des Schweins. Einen transversalen Haarstreifen nennt man hingegen *Ararend*; er wird von den *Bragai-zé*-Sippen getragen. Ein Haarschopf vorne über die Stirne erinnert an den Federschopf des Kakadu, eines Verwandten der *Mahu-zé*-Gruppe, und für einen Haarbüschel auf dem Scheitel gebraucht man den sehr sonderbaren Ausdruck *Nah ap kamire*, d. h. sitzt mitten im Kot, was möglicherweise auf eine Mythe zurückgeht. Er wird ebenfalls vorwiegend von den *Mahu-zé* getragen, denn der Kot steht ihnen mythologisch-totemistisch sehr nahe (vgl. Teil II). Ausnahmen von diesen Regeln sind natürlich recht häufig. Aber es ist dennoch bemerkenswert, wie der *Marind* überall Analogien und Anklänge an seine mythologisch-totemistischen Verwandten sucht, wo es nur möglich ist; dies bringt seine gleichmäßige einförmige Lebensweise mit sich, die er größtenteils spielend zubringt. Auch im übrigen Schmuck beider Geschlechter findet man vielfach solche Deutungen wieder; namentlich wählt man in der Gesichtsbemalung häufig Motive und Farben, die mit mythologisch-totemistisch verwandten Vögeln übereinstimmen sollen.

Die ersten Lebensjahre verbringt der *Patur* und die *Kiwasum* im Dorf bei den Eltern, wo ihre Jugend durch nichts getrübt wird. Wenn der *Patur* größer wird, steht ihm nachts auch das Männerhaus zur Verfügung. Die Kinder verbringen den Tag spielend am Strande und im Dorfe, begleiten die Mutter in die Pflanzung, wo sie ihr bald bei den verschiedenen Arbeiten behilflich sind.

Wenn der Knabe und das Mädchen etwas größer sind, vier bis fünf Jahre alt, findet das dritte Fest statt, das Durchbohren des Ohrläppchens (*Kambit rahetok* = Ohrläppchen durchbohren). Bei dieser Gelegenheit werden sie von Kopf bis zu Fuß rot bemalt und eingeölt, glänzende Nautilusschalen werden ihnen umgehängt, Crotonzweige in die Armbänder gesteckt, und der *Wahok*, der älteste Bruder der Mutter, übernimmt das Durchbohren eines Ohrläppchens, während das andere von einem beliebigen anderen Familienangehörigen durchstochen wird. Das spitze Stäbchen läßt man im Ohr stecken, bis die Wunde vollständig geheilt ist. Hierauf wird es aus dem Ohr gezogen und das Loch allmählich erweitert durch Einführen von dickeren Bambusstäbchen, denen später zusammengerollte Blätter und schließlich dicke Bambusabschnitte und Stücke von Sagoblattrippen folgen. Von nun an schläft der Knabe in der Regel im Männerhaus beim Vater.

Ehe die Geschlechtsreife erreicht ist, wenn die Schamhaare zu wachsen beginnen, werden die Knaben abgesondert. Sie müssen von nun an das elterliche Dorf meiden und begeben sich tagsüber ins Jünglingshaus (*Gotad*), das sich etwas abseits vom Dorfe befindet. Daselbst verbringen sie mehrere Jahre und durchlaufen drei Altersklassen, die des *Aroi-patur*, des *Mokraved* und des *Ewati*. Nur abends nach Eintritt der Dunkelheit kehren sie ins Dorf zurück und schlafen im

Männerhaus (*Otiv*). Auch müssen sie fortan vermeiden, einer Frau oder einem Mädchen zu begegnen; anders müssen sie sich schämen (*dur*), sagen die *Marind*. Beim Eintritt in das Jünglingshaus erhält der Knabe den Pflegevater, den *Binahor* oder *Otiv-rek*, d. h. wörtlich einer von den Vielen (Männern), oder aber, was wahrscheinlicher ist, einer aus dem *Otiv*, dem Männerhaus (*Otiv* heißt sowohl Männerhaus als auch viel. Die Benennung kommt wahrscheinlich daher, daß im Männerhaus viele Personen wohnen).

Der *Otiv-rek* übernimmt fortan die Aufsicht über den Knaben und sieht zu, daß er sich am Tage nicht ins Dorf begibt oder mit den Mädchen sich herumtreibt. Der *Binahor* ist irgend ein beliebiger Mann aus dem Dorfe, häufig jemand, der selbst kinderlos ist. Die Angelegenheit des *Binahor* wird unter den Eltern des Kindes besprochen. Aber in der Regel meldet sich der *Binahor* schon frühzeitig selbst an, denn es liegt jedem *Marind* viel daran, *Binahor* zu werden, aus Gründen, auf die wir gleich zurückkommen werden.

Analog dem Knaben erhält das Mädchen beim Eintritt in die zweite Altersklasse, die der *Wahuku*, seine Pflegeeltern, den *Jarang* und seine Frau, die *Jarang-uah* (d. h. *Jarang*-Mutter). Auch diese übernehmen fortan die Aufsicht und Pflege des Mädchens, verfertigen ihm den Schmuck und geben ihm zu essen, obschon das Mädchen in keiner Weise abgesondert wird und bis zur Heirat im Dorf bei der Mutter bleibt. Auch hier ist das Verhältnis zwischen ihnen und dem Kind ein elternähnliches, und auch hier mag der ursprüngliche Zweck darin bestanden haben, daß das Mädchen auf diese Weise unter Aufsicht bleibe. Dieser ging jedoch mit der Zeit verloren, und die Verhältnisse haben sich eher umgekehrt. Als Entschädigung für die Mühe müssen die Jünglinge und Mädchen dem *Binahor* bzw. dem *Jarang* etwas helfen. Es wäre sonst ganz undenkbar, wie der sonst durch und durch egoistisch veranlagte *Marind* dazu kommen sollte, sich fremder Kinder anzunehmen. Auf diese Weise wird aber manches verständlich.

Das Mädchen begleitet die *Jarang-uah* in die Pflanzungen, hilft ihr beim Sago bereiten, beim Pflanzen usw. Daneben hilft es natürlich hin und wieder auch der Mutter, welche die Tochter ebensowenig missen kann.

Desgleichen der Jüngling. Er hilft dem *Binahor* beim Pflanzen und auf der Jagd, klettert für ihn auf die Palmen, kaut für ihn *Uati* (Piper methysticum), kurz er hilft ihm da und dort bei kleinen Arbeiten. Der *Bihanor* und der *Jarang* helfen umgekehrt den Kindern beim Anlegen ihrer ersten Pflanzungen, die sie jedoch schon sehr früh selbständig instandhalten können; sie verfertigen den Kindern den Schmuck und helfen ihnen beim Flechten der Haarverlängerungen. Eine große Rolle spielen sie auch bei den Festen der Kinder. Somit ist das Verhältnis ein gegenseitiges, im Gleichgewicht befindliches. Keiner gibt etwas, ohne auf der andern Seite zu erhalten. Keiner ist im Vorteil und keiner im Nachteil, und so muß es nach Ansicht der Eingeborenen auch stets sein.

Der *Aroi-patur*. Der *Patur* kommt also ins Jünglingshaus und wird damit *Aroi-patur*. Den *Binahor* hat er bereits früher erhalten, obschon dessen Aufgabe dem Knaben gegenüber erst jetzt beginnt. Ein Fest wird beim Übertritt nicht gefeiert, denn die Klasse der *Aroi-patur* ist nur eine Übergangsstufe zu der des *Mokraved* und dauert nur solange, bis die bis dahin kurz gehaltenen Haare des Knaben lang genug sind, um sie zu *Majub*, d. h. kleinen Haarzöpfchen zu flechten, an welche sodann die Haarverlängerungen — man sollte eigentlich sagen *Majub*-Verlängerungen — angeflochten werden. Die *Majub* bilden die charakteristische Haartracht aller Altersklassen bei beiden Geschlechtern nebst den Haarverlängerungen, welche an ihnen befestigt werden. Jede Altersklasse besitzt ihre bestimmten, ihr zukommenden Haartrachten, die mehrmals während jedes Lebensabschnittes gewechselt oder frisch hergestellt werden, und zwar in der Regel, wenn ein Fest bevorsteht oder man sich auf Besuch außerhalb des Dorfes begibt. Die Haarverlängerungen bestehen aus den verschiedensten vegetabilischen Fasern, doch bevorzugen die männlichen Klassen kürzere aus Blattstreifen der Kokos- oder Fächerpalme und Jünglinge solche aus Cyperaceen-Gras geflochtene Haarverlängerungen, während für die Weiber vornehmlich lange Bastfasern (Hibiscus) in Betracht kommen, daneben allerdings auch kürzere Anflechtungen aus Kokosbast oder aus einem andern Material. Es gibt auch Trachten, die beiden Geschlechtern zukommen. Vor dem Anflechten der Haarverlängerungen pflegt man meistens erst die *Majub* wieder in Ordnung zu bringen und die inzwischen nachgewachsenen Haare wieder zu kleinen Zöpfchen zu flechten, was ausschließlich eine Weiberarbeit ist. Sie hätten dafür geschicktere Hände, sagt man. Zwischenhinein pflegt man oftmals die *Majub* unumflochten zu tragen, so bei einem Todesfalle oder während der Schwangerschaft und bei den Geheimbundzeremonien. Bei jedem Fest oder bei allen Zusammenkünften sind aber Haarverlängerungen unerläßlich. Erst die Alten legen sie ganz ab und pflegen dann auch die *Majub* nicht mehr zu flechten, sondern tragen die Haare kurz.

Doch kehren wir zurück zum *Aroi-patur*. Aller Schmuck, den er bis jetzt getragen hat, wird ihm nun abgenommen, abgesehen von den Halsschnüren und den *Dunduvi*, die er am Oberarm trug. Auch die *Barar* behält er zeitweise an. Sein Körper wird vollständig schwarz eingerieben mit verkohlten Sagoblattrippen (*Dagis*, d. h. auch schwarz), aber einölen darf er sich noch nicht. An den Oberarmen erhält er den charakteristischen Schmuck einiger Schweineskroten (*Kimb*), was gleichzeitig andeuten soll, daß er jetzt fähig ist, an den Schweinejagden teilzunehmen, Die durchbohrten Ohrläppchen werden jetzt sehr stark erweitert durch Einführen von größern und größern Bambusabschnitten oder Abschnitten von Sagoblattrippen. Er meidet also von nun an das Dorf und schläft nachts im *Otiv* beim *Binahor*. Sobald die Haare lang genug sind, wird er

Mokraved, welcher Übertritt festlich begangen wird. Wieder spielt der Mutter Bruder, der *Wahok*, eine besondere Rolle und führt den Knaben auf den Festplatz, nachdem er ihm einen *Ban*, d. i. eine Knochennadel, zum Haarflechten ins Haar gesteckt hat, womit angedeutet werden soll, daß dem Jüngling nun zum ersten Mal die Haare zu *Majub* geflochten werden sollen. Dies geschieht in einer kleinen Festhütte im Dorf, und meistens ist es die *Binahor-uah*, welche die *Majub* flicht (das Flechten der *Majub* ist auschließlich Sache der Frauen). Hierauf wird er wieder ins *Gotad* zurückgeführt, wo ihm von seinen Kameraden zum ersten Male die Haarverlängerungen geflochten werden. Die ihn charakterisierende Haartracht ist der *Angår-wahukak* (s. Tafel 5, Abb. 2). *Angår* ist eine Pandanacee, von deren Luftwurzeln man die Fasern nimmt, sie vom übrigen

Gewebe befreit und trocknet. Hierauf werden sie büschelweise an den *Majub* befestigt durch Umwicklung (*wahuk*) mit ebensolchen Fasern. *Angår-wahukak* heißt daher die ganze Haartracht, und es würde dies übersetzt heißen: mit Pandanusfasern umwickelt. Man spricht von *wahuk*, wenn man etwas umwickelt oder vielmehr durch Umwickeln befestigt, zum Unterschied von *wisuk*, dem abwechslungsweisen Umwickeln mit beiden Enden einer Faser, indem man diese in der Mitte anlegt, und man nennt daher die auf diese Weise hergestellte Haartracht *Wisukak*. Umwickelt man hingegen mit 2 Streifen, flicht man also mit 4 Enden, so nennt man die einzelnen umflochtenen Stränge *Ren*, und die ganze so hergestellte Haartracht *Retak*. Man spricht also von *Ugā-retak* oder *Beisam-retak*, wenn die Haarverlängerungen aus Streifen der Fächerpalmenblätter (*Ugā*) oder aus jungen Kokosblättern (*Menga*) hergestellt werden (s. Tafel 6, Abb. 3). Der *Angår-wahukak* reicht über die Ohren, nicht ganz bis zu den Schultern. Er wird eingerieben mit einem Gemisch von ausgekautem Kokosöl und gebrannten Trilobiumnüssen (*Pajum*), welche sehr ölhaltig sind und nach dem Brennen und Zerstampfen einen pechschwarzen Brei liefern. Seinen Körper hält der *Mokraved* gleichfalls schwarz, darf ihn aber zum Unterschied vom *Aroi-patur* mit ausgekauter Kokos einölen. Sein übriger Schmuck ist analog dem des *Patur* und *Aroi-patur*: *Barar*, *Dunduvi* und viele *Kimb* zieren die Oberarme, die *Rakarik* die Handgelenke. Sodann pflegt er sich noch Ringe von Rotanstreifen um die Beine zu flechten, die *Kambarar*, welche um die Waden angelegt werden, und die *Sagasig*, die analog den *Rakarik* direkt am Fußgelenk angeflochten werden und nicht mehr abgelegt werden können. Auch diese beiden Schmuckstücke werden von allen höheren Altersklassen beider Geschlechter getragen.

Der *Mokraved* bleibt längere Zeit, oftmals mehrere Jahre in seiner Altersklasse, hat meistens schon längst die Geschlechtsreife erreicht, wenn er aus seiner Altersklasse austritt, aber noch muß er eine weitere Klasse, die des *Ewati*, durchlaufen, ehe er das *Gotad* verlassen darf. Der Verbleib in einer Altersklasse ist ziemlich willkürlich und unterliegt großen Schwankungen. Die einen bleiben sehr lange in ein und derselben Klasse, andere bedeutend kürzere Zeit. Eine feste Regel besteht nicht, und es hängt der Übergang von einer Altersklasse in die andere von allerhand äußern Umständen ab. Die Kinder selbst haben nichts dazu zu sagen, und es entscheiden darüber in erster Linie die Eltern und Pflegeeltern. Es kommen aber auch eine Reihe von Motiven in Betracht: 1. wird der Übertritt in eine höhere Altersklasse stets mit einem Fest begangen. Zu einem Fest gehört aber vor allem eine Schmauserei. 2. müssen die aktiven Teilnehmer eines Festes, die *Apanapné-anim*, wie man sie nennt, wozu in erster Linie der *Wahok* gehört, entschädigt werden. Es müssen also vor allen Dingen viele Früchte, Bananen, Jams und Sago und dergl. vorhanden sein, welche unter die *Apanapné-anim* ausgeteilt werden. Aus ebendemselben Grunde pflegt man immer mehrere Familienfeste mit einander zu vereinigen und nimmt dabei möglichst viele Kandidaten zusammen, daher der eine bald etwas früher aus seiner Klasse kommt, der andere wieder warten muß, bis eine festliche Gelegenheit stattfindet, wobei er in die nächsthöhere Altersklasse befördert wird. Nun, an festlichen Gelegenheiten fehlt es eigentlich nie. Viel mehr ins Gewicht fällt jedoch die Meinung des *Binahor* und *Jarang*. Sie können, wie das häufig der Fall ist, kinderlos sein und wünschen daher so lange wie möglich, den Knaben und das Mädchen für sich zu haben, und namentlich letztere zum Bereiten von Sago und zum Backen der Kuchen. Sie suchen aus diesem Grunde den Übertritt in eine höhere Klasse zu verzögern und hinauszuschieben, um einen Nutzen und Vorteil daraus zu ziehen.

Mit der Absonderung der Knaben treten die meist schon früher bestimmten Pflegeeltern in ihre Rechte und Pflichten ein, die sie dem Knaben gegenüber haben. Der *Binahor* und seine Frau, die *Binahor-uah* (= *Binahor*-Mutter) übernehmen sodann die Pflege des Knaben, d. h. sie versehen ihn mit Schmuck und Nahrung. Dies dauert solange, bis er längst erwachsen ist und sich verheiratet. Das Verhältnis zwischen dem *Binahor*, seiner Frau und dem Jüngling ist wie das zwischen Eltern und Kindern; sie nennen den Jüngling Sohn, und er redet sie mit Vater und Mutter an. Aber in der Pflege des Knaben bleiben selbstverständlich auch die Eltern nicht zurück und wetteifern darin mit dem *Binahor* und seiner Frau.

Sicher liegt der Einrichtung des *Gotad* und des *Binahor* ursprünglich der gute Zweck zu Grunde, den vorehelichen Geschlechtsverkehr zu verhindern und die Knaben unter Aufsicht zu stellen, damit sie nichts gegen die herrschenden Sitten tun. Dafür spricht auch der Umstand, daß der Jüngling die Nacht immer im *Otiv* zubringen muß und sogar neben dem *Binahor* schläft und abends an seinem Feuer sitzt. Der *Aroi-patur* und *Mokraved* ist dem *Binahor* auch gewissen Gehorsam schuldig. Er wird sich wohl hüten, am Tage das Dorf zu betreten und sich unter die Leute zu gesellen, aus Furcht vor den älteren Männern und vor allem vor dem *Binahor*. Aber mehr und mehr ist diese anfänglich gute Sitte ausgeartet. Wenn durch die Absonderung der Knaben und Jünglinge auf der einen Seite der voreheliche Geschlechtsverkehr vermieden werden soll, bietet sich auf der andern Seite dem Jüngling im *Gotad* Gelegenheit genug zu unnatürlicher Befriedigung des Geschlechtstriebes, das *Gotad* wird somit zu einer beliebten Stätte allen Lasters, und das abgeschlossene Leben wirkt vergiftend auf die Jugend.

Wie verhält sich nun der Jüngling gegenüber der Absonderung? Man könnte glauben, daß das Leben im *Gotad* für ihn eine Strafe oder Verbannung sei, der er so rasch wie möglich entrinnen möchte. Dies ist jedoch keineswegs der Fall, im Gegenteil. Wohl sträubt sich in den meisten Fällen der *Patur*, wenn er vom heimatlichen Dorf, dem Spielen am Strande und von seinen Kameraden Abschied nehmen muß und sein freies, ungebundenes Leben gegen die Zurückgezogenheit im *Gotad* vertauschen muß. Hin und wieder kommt es selbst vor, daß er aus dem *Gotad* ins Dorf zurückschleicht und sich den Ruß abwäscht; dann pflegen die Alten oftmals ein Auge zuzudrücken und warten noch eine Weile mit dem *Gotad* und dem *Aroi-patur*-werden. Wenn aber der Knabe einmal einige Zeit im *Gotad* zugebracht hat, gewöhnt er sich auch sehr rasch an die neuen Verhältnisse. Meistens kehrt sich dann sogar die Sache um, indem der Jüngling das *Gotad* nicht mehr verlassen möchte; hat er doch im *Gotad* seine intimsten Freunde, während ihm das Dorf jetzt nichts mehr bietet. Freiheit hat er, soviel er will, ausgenommen, daß er tagsüber das Dorf meiden muß, und was er im Busch und den Pflanzungen treibt, darüber ist er niemandem Rechenschaft schuldig. und wenn er *Ewati* wird, ändert sich manches, was den Umgang mit dem andern Geschlecht anbetrifft. Man muß daher keineswegs glauben, daß der Jüngling im *Gotad* etwas entbehrt. An Gesellschaft fehlt es ihm nicht, denn das *Gotad* ist auch ein beliebter Sammelplatz der Männer, wo Dinge beraten werden, welche die Weiber nicht hören dürfen. Wo etwas los ist, ist der Jüngling dabei, bei Fischfang, Jagden und auch bei den Kopfjagden; mit dem Heiraten eilt es ihm nicht, denn er findet auch außerhalb der Ehe Gelegenheit genug zu sexuellem Umgang und vor allem im *Gotad.*

Man kann sich wohl denken, daß unter diesen Umständen im *Gotad* manches getrieben wird, wozu dem Jüngling anderwärts die Gelegenheit genommen wird. Somit ist das *Gotad* ein beliebter Sammelplatz geworden, wo Onanie und Päderastie an der Tagesordnung sind. Solches wird übrigens in den Augen des *Marind* bloß als lächerliche Handlung angesehen. Diesen Verhältnissen leisten *Binahor* und *Jarang* noch Vorschub. Mehr und mehr ziehen sie aus den Knaben oder Mädchen noch einen weitern Nutzen. Kein Wunder, daß man um schöne Knaben oder Mädchen geradezu wetteifert, um *Binahor* oder *Jarang* zu werden. Somit wird auch die ganze Sitte der Kinderadoption in ein anderes Licht gerückt. Es scheint, und vor allem bei den Knaben, daß die Päderastie eigentlich Hauptzweck der Adoption ist, woraus man kein Hehl mehr macht. Vielmehr pflegt einem der *Marind* die Einrichtung des *Binahor* geradezu in dieser Weise zu deuten, und es wäre in der Tat die an der Küste allgemein verbreitete Sitte der Kinderadoption bei den durch und durch egoistisch veranlagten *Marind* anders kaum zu verstehen.

Bei den Mädchen mag es in vielen Fällen ähnlich sein, doch nicht so ausgesprochen wie bei den Knaben. Man achtet im allgemeinen auf die Reinheit der Mädchen bis zur Ehe, und zudem hat in den meisten Fällen jedes Mädchen schon frühzeitig seinen Liebhaber, mit dem es später die Ehe eingeht. Dafür kommt aber das Mädchen für den *Jarang* weit mehr als Arbeitskraft in Betracht, als der Knabe für den *Binahor*, und aus dieser Arbeit zieht der *Jarang* seine Vorteile.

Der *Ewati.* Als *Ewati* (s. Tafel 5, Abb. 3 u. 4), und das ist die vierte Altersklasse der Jünglinge, ist ihm bereits alles erlaubt, ausgenommen, daß er am Tage das Dorf vermeiden muß. Dessenungeachtet darf er fortan die Feste und Tänze mitmachen, sofern sie nachts stattfinden. Da spielt der *Ewati* die Hauptrolle und nimmt auch an allem teil, was hinter den Kulissen geschieht. Wenn der *Ewati* älter wird, so wird er in die Geheimnisse der Kulte eingeweiht und nimmt ebenfalls an den Zeremonien teil; somit ist der Lebensabschnitt des *Ewati* der schönste der *Marind.* Er trägt viel Schmuck, wird von allen bewundert, an den Festen spielt er, wie gesagt, die Hauptrolle, und bei den Kopfjagden sind die *Ewati* als die mutigsten und tapfersten bekannt. Dem ältern *Ewati* steht es frei zu heiraten, und er braucht sich vom *Binahor* nichts mehr sagen zu lassen. Aber in der Regel eilt er damit nicht. Weshalb sollte er sich beeilen? Die *Binahor-uah* versieht ihn noch immer mit Sagokuchen und verfertigt ihm den Schmuck. Im übrigen hat er seine Pflanzungen und Kokospalmen, und aus sexuellen Gründen fällt es ihm nicht ein zu heiraten. Dafür bietet sich ihm im *Gotad* und außerhalb desselben Gelegenheit genug. Mit den Mädchen trifft er sich am Tage im Busch und in den Pflanzungen und nachts am Strande, wo sie *Parané* machen, d. h. Liebeserklärungen, indem sie gegenseitig Ohrringe und andern Schmuck tauschen. Gegen den vorehelichen Geschlechtsverkehr hat niemand etwas einzuwenden, wenn beide Teile es wünschen. Dem *Ewati* steht es also frei zu heiraten, und er braucht niemanden darum zu fragen. So ungefähr liegen die Verhältnisse der Jünglinge im *Gotad*.

Man pflegt in der Regel zu sagen, der Jüngling bleibt *Mokraved*, bis ihm die *Majub* zu den Schultern reichen; er bleibt *Ewati*, bis sie zur Mitte des Oberarmes gewachsen sind. Dies ist natürlich ein sehr willkürliches Kennzeichen. Man richtet sich, wie gesagt, in erster Linie nach Festen, und umgekehrt die Feste nach der Anzahl der Kandidaten. Der Übertritt des *Mokraved* in die Klasse des *Ewati* wird wieder festlich begangen. Alle diese Familienfeste — man nennt sie auch *Ngad-angei*; *Ngad* (oder *Gad*?) heißt das Anlegen der ersten Haarverlängerungen beim Übertritt in eine höhere Klasse, *Angei* bedeutet Fest — verlaufen in ähnlicher Weise. Erst werden die Kandidaten geschmückt, die Jünglinge im *Gotad*, die Mädchen im Dorfe in der Hütte. Hierauf werden sie unter festlichem Aufzug auf den Festplatz ins Dorf geführt, wo eine kleine, mit Früchten behängte Festhütte errichtet ist. Auf dieser lassen sich die Kandidaten nieder, um von den Familienangehörigen bewundert zu werden, die ihnen Früchte und Sago überreichen.

Bei allen diesen Festen spielt der *Wahok*, der Mutter Bruder, eine besondere Rolle als nächststehender Verwandter, worin man vielleicht Überreste einer ehemaligen mutterrechtlichen Familienform sehen könnte. Der *Wahok* überreicht dem Festkandidaten den charakterisierenden Schmuck seiner Altersklasse, wie z. B. die Schambedeckung für Knaben und Mädchen, er setzt als erster den Säugling in die Tragtasche am ersten Fest im Lebensabschnitt des *Marind*, er durchsticht beim Ohrfest eines der Ohrläppchen, er führt den *Aroi-patur* auf den Festplatz, nachdem er ihm eine Knochennadel in die Haare gesteckt hat, desgleichen führt er den *Ewati* auf den Festplatz und ins *Gotad* zurück und überreicht ihm den *Sahu* (die Penismuschel), und ebenso führt er den *Miakim* ins Dorf zurück und überreicht ihm seinen kennzeichnenden Schmuck, den Lendengürtel und den Kopfschmuck (*Zambu*).

Dasselbe gilt auch für die Mädchen. Für alles dies wird der *Wahok* bei jedem Fest entschädigt, und die Früchte und der Sago, die zum Fest herbeigebracht werden, sind zum größten Teil für ihn bestimmt, sowie auch für die andern *Apanapné-anim*. Der *Wahok* ist immer nur der *Apanapné-anim* für die eine Seite des Festkandidaten. Er führt den Jüngling an der einen Hand und durchsticht bloß das eine Ohr des Knaben oder Mädchen, während für die andere Seite ein beliebiger anderer Familienangehöriger *Apanapné-anim* sein kann. Es können Kinder oder Erwachsene sein, Männer oder Frauen. Die Hauptsache ist, daß sie geschmückt sind, was für ein Fest eine unerläßliche Bedingung ist. So ungefähr verläuft in großen Zügen das *Ngad-angei* oder ein anderes Familienfest bei den *Marind*.

Vor dem Fest wird dem *Ewati* der *Angår-wahukak* abgenommen, und man flicht ihm seine charaktisierende Haartracht, den *Dapis-wahukak* (s. Tafel 5, Abb. 4). Sie wird hergestellt wie die Haartracht des *Mokraved*, nur daß man an Stelle der Pandanusfasern zerschlitzte Streifen einer Cyperacaee namens *Tanu* verwendet, deren Streifen (*Dapis*) man wiederum büschelweise an jedem *Majub* durch Umwicklung mit einem ebensolchen Streifen befestigt. Die Umwicklung wird auch hier nur bis etwa zur halben Länge der Streifen ausgeführt. Die ganze Haartracht wird nach der Fertigstellung wiederum mit ausgekautem Kokosöl und *Pajum* eingerieben, sowie auch der ganze Körper, während das Gesicht namentlich bei festlichen Gelegenheiten phantastisch bemalt wird (s. Tafel 10), entweder die Stirne rot und das Untergesicht schwarz oder das ganze Gesicht feurigrot, ausgenommen die Augen, welche gelb gefärbt werden, sowie zwei gelbe Streifen, die über die Wangen laufen. Man nennt diese Bemalung *Tĕretaré-mahi*, d. h. Schmuck des Lappenkibitzes, welcher bekanntlich zwei gelbe Augenlappen hat. Dies ist übrigens auch eine der beliebtesten Gesichtsbemalungen der Kinder beiderlei Geschlechts und wird bei keinem Feste unterlassen. Nun werden alle Schmuckgegenstände herbeigebracht; das ist vor allem der *Hazind* (s. Tafel 13, Abb. 5), ein aus den schwarzen Bastfasern von Caryota spec. *(Gongai)* geflochtener Schmuck, welche die Haarverlängerungen gleichmäßig bedeckt. Er besteht aus einem zopfartig geflochtenen Strang von *Gongai*-Fasern, von welchem in gleichmäßigen Abständen einzelne und dünner geflochtene Stränge ausgehen, die sich in die einzelnen Fasern auflösen, welche die Haarverlängerungen gleichmäßig bedecken. Man knüpft den *Hazind* unter dem *Dapis* oder unter dem Kinn. Die *Dapis* werden festgehalten durch ein breites geflochtenes Band, das meistens aus *Ugā*-Streifen geflochten wird, d. i. der *Angior* (s. Tafel 14, Abb. 4 bis 6), welcher ebenfalls unter dem *Dapis* geknüpft wird. Ein ähnliches, aber schmaleres Bändchen, der *Hamub* oder *Andá-rek* (s. Tafel 14, Abb. 10), kommt etwas höher zu liegen und dient gleichfalls zum Festhalten der Haarverlängerungen. Bloßer Schmuck sind hingegen die sog. *Bĭr-a-bir*, welche über die Stirne auf die Haargrenze zu liegen kommen; auch dieser Schmuck wird unter den Haarverlängerungen festgebunden. Oftmals wird dieses Bändchen mit kleinen Muschelplättchen oder Coixsamen belegt, oder es besteht aus mehreren schmalen Bändchen, die sich an den Enden zu einem vereinigen (s. Tafel 14, Abb. 7 bis 9).

Den Kopf ziert ein Federschmuck, der *Enod*, der an den Haarverlängerungen auf dem Scheitel befestigt wird (s. Tafel 15, Abb. 5). Es gibt *Enod*, die bloß aus einer Feder vom Riesenstorch *(Uar)* oder von einem Raben *(Rarak)* bestehen, oder solche aus zwei kleinen Taubenfedern. Je nach der Befestigung des *Enod* unterscheidet man wieder *Kwarad*- und *Kwajab-enod*.

Der *Kwarad-enod* wird vom jüngeren *Ewati* getragen. Bei diesem *Enod* wird der lange Federkiel mit zwei Ösen von Rotan-Streifen befestigt, zwischen welchen einige Haarverlängerungen festgeklemmt werden, wonach man in die Öse eine Knochennadel oder ein Holzstäbchen steckt. Dieser *Enod* kann also nach Belieben abgelegt werden. Beim *Kwajab-enod* wird hingegen der Federkiel fest an den Haarverlängerungen angeknüpft, so daß der *Enod* nicht ohne weiteres abgelegt werden kann. Die große Feder steckt beim jungen zum Fest geschmückten *Ewati* häufig in einem langen Schaft aus mehreren in einander gesteckten Kasuarkielen, die bogenförmig über den Kopf herüberragen. Später trägt dann der *Ewati* einen zweifederigen *Kwarkan-enod*. Dieser besteht aus zwei gespaltenen und am verdickten Ende zusammengeknüpften Kasuarkielen, an deren voneinander abstehenden freien Enden je eine zarte weiße und schwarzgebänderte Taubenfeder (von Myristicivora bicolor = *Bevom*) steckt. Die miteinander verknüpften Kiele stecken in einer silberglänzenden Nautiluskammerwand, dem sog. *Tapé-kind-arir*. Weiter sind die beiden Kasuarkiele durch einen Coixsamen gesteckt und zwar so, daß der eine Kiel durch die Achse des Samens hindurchgeht, während der andere durch eine seitliche Öffnung durchgeführt wird. Auf diese Weise werden die beiden Federkiele von einander gespreizt und in dieser Lage festgehalten. Auch dieser *Enod* wird stets fest an den Haarverlängerungen angeknüpft, so daß er nicht ohne weiteres abgenommen werden kann.

Außer zahlreichen Coixschnüren erhält der *Ewati* eine Anzahl weiterer Schmuckstücke, welche die jüngeren Klassen noch nicht oder nur ausnahmsweise tragen. Das ist der *Gui* und der *Kind-arir*.

Der *Gui* (wörtlich: Schweineschwänze) besteht aus mehreren abgehäuteten und gepreßten Schweineschwänzen, welche zusammengenäht sind und mit zahlreichen Coixschnüren um den Hals getragen werden (s. Tafel 13, Abb. 8).

Der *Kind-arir* besteht, wie der Name schon sagt, aus Nautilusschalen. Man schneidet lange dreieckige Stücke heraus und befestigt sie an einem halbringförmigen Geflecht, das aus verschiedenem Material, Bast oder Kokosblattrippen, bestehen kann (s. Tafel 13, Abb. 1).

Die *Korasig-baba* wurden beim *Patur* schon erwähnt. Beim *Ewati* bestehen sie jedoch aus breiten Bändern, meistens sind sie aus Streifen von Hibiscusbast geflochten und mit mehreren Reihen Coixsamen besetzt (s. Tafel 12, Abb. 5 u. 6).

Die Nase wird stets durchbohrt, und in der Regel besorgt dies schon der *Mokraved*, und zwar ein jeder selbst. Man durchbohrt sowohl das Nasenseptum als auch die Nasenflügel und erweitert diese Öffnungen derart, daß die Nase oftmals vollständig deformiert wird. Im Septum trägt man meistens einen ziemlich langen Röhrenknochen eines Vogels oder einen Knochensplitter vom Känguruh, der an einem Ende häufig mit einigen Coixsamen und einem Stückchen Cuscusfell behängt ist. Ein anderes Schmuckstück ist ein Eberhauer, welcher in das Septum gesteckt wird, und hin und wieder begnügt man sich mit einem Stückchen Bambus. Desgleichen pflegt man in die stark erweiterten Löcher der durchbohrten Nasenflügel allerhand Dinge zu stecken: Abschnitte von Röhrenknochen, kurze Eberhauer, Bambusabschnitte, selbst Adlerkrallen, kurz alles, was irgendwie sich dazu eignet. Aus den photographischen Abbildungen Tafel 2 bis 9 kann man ersehen, daß die Auswahl eine sehr große ist.

Wenn der Jüngling *Ewati* wird, erweitert er die durchbohrten Ohren nicht weiter, sondern trägt in ihnen die typisch marindinesischen Ohrringe aus Kasuarfederkielen, die *Ihir* (s. Tafel 15, Abb. 1). Diese werden heiß gemacht, gebogen und die Enden in einander gesteckt. Solche Ringe werden in großer Zahl in den Ohren getragen, und 20—30 solcher Ringe in einem Ohr sind keine Seltenheit. Ein anderer selten getragener Ohrschmuck besteht aus Luftröhren einer Entenart

(Bofa), welche ebenfalls ringartig in einander gesteckt werden. Ein dritter Ohrschmuck wird schließlich aus den Schwänzen eines Rochen *(Papu)* hergestellt, welche zu Ringen verknüpft in den Ohren getragen werden.

Im *Barar*, einem Schmuck, den übrigens alle Altersklassen vom Säugling an tragen, trägt der *Ewati* einen sonderbaren Schmuck, welcher speziell für das schon erwähnte *Parané* verwendet wird. Es ist dies der *Pur* (s. Tafel 12, Abb. 8). Er besteht aus einem ca. 20 cm langen Röhrenknochen eines Storchs *(Uar)*, dessen Gelenkkopf mit einem kurzen bandartigen Geflecht versehen wird, an welchem einige Coixsamen und Stückchen Cuscusfell hängen; diesen Schmuck trägt nur der *Ewati*.

Erst der *Ewati* trägt den Penis verhüllt mit einer Muschel, dem *Sahu* (Melo diadema), welche mittels eines Rotanstreifens oder eines geflochtenen Strickes um die Lenden getragen wird. Hin und wieder wird die Muschel mit Abrus-Samen beklebt oder mit der Flughaut vom Pteropus überzogen. Den *Sahu* erhält der *Ewati* vom *Wahok* als charakterisierenden Schmuck seiner Klasse. Von nun an darf der Jüngling an Festen und Tänzen teilnehmen, denn er braucht sich nicht mehr zu schämen, wie der *Marind* zu sagen pflegt; auch braucht er das weibliche Geschlecht nicht mehr so zu meiden, wie der *Aroi-patur* und *Mokraved*, obschon er tagsüber das Dorf noch nicht betreten darf.

Wie der *Aroi-patur*, so besitzt auch der *Ewati* einen Schmuck, der seine Stellung in der Gesellschaft symbolisch andeutet, nämlich, daß er von nun an mit dem Bogen umzugehen versteht, obschon ja dies eigentlich das erste ist, was der Knabe überhaupt lernt, und ein Spielbogen das erste Gerät oder Spielzeug ist, das er in die Hände bekommt. Es besteht dieser Schmuck aus einem Zierbogen von Nibung-Holz, den er jedoch nur bei gewissen Gelegenheiten auf dem Kopf trägt; übrigens sieht man den Schmuck heute kaum mehr; man nennt ihn *Mana*. Ein weiteres Abzeichen des *Ewati* bildet schließlich die Keule, die ihm bei seinem Fest umgehängt wird, und auf die er ganz besonders stolz ist, und die er nie aus der Hand läßt, denn er weiß, daß diese Waffen alte Erbstücke sind, und an solchen hält auch der *Marind* ganz besonders fest.

Der *Ewati* bleibt mehrere Jahre in seiner Altersklasse und wechselt während dieser Zeit mehrmals seine Haartracht; außer der *Dapis-wahukak* läßt sich der *Ewati* häufig noch andere Haartrachten flechten, nämlich den *Retak*, welcher aus *Ugā*-Streifen, d. h. Blattstreifen einer Fächerpalme, geflochten wird. Man flicht hierbei um jedes *Majub*, das mit mehreren *Ugā*-Streifen verstärkt und verlängert wird, zwei solcher Blattstreifen, indem man sie in der Mitte anlegt und abwechselnd mit den Enden flicht bis unter die Schulterhöhe, worauf man sie festknüpft. Die Enden bilden eine Quaste. Wie üblich wird auch diese Haartracht mit *Pajum* und Kokosöl eingeölt und mit dem übrigen Schmuck versehen. Weiterhin trägt der *Ewati* häufig auch eine *Bosa*-Haartracht. *Bosa*, so nennt man ganz allgemein alle kurzen Haarverlängerungen, die nicht unter die Schulter reichen, gleichgültig wie sie hergestellt sind, ob durch Umflechtung der *Majub* oder bloß durch Anflechten von Quasten. Für den *Ewati* speziell kommt in Betracht die *Beisam-bosa*, d. h. eine Haartracht, die aus Umflechtungen von jungen Kokosblattstreifen hergestellt wird. Man umflicht die einzelnen *Majub*, die mit jungen Kokosblattstreifen *(Menga)* verstärkt sind, mit ein oder zwei ebensolchen Streifen bis zu einer Länge von ca. 20 cm.; von hier an läßt man die Streifen frei und schneidet sie gleichmäßig ab, so daß sie eine Quaste bilden. Die ganze Haartracht reicht kaum bis zu den Schultern (s. Tafel 16). Dieselbe Haartracht kann natürlich auch aus *Ugā*-Streifen hergestellt werden. Man spricht dann von *Ugā-bosa.*

Weiterhin gibt es noch Haartrachten, die von ganz lokaler Bedeutung sind und an das Vorkommen gewisser Pflanzen geknüpft sind.

Wenn der *Ewati* das *Gotad* verläßt, wird er *Miakim* oder *Bitau*, wobei wiederum ein Fest gefeiert wird (s. Tafel 6, Abb. 2). Als *Miakim* wird er vollberechtigter Mann und kehrt ins Dorf zurück. Die Zeit der Absonderung ist vorüber, und zu heiraten steht ihm frei. Heiratet er überhaupt nicht, so bleibt er lebenslänglich *Miakim* oder *Bitau*, und wird er alt, so spricht man von *Mes-miakim* oder *Mes-bitau*, d. h. alter *Miakim*, bezw. alter *Bitau.*

Wiederum erhält er eine neue Haartracht und zum Teil neuen Schmuck, der mit dem des verheirateten Mannes, des *Amnangib*, bis auf geringe Unterschiede identisch ist. Der *Mes-miakim* macht überhaupt keinen Unterschied mehr. Die charakteristische Haartracht, welche der *Miakim* an seinem Feste trägt, ist der *Beisam*, so benannt nach den schmalen Blattstreifen der jungen Kokosblätter, aus welchen die Haarverlängerungen geflochten werden. Man unterscheidet verschiedene Arten von *Beisam*-Haartrachten, worauf wir bei den folgenden Altersklassen zurückkommen werden. Der *Miakim* trägt in der Regel den *Bokboka-beisam*, d. h. den *Beisam* mit Knoten an den Enden (s. Tafel 8, Abb. 4). An jedes *Majub* wird ein Streifen *Beisam* angeflochten, indem man ihn in der Mitte anlegt und mit zwei Enden flicht, abwechslungsweise mit dem einen und dem andern Ende eine halbe Umdrehung ausführt. Man verstärkt und verlängert die *Majub* mit ebensolchen *Beisam*-Streifen und flicht auf diese Weise bis etwas über die Schulterhöhe. Hierauf flicht man weiter mit ebensolchen Blattstreifen, jedoch von der Fächerpalme *(Ugā)*, etwas bis zur Mitte des Rückens und verknüpft hierauf das untere Ende des mit *Ugā* umflochtenen Stranges mit einem besonderen doppelten Knoten, den man *Bokboka* nennt. Dieser hat zum Unterschied von *Beisam* eine dunkelgrüne glänzende Farbe. Häufig werden mit dem Knoten einige Fasern vom Bast der Kokosnuß *(Eva)* verknüpft, die nach dem Einölen mit *Pajum* als schwarze Fäden herunterhängen.

Der *Miakim* trägt einen kurzen *Sam*, d. i. ein Haarzopf oder vielmehr ein Büschel freier nicht umflochtener *Majub*, die von der Mitte des Kopfes herunterhängen und verlängert werden durch Aneinanderknüpfen von falschen *Majub*, etwa bis zum Gesäß. Dieser *Majub*-Strang wird in gleichen Abständen mit einer Schnur fest umwickelt, und an seinem Ende werden verschiedene Gegenstände angehängt, wie kleine Rasseln von Krebsscheeren oder hohlen Fruchtschalen und dergl., so daß beim Gehen ein rasselndes und klapperndes Geräusch entsteht. Der übrige Schmuck des *Miakim* ist analog dem des *Ewati*, nur den *Kind-arir* hat er abgelegt und erhält an dessen Stelle einen ähnlichen Schmuck von Hundezähnen, den *Ngāt-end*, wörtlich das vom Hund, oder von Känguruhincisiven, den *Saham-semb* (*Saham* = Känguruh, *Semb* = Incisivum). Er besteht wiederum aus einem halbringförmigen Geflecht, häufig aus dem Bast eines Baumes *(Noah)*, an dem die durchbohrten Känguruh- oder Hundezähne radial befestigt werden (s. Tafel 13, Abb. 1 bis 3).

Ein anderer, weniger häufig getragener Brustschmuck ist der *Gudewa*, bestehend aus drei oder vier zugespitzten Nautilusstücken, die an einem Geflecht von Rotanstreifen befestigt sind und an Coixschnüren um den Hals getragen werden (s. Tafel 13, Abb. 4).

Schwer und zahlreich ist der Armschmuck. Der *Binahor* schenkt ihm ein oder zwei Paare Eberhauer, die ihm paarweise um den Oberarm gebunden werden, und zu denen er selbst später noch mehr hinzufügt, bis sie den ganzen Oberarm umhüllen. Die *Barar* bleiben natürlich wie auch die *Kimb*. Aber außerdem erhält er noch einen weiteren vierten Armschmuck, den *Muk-dond (Muk* = Arm; *Dond* = Schnur, vegetabilische Faser). Es ist dies ein lose am Arm hängender breiter Ring, der aus feinen gedrehten Fäden geflochten ist, die um einige Rotanstäbchen gewickelt werden. Diese sind gut sichtbar auf der Abbildung 4, Tafel 11.

Den wesentlichen Schmuck aber, mit dem der *Miakim* wiederum auf dem Festplatz erscheint, ist ein breiter mit roten Ornamenten bemalter Gürtel, der *Seh-dond* (wörtlich Kehle-Faser, mit „Kehle" sind wahrscheinlich die Lenden gemeint, mit „Faser" das ganze Geflecht), der nach dem Fest durch den gewöhnlichen Rotangürtel, den *Segos* (s. Tafel 11, Abb. 6), ersetzt wird, den der Mann nicht mehr ablegt, bis er alt ist. Man pflegt den *Segos* sehr eng zu tragen, so daß der Körper stark eingeschnürt wird, und dies gilt als besonders schön. Über den *Segos* kommt ein weiterer Gürtel von Riedgras *(Wib)* zu liegen, der hinten geknüpft wird und als langer Grasschwanz bis zu den Waden herabhängt (s. Tafel 12, Abb. 1). Den Penis verhüllt der *Miakim* nicht. Statt dessen trägt er ihn hochgezogen, indem er die Vorhaut zwischen dem *Segos* und dem Bauch festklemmt. Eine Muschel, *Kekewin* oder *Awahed* (Semifusus proboscideus oder Fasciolaria) vorne am *Wib* befestigt, hat mit der Verhüllung des Penis nichts zu tun, sondern ist bloßer Schmuck und ist nicht als rudimentäre Penisverhüllung anzusehen.

Wenn der *Miakim* zum ersten Mal geschmückt wird und den Festplatz betritt, wo er sich eine Weile den versammelten Dorfbewohnern präsentiert, trägt er weiterhin zwei Schmuckstücke auf dem Kopf, die er hierauf sogleich wieder ablegt. Es ist dies der genannte Lendengürtel und ein komplizierter Kopfschmuck der *Zambu*, für dessen ausführliche Beschreibung ich auf ein späters Kapitel im IV. Teil verweise.

Meistens heiratet der *Miakim* bald und wird damit
Amnangib (s. Tafel 8 u. 9). Bei dieser Gelegenheit wird, abgesehen von den Hochzeitszeremonien, kein Fest (Tanz und Gesang) gemacht.

Die letzte Altersklasse bilden schließlich die alten Männer, die
Samb-anim, welche nur noch spärlichen Schmuck tragen. Auch die Haarverlängerungen haben sie meistens abgelegt und tragen die Haare kurz oder flechten sich nur die sog. *Ugā-* oder *Beisam-bosa*.

Der Schmuck des *Amnangib* ist mit geringer Abweichung derselbe wie der des *Miakim* und alte Junggesellen, die zeitlebens *Miakim* oder vielmehr *Mes-miakim*, bezw. *Mes-bitau*, d. h. alte *Miakim* bleiben, machen in ihrer Toilette gegenüber dem *Amnangib* überhaupt keinen Unterschied.

Außer dem *Bokboka-beisam* trägt der *Amnangib* noch einige andere *Beisam*-Haartrachten, das sind der *Esok-beisam*, d. h. der beschnittene *Beisam* und der *Garigra-beisam*, der unbeschnittene *Beisam* (s. Tafel 8, Abb. 4 u. 5).

Der *Esok-beisam* wird in folgender Weise hergestellt. Um jedes *Majub* und einige *Beisam*-Streifen flicht man einen ebensolchen Streifen, indem man ihn in der Mitte anlegt und mit beiden Enden zugleich wickelt *(wisuk)*, d. h. abwechselnd mit dem einen und dem andern Ende des *Majub*, und die verlängernden *Beisam*-Streifen umwickelt. Man setzt das Umwickeln fort bis unter die Schulterhöhe, wo man den *Beisam*-Streifen, mit welchem man umwickelt hat, verknüpft. Die Enden der *Beisam*-Verlängerungen läßt man unten frei hervorstehen und schneidet sie hierauf, nachdem alle *Majub* auf diese Weise umwickelt worden sind, gleichmäßig ab (*esok* = schneiden). Werden die Enden nicht abgeschnitten, so spricht man von *Garigra-beisam*. Hat die betreffende Person nur wenige *Majub*, so werden an jedes *Majub* zwei *Beisam*-Stränge angeflochten, und man spricht von einem echten und einem falschen *Beisam*.

Besitzt hingegen der Betreffende sehr viele *Majub* und will man auf das Flechten der Haarverlängerungen nicht zu viel Zeit verwenden, so umflicht man je zwei *Majub* mit einem *Beisam*-Streifen. Zu allen diesen Haartrachten trägt der *Amnangib* einen langen *Sam*, der oft bis zur Erde herabhängt und mit allen möglichen Reliquien wie Krebsscheeren, Vogelschnäbeln, Muschelschalen und klappernden Früchten behängt wird.

Eine weiter *Beisam*-Haartracht ist der *Engokak* oder *Beisam-bosa*, auch *Bosa-ive* genannt. Er wird hergestellt wie der *Garigra-beisam*, ist aber viel kürzer als dieser und in der Regel auch weniger sorgfältig geflochten. Man flicht ihn, wenn man nicht viel Zeit zur Verfügung hat, und er wird meistens von alten Männern und Frauen getragen, die nicht mehr viel Wert auf Schmuck legen. Man flicht den *Engokak* auch von *Ugā*-Streifen und spricht in diesem Falle von *Ugā-bosa*. Der *Engokak* ist die gebräuchlichste Haartracht der alten Männer *(Samb-anim)* und alten Frauen *(Mes-iwāg)*.

Eine spezielle Haartracht des *Amnangib* ist schließlich noch der *Majub-wahukak* (s. Tafel 8, Abb. 6). Dieser besteht nicht aus vegetabilischen Haarverlängerungen und Anflechtungen, sondern es werden die *Majub* mit andern, falschen verlängert, indem man 2, 3, bis 4 Haarzöpfchen mit anderen verknüpft, so daß sie bis zum Kreuz hinunterreichen. In der Mitte des Rückens werden die *Majub* entweder fest mit einer Schnur *(Kakim)* umwickelt oder durch ein Geflecht von Rotanstreifen dem sog. *Zangon* festgehalten. Man färbt dieses mit roter Erde *(Ava)* und verziert es durch Anhängen von Coixsamen und Stückchen Cuscusfell und dergl. mehr. Ein *Sam* fehlt bei dieser Haartracht. Niemals fehlt bei einem geschmückten *Amnangib* der *Hazind*, über welchen zwei weitere Schmuckstücke kommen, nämlich der *Zimbu* und der *Karuri:* letzterer oft auch in der Mehrzahl.

Der *Zimbu* (Tafel 13, Abb. 6) besteht aus langen Kasuarfedern, die mit den

Kielen an einem geflochtenen Band von *Mumbrĕ* oder einem andern Bast befestigt sind. Er wird wie der *Hazind* über die Haarverlängerungen bezw. über den *Hazind* gelegt und unter den Haarverlängerungen festgebunden. Desgleichen die *Karuri* (Tafel 14, Abb. 1), die ähnlich wie der *Zimbu* hergestellt sind, bloß, daß an Stelle der Kasuarfedern solche vom Paradiesvogel (Paradisea apoda = *Zakir*) mit den Kielen aneinander befestigt werden. Der *Karuri* bildet den wertvollsten Schmuck des Mannes, der heute nur noch durch Tausch von den fremden Händlern erworben werden kann. Das hindert jedoch den *Marind* keineswegs, hunderte von Kokosnüssen den Händlern zuzuschleppen, um diesen Schmuck einzutauschen, der seiner Auffassung nach ganz unentbehrlich ist. Oberhalb des *Zimbu* und des *Karuri* kommt der *Angior* (Tafel 14, Abb. 4 bis 6) zu liegen, welcher die Haarverlängerungen zusammenhalten soll. Über der Stirne auf der Haargrenze trägt der *Amnangib* einen diademartigen Schmuck, den *Pajaman* (Tafel 14, Abb. 2), der dem *Zimbu* ähnlich ist, nur daß die Kasuarfedern kurz und beschnitten sind. Häufig werden auch andere, namentlich weiße Federn mit eingeflochten, die manchmal noch ausgezackt sind. Vor dem *Pajaman*, an der Haargrenze, kommen mehrere Bändchen zu liegen, die am Nacken gebunden werden; es ist dies der schon beschriebene *Anda-rek*, den auch der *Ewati* und *Miakim* trägt. An seine Stelle tritt auch der *Bir-a-bir*, Bändchen, die mit rhombischen Nautilusstückchen oder aber mit aufgereihten Coixsamen versehen sind. Letztere werden auch *Sapuri* genannt. Die Coixsamen werden in verschiedener Weise aufgereiht und zu einem Bändchen vereinigt.

Der *Enod*, der beim Mann ebenfalls nie fehlen darf, ist entweder einfederig oder zweifederig. Häufig trägt der Mann auch beide Arten zusammen.

Über den Nasen- und Ohrschmuck war schon beim *Ewati* die Rede gewesen, und er bleibt auch derselbe, nur daß die Erweiterung der durchbohrten Nasenflügel noch weitergetrieben wird. Knochen- und Bambusabschnitte von beträchtlicher Dimension werden eingefügt, so daß die Nase vollständig deformiert wird und unter Umständen sogar zerreißt, wonach das Einfügen von Schmuck natürlich aufhört.

Mund und Zähne werden nicht deformiert, abgesehen davon, daß man letztere schwarz färbt; und zwar beginnt man damit schon im jugendlichen Alter als *Ewati*, bezw. als *Kiwasum-iwäg*. Dies geschieht durch Auflegen von schwarzem Schlamm *(Kahar)*, dem Sperma beigemengt wird. Letzteres soll bewirken, daß die Färbung beständig *(hindun)* bleiben soll (vgl. den III. Teil).

Auch der Brustschmuck des *Amnangib* ist derselbe wie beim *Ewati* und *Miakim*, besteht aus dem *Ngåt-end*, dem *Sahamb-semb* oder dem *Gudewa* und den Brustbändern *(Korasig-baba)*. Außer diesen werden häufig auch große Krokodilzähne an Schnüren aufgereiht und kreuzweise um die Brust getragen. Man spricht in diesem Falle von *Korasig-kiu* (d. h. kreuzweise Krokodil). Ein eigenartiger Brustschmuck, den man sehr selten sieht, und der wahrscheinlich mehr als Trauerschmuck zu betrachten ist, ist der *Tuman*, d. i. ein von Schnüren gewirktes Gehänge, das wohl den *Gui* ersetzen soll, wenn dieser in Trauerfällen abgelegt wird. Übrigens kennt man für verschiedene Schmuckstücke solche Ersatzstücke aus schlichten Geflechten.

Den Lendengürtel behält der *Miakim*, wenn er heiratet, und trägt ihn ebenfalls stark zugeschnürt, desgleichen den *Wib*, der jedoch beim *Amnangib* viel kürzer ist als beim *Miakim* und gerade nur übers Gesäß herunterhängt. Es steht dem Manne frei, den Penis zu tragen, wie ihm beliebt; entweder trägt er wie der *Ewati* einen *Sahu*, oder er trägt den Penis hochgezogen wie der *Miakim*, oder aber, was am häufigsten ist, er trägt eine kleine halbierte Kokosschale, den *Sahu-bob*, als Penisschutz an einer Lendenschnur (s. Tafel 12, Abb. 2 u. 3). Der *Sahu-bob* ist häufig mit Eingravierungen versehen, seltener ist er aus Holz geschnitzt. Ich fand ausnahmsweise in *Sangassé* eine Penisbedeckung, die in Form eines Känguruhkopfes geschnitzt war. Ein anderer war als Phallus geschnitzt und stammte von *Adka-zé-mirav* (s. Tafel 12, Abb. 4),

Am *Wib* wird vorne eine Semifusus- oder Fasciolariamuschel *(Kekewin* oder *Awahed)* befestigt, die jedoch lediglich einen Schmuck bildet und mit der Penisverhüllung nichts zu tun hat und nicht etwa als rudimentärer Penisschutz zu betrachten wäre und mit dem Hochgezogentragen des Penis zusammenhängen würde. Der vollständig geschmückte Mann trägt sowohl die Semifususmuschel am *Wib* als auch den *Sahu-bob* als Penisschutz. Es steht ihm aber frei, den Penis auch hochgezogen zu tragen. Der *Miakim* trägt ihn hingegen stets unverhüllt, aber hochgezogen.

Über dem *Segos* wird häufig noch ein schmales geflochtenes Band mit aufgereihten Kaurimuscheln getragen.

Der Armschmuck ist derselbe, wie beim *Miakim* und besteht aus *Dunduwi*, *Barar*, *Kimb* und *Muk-dond*. Die Hauptsache bilden aber zahlreiche Eberhauerpaare *(Gomna)*, die der *Miakim* gewöhnlich noch nicht in so großer Zahl besitzt. Es sind dies meistens Erbstücke, die der Sohn vom Vater erbt, wenn dieser alt ist und sie selbst nicht mehr anlegt. Am Handgelenk trägt natürlich auch der Mann den *Karorik*, an den Beinen den *Kanbarar* und *Sagasik*.

Schließlich wäre noch ein Tanzschmuck zu erwähnen, den der Mann oder Jüngling im Bogenschutz trägt, nämlich eine lange Rotanrute, welche mit Kasuarfedern umwickelt ist und beim Tanzen zum Schlagen der Trommel hin und herschwankt; man nennt diesen Schmuck *Amuram-put*.

Nun gibt es aber für die verschiedenen Schmuckstücke noch Schmuckersatz, den man gelegentlich aus einem minderwertigen Material herstellt, im Falle, daß man das für den eigentlichen Schmuck in Betracht kommende nicht zur Hand hat. So wird z. B. an Stelle des heute kostbaren *Karuri* häufig auch bloß ein analog hergestellter Schmuck aus gewöhnlich weißen Federn getragen, und desgleichen wird der *Pajaman* oftmals bloß aus gewöhnlichen Federn irgend eines Vogels hergestellt (s. Tafel 14, Abb. 3) oder man begnügt sich mit einem Schmuck, der aus *Wib* Halmen verfertigt wird. Desgleichen ist wahrscheinlich der sog. *Tuman* ein Schmuckersatz für den *Gui*, der sich nicht immer leicht beschaffen läßt. Infolgedessen begnügt man sich mit einem gewöhnlichen Schnurgeflecht, das einem *Gui* ähnlich ist. Als Ersatz für die *Ihir* kommen eine ganze Reihe anderer Materialien in Betracht, namentlich da, wo die Beschaffung von Kasuarkielen nicht leicht möglich ist, wie an der Küste. Hier verfertigt man Ohrgehänge, die z. B. aus dem Schwanz eines Rochen *(Papu)* hergestellt sind (s. Tafel 15, Abb. 3), oder aus der Luftröhre von Enten; andernorts pflegt man Ohrringe aus Gras zu flechten (Tafel 15. Abb. 2,) Als Ersatz für den *Ngåt-end* kann schließlich auch der weniger kostbare *Saham-semb* angesehen werden, denn soviele Hundezähne zu beschaffen, wie für die Herstellung eines *Ngåt-end* nötig sind, ist nicht immer eine leichte Sache.

Schmuckersatz kommt, wie wir später sehen werden, auch in Trauerfällen in Betracht, wobei man allen richtigen Körperschmuck ablegt; aber das Bedürfnis sich zu schmücken liegt dennoch vor, und so pflegt man Schmuckersatz zu tragen, der sich vom üblichen Schmuck durch schlichtes Aussehen und einfaches Material unterscheidet und in der Regel bloß aus allerhand Geflechten von rohem ungefärbten Bast besteht.

Zu einem vollständig geschmückten Mann, namentlich wenn er auf ein Fest geht, gehört auch die Gesichtsbemalung (s. Tafel 10). Es gilt dies natürlich nicht bloß für die Männer als vielmehr für alle Altersklassen beiderlei Geschlechts. Bei den Männern wird jedoch das Gesicht auf sehr verschiedene und bunte Weise bemalt wie die Abbildungen auf Tafel 10 zeigen. Während sich die Frauen und ältern Mädchen das Gesicht vollständig schwarz oder feurigrot bemalen, wenn sie auf ein Fest gehen, kennen die Männer und Jünglinge eine große Zahl von Variationen, die oftmals irgend ein Tier oder meistens einen Vogel darstellen sollen und nach ihnen benannt werden. Den Kindern pflegt man gewöhnlich bei festlichen Anlässen den schon benannten *Teretaré-mahi* aufs Gesicht zu malen.

Der *Kidub-mahi*, d. h. Schmuck des Adlers, besteht darin, daß Augen und Nasenrücken weiß bemalt werden, wodurch der Seeadler *(Kidub)* imitiert werden soll. Eine andere Gesichtsbemalung ist der Eulenschmuck *(Momoko-mahi)*. Die Augen werden weiß und schwarz umrandet, während das übrige Gesicht rot bemalt wird oder unbemalt bleibt. Den *Ebob-mahi*, d. h. Schmuck eines Reihers, zeigt Abbildung 2. Die Augen und Wangen bis zur Nasenwurzel werden rot, das übrige Gesicht und Nasenrücken schwarz gehalten. Derartige Gesichtsbemalungen spielen eine große Rolle an den Festen bei Tierpantomimen und Maskierungen und die Figuranten müssen dann das Gesicht jeweils in vorgeschriebener Weise bemalen. Manchmal entspricht die Gesichtsbemalung tatsächlich dem dargestellten Tier, wie beispielsweise auch die Gesichtsbemalung des Hundefiguranten, der sog. *Ngåt-mahi* (d. h. Hundeschmuck). Auch der Figurant des *Ndik* oder *Uar* (Xenorynchus asiaticus) muß stets in vorgeschriebener Weise bemalt sein. Man kann diese Gesichtsbemalungen auch totemistische nennen, da sich jeder Figurant nur nach seinen totemistischen Verwandten schmückt.

Auch für die verschiedenen Feste und Reigen pflegen sich die Festteilnehmer und Figuranten oftmals in bestimmter einheitlicher Weise das Gesicht zu bemalen. Es zeigt z. B. Abb. 6, Tafel 10 die Gesichtsbemalung der *Waiko*-Figuranten. *Waiko* ist ein besonderer Reigen, an dem Kinder und junge Männer teilnehmen.

Im übrigen bemalt sich natürlich jeder wie ihm beliebt und er sich am schönsten findet; je bunter und grotesker, desto besser.

Selbst die alten *Samb-anim* und *Mes-iwåg* pflegen nicht unbemalt zum

Fest zu kommen. Aber für sie paßt nicht mehr Öl und bunte Farben. Sie pflegen das Gesicht mit Ton weiß zu färben, wie es auch bei Trauer Sitte ist, und man spricht von *Gem-mahi*, d. h. Tonschmuck oder *Po-mahi* (*Po* ist ein weißer Ton, der vielfach zur Gesichtsbemalung verwendet wird). Beliebt ist bei den *Mes-iwäg*, in das noch feuchte mit Ton bemalte Gesicht mit den Fingern Streifen zu ziehen, was ein höchst sonderbares Ansehen verleiht (s. die Abbildung).

Abb. 1. Trauerbemalung.

Die weiblichen Altersklassen sind ganz analog den männlichen, bloß mit dem Unterschied, daß eine Absonderung der Mädchen nicht stattfindet. Die Mädchen bleiben bis zur Heirat im Dorf und in der Hütte der Mutter. Nach der Heirat begibt sich die junge Frau ins Dorf des Mannes und bezieht in der Regel die Hütte der Schwiegermutter, die sie mit dieser und deren Töchtern teilt.

Schon von klein auf begleitet die *Kiwasum* die Mutter in die Pflanzungen, hilft ihr beim Sagopflanzen und Sagobereiten, das sie sehr bald selbständig verrichten kann, oder geht mit der Mutter an den Strand, um Mollusken und Fische zu suchen. Im übrigen verbringt sie die Zeit spielend mit dem *Patur* zusammen im Busch oder am Strande und im Dorf. Doch bevor sie die zweite Altersklasse erreicht, schließt sie sich mehr mit ihren Geschlechtsgenossinnen zusammen und beginnt bereits den Umgang mit den älteren Knaben zu meiden. Dies ist vollends der Fall, wenn sie *Wahuku* geworden ist. Als *Kiwasum* trägt sie denselben Schmuck wie der *Patur* (s. Tafel 5, Abb. 1).

Als *Papus-kiwasum*, d. h. wenn sie gehen lernt, erhält sie den ersten Schmuck, die Armbänder *(Barar)*, und zwar wie der Knabe den einen vom *Wahok*, den andern von einem andern Verwandten, und gleichfalls findet dies bei einer festlichen Gelegenheit statt. Außer dem *Barar* erhält sie gleichzeitig eine dünne Schnur *(Kakim)* um die Lenden, welche als Geschlechtsmarkierung aufgefaßt werden kann; von einer Schambedeckung kann man natürlich nicht reden. Auch handelt es sich nicht um eine rudimentäre, indem etwa früher eine solche damit verbunden war. Geschlechtsmarkierung mag daher der zweckmäßigste Ausdruck sein. Nach und nach, manchmal auch schon bei diesem zweiten Fest oder bei späteren festlichen Anlässen, erhält sie weiteren Schmuck, um den Hals Coixschnüre *(Baba)* und Gehänge von Nautilusschalen *(Samond)* und zwei Brustschnüre, die aus gespaltenen und aufgereihten Coixsamen bestehen. Die Haare werden kurz gehalten oder in verschiedener Weise geschnitten, wie bei den *Patur*.

Noch vor dem Eintritt der Geschlechtsreife kommt die *Kiwasum* in die Klasse der *Wahuku* (s. Tafel 16 und 17, Abb. 1) und erhält hierbei die ersten Haarverlängerungen und eine Schambedeckung, die *Noah* (Tafel 23, Abb. 1 u. 2).

Noah ist der Bast eines Strauches gleichen Namens, der von der Rinde befreit wird und mit schwarzem Schlamm *(Kahar)* und Baumrinde schwarz gefärbt wird. Nur in Trauerfällen werden ungefärbte weiße *Noah* getragen. Dieses Schwarzfärben dauert 1—2 Tage. Hierauf wird der *Noah*-Bast getrocknet und die gleich langen Streifen mit einem schmalen Lendengürtel, dem *Upip* versehen, welcher hinten oder seitlich um den Leib gebunden wird. Die beiden Enden der *Noah*-Baststreifen werden zwischen den Beinen durch und hinten zusammengerollt und durch den *Upip* festgehalten. Diese *Noah* wird von allen weiblichen Altersklassen von der *Wahuku* an getragen und bildet ein charakteristisches Kleidungsstück der *Marind*-Frau, denn sämtliche Nachbarstämme tragen eine andere Schambedeckung, sei es eine geschlossene oder seitlich offene Faserschürze, sei es ein Kleidungsstück ähnlich der *Noah*, aber aus Riedgräsern verfertigt, wie z. B. die Frauen der Bewohner vom Frédérik-Hendrik-Eiland; die Frauen der *Digul*-Bewohner haben hingegen Lendenschürzen von Bast.

Die *Wahuku* erhält also die ersten Haarverlängerungen, die *Mumbrĕ-wahukak*. *Mumbrĕ* ist ein Strauch, aus dessen Bast die Mädchen und Frauen ihre Haarverlängerungen flechten (wahrscheinlich eine Hibiscusart). Man dreht daraus auch Schnüre für Netze und andere Geräte. Der Bast wird von der Rinde befreit, getrocknet und in gleich lange Stücke geschnitten. Nun werden ein oder zwei *Majub*, die weiter mit einer Kokosblattrippe *(Suru)* verstärkt werden, mit einem dünnen *Mumbrĕ*-Streifen umwickelt *(wahuk)*, und zwar wickelt man mit je einem in der Mitte zusammengelegten Streifen etwa bis zur Höhe des Halses, so daß die freien *Mumbrĕ*-Enden bis über das Gesäß hinabhängen. Die ganze Haartracht nennt man daher *Mumbrĕ-wahukak*. Sie wird hierauf mit ausgekauter Kokos und Steinrot eingeölt, so daß sie etwa dieselbe Farbe wie der Körper hat. Die kleine *Wahuku (Papus-wahuku)* trägt außerdem in der Mitte des Kopfes noch ein mehr oder weniger langes Gehänge, welches aus einigen mit jungen Kokosblattstreifen *(Beisam)* umflochtenen *Majub* besteht, die ihrerseits wieder zu zwei oder drei Strängen vereinigt und mit je einer Quaste von Kokosbast *(Eva)* abschließen. In Abbildung 13 auf Tafel 15 ist dieses Gehänge gut sichtbar. Von weiterem Schmuck trägt schon die *Wahuku* in den Ohren zahlreiche *Ihir*, um den Hals Coixschnüre und Nautilusschalen, um den Oberkörper schmale Brustbänder, die sie bereits als *Kiwasum* besaß, an den Armen den *Barar*, und an den Handgelenken die *Karorik*.

Außer dieser gebräuchlichsten und charakterisierenden Haartracht der *Mumbrĕ-wahukak* trägt die *Wahuku*, wenn sie älter ist, häufig noch eine andere, den *Ugā-* oder *Beisam-bosa*. Vereinzelt flicht man einer älteren *Wahuku* auch den *Dapis-wahukuk* der *Ewati*.

Die *Wahuku* bleibt ziemlich lange in ihrer Klasse, ungefähr bis zum Eintritt der Geschlechtsreife, dann wird sie *Kiwasum-iwåg* (s. Tafel 17 u. 18). Das ist das Pendant zum *Ewati*. Auch sie erhält nun viel Schmuck, wird tätowiert, und mit Schönheitspflege wird viel Zeit verbraucht. Sie ändert mehrmals ihre Haartrachten, nach denen ihr Lebensabschnitt in vier Teile zerfällt. Der Übertritt in ihre Klasse wird wieder festlich begangen, und dabei erhält sie die erste Haartracht, die *Noh-ahamata*. *Ahaman* heißt soviel wie mit einer gedrehten Schnur *(Kakim)* umwickeln, und zwar mit beiden Enden zugleich, indem man abwechselnd mit dem einen oder andern Ende herumdreht, also analog dem Flechten der *Beisam*-Haarverlängerungen *(wisuk)*. In dieser Weise umwickelt man mehrere *Majub*-Stränge, die mit Strängen von gedrehten *Mumbrĕ*-Fasern verlängert und durch ein kurzes Holzstäbchen *(Haupra)*, das sehr leicht ist, verstärkt werden. Es entstehen so Zylinder, die vom Kopf herunterhängen und in die einzelnen *Mumbrĕ*-Streifen übergehen. Diese Stränge, welche in ihrem obern Teil mit den *Majub* fest verbunden sind, nennt man *Ahamata*. Je nach der Zahl dieser *Ahamata* unterscheidet man: die *Noh-ahamata*-Haartracht: die *Ahamata* sind in der Sieben- oder Mehrzahl, die *Indiga*-Haartracht: die *Ahamata* sind in der Fünfzahl, die *Okada*-Haartracht: die *Ahamata* sind in der Vierzahl, die *Borakau* - Haartracht: die *Ahamata* sind in der Dreizahl.

Je weniger *Ahamata* gemacht werden, um so dicker und länger sind sie selbstverständlich, denn es werden ungefähr immer gleichviel *Mumbrĕ*-Fasern angelegt. Diese vier Haartrachten, die *Noh-ahamata*, *Indiga*, *Okada* und *Barakau*, werden von der *Kiwasum-iwåg* sukzessive und in dieser Reihenfolge angelegt, und nach diesen Haartrachten zerfällt ihre Altersklasse in vier Unterklassen. Man spricht also von *Noh-amahata-ti Iwåg*, *Indiga-ti Iwåg* usw,. d. h. die *Kiwasum-iwåg* mit der *Noh-ahamata* bezw. mit der *Indiga* usw.

Hin und wieder kommt es auch vor, daß man der *Kiwasum-iwåg* mehr als sieben *Ahamata* flicht, zwölf und noch mehr, wie beispielsweise auf Tafel 17 zu sehen ist. Doch sind das mehr oder weniger Ausnahmen, oder es ist Sache der Mode. In der Mitte des Kopfes und zu beiden Seiten werden in der Regel Gehänge angebracht wie bei der *Wahuku*, die aus einigen mit *Beisam* umflochtenen *Majub* bestehen, an deren Enden Quasten aus Kokosbast angebracht werden.

Der übrige Schmuck der *Kiwasum-iwåg* ist ganz analog dem des *Ewati*. Sie wählt den Schmuck, den sie als *Wahuku* besaß, und erhält noch folgenden dazu: nämlich den *Gui* und *Ngåt-end*, und an den Beinen *Kambarar* und *Sagasig*. Auf den Kopf trägt sie den *Enod*, und zwar den zweifedrigen *Kwarhan-enod*. Das Gesicht bemalt sie sich in der Regel vollständig glänzend schwarz und nur auf der Stirne an der Haargrenze malt sie sich einen kleinen roten Strich. Ein weiterer Schmuck, ebenfalls analog dem des *Ewati*, ist der *Pur*, welchen sie mit dem *Ewati* bei Liebeserklärungen tauscht. Zu diesem Zweck dienen übrigens auch die *Ihir*, der *Gui* und *Ngåt-end*, also diejenigen Schmuckstücke, welche *Ewati* und *Kiwasum-iwåg* gemeinsam haben.

Eine Hauptsache aber bildet die Tätowierung (s. Tafel 20 u. 21). Diese besteht in Hervorbringung von Ziernarben *(Garev)* durch Einschneiden der Haut mit scharfen Muschelsplittern. Dies ist ausschließlich Sache der Frauen, die darin geschickter sind als die Männer und eine sichere Hand haben. Man erzeugt regelmäßige Ornamente, meistens Kreuze, Pfeilchen, seltener krumme Linien, auf Brust und Bauch, seltener auf den Oberarmen und Oberschenkeln. Nur die Mädchen werden mit *Garev* versehen, und zwar beginnt man damit bei der *Kiwasum-iwåg*, meistens mit einer Bauchseite, dann kommt die andere daran, hierauf die Oberschenkel und Oberarme, seltener auch der Rücken. Es steht jedem Mädchen frei, sich beliebig viel *Garev* einschneiden zu lassen, und es gibt selbst solche, die sich aus Furchtsamkeit der Prozedur gar nicht unterziehen wollen; aber gewöhnlich tut es das Mädchen schon aus Eitelkeit. Nachdem die Frau rasch und mit sicherer Hand die Schnitte ausgeführt hat, wird die blutende Körperpartie mit verschiedenen Ingredienzien eingerieben. Man verwendet u. a. Kohlenpulver, rote Erde *(Ava)* und Kokosöl, manchmal auch gewisse gekaute Kräuter. Ein weiteres Mittel, das stets angewendet wird und den Körper fest und hart *(dē-hi* d. h. wie Holz) machen soll, ist Sperma. Nach einigen Tagen schwellen die Schnittwunden stark auf, Fieber tritt ein und das Mädchen kann einige Zeit die Hütte nicht verlassen. Es vergeht aber meist sehr rasch, wenn nicht die Schwittwunden wiederholt aufgerissen und am Zuheilen verhindert werden. Dies geschieht jedoch sehr häufig und so bilden sich stark hervortretende Narben. Speziell am obern *Kumbe*-Fluß (bei den *Rahuk-anim* und *Saringe-anim)* wird sehr viel auf reichliche *Garev* gegeben, während man sich anderenorts nur auf wenige Ziernarben beschränkt. Die Nachbarstämme kennen diese Sitte der Tätowierung überhaupt nicht, insofern sie dieselbe nicht von den *Marind* übernommen haben.

Auch die *Kiwasum-iwåg* pflegt die Nasenflügel und das Septum zu durchbohren, doch werden die Löcher nicht erweitert, wie dies beim männlichen Geschlecht üblich ist. In den Nasenflügeln läßt sie die zugespitzten Holzstäbchen, mit denen die Durchbohrung vorgenommen wurde; nur die Erweiterung des Nasenseptums wird häufig etwas weitergetrieben, und ein ganz kurzer Bambusabschnitt eingeführt, der jedoch die Nasenöffnungen freiläßt.

Die *Iwåg*. Auf die *Kiwasum-iwag* folgt die Altersklasse der *Iwåg* (s. Tafel 18), in welcher das Mädchen ebenfalls ziemlich lange zu verbleiben pflegt. Wenn das Mädchen *Iwåg* wird, weiß es in der Regel schon, welcher Jüngling sein zukünftiger Gatte sein wird. Das will natürlich nicht besagen, daß sie nicht mehrere Liebhaber hat und mit ihnen häufig *Parané* zu machen pflegt, bis der Jüngling oder junge Mann sie in sein Dorf führt. Vorehelicher Geschlechtsverkehr findet offiziell nicht statt. Man wird aber nicht fehl gehen, wenn man solchen als Regel annimmt, und es wird auch keineswegs als großes Unrecht betrachtet, sofern es nicht zur Schwangerschaft kommt. Es geschieht aber wohl nur im Geheimen.

Auch die *Iwåg* verbringt die Zeit vorwiegend mit Schmücken und süßem Nichtstun, denn von der Arbeit ist sie meistens dispensiert, um ihre Körperschönheit bis zur Ehe zu erhalten. Sie vermeidet es daher, auf Palmen zu klettern, Sago zu bereiten usw. Bei ihrem Fest erhält sie die charakterisierende Haartracht, die *Mumbre majub* (s. Tafel 18, Abb. 2 und Tafel 19, Abb. 1), lange gedrehte *Mumbrĕ*-Fasern werden an den einzelnen *Majub* angebracht mittelst einer Schnur *(Kakim)*, und zwar an jedes *Majub* etwa ein Dutzend solcher Fasern. Die Haartracht gleicht also etwa der *Mumbrĕ-wahukak* der *Wahuku* mit dem Unterschied, daß keine Kokosblattrippen zur Verstärkung mit eingeflochten werden. Zudem werden meistens mehrere *Mumbrĕ*-Fasern an jedes *Majub* befestigt. Die ganze Haartracht reicht bis über das Gesäß hinunter und wird ebenfalls mit *Ava* und ausgekauter Kokos eingerieben. Eine andere Haartracht, welche die *Iwåg* später trägt, ist der *Wisukak*. Man umflicht zu diesem Zweck die *Majub* mit Streifen von der Fächerpalme *(Ugā)* bis zu einer Länge von 10—15 cm. Hierauf wird am Ende eines jeden umflochtenen *Majub* ein Büschel von Kokosfasern *(Eva)* befestigt mittels eines Knotens. Die Haartracht sieht, wenn sie frisch hergestellt ist, recht unordentlich aus (s. Tafel 18, Abb. 4).

Der übrige Schmuck der *Iwåg* ist ganz analog dem der *Kiwasum-iwåg*. Auch sie pflegt sich oft und reichlich zu schmücken; dies dauert jedoch gerade nur so lange, bis sie sich verheiratet hat und somit *Såv* wird. Dann hört das Schmücken nach und nach auf, denn von nun an beginnt für die Frau die Zeit der Arbeit.

Mit der Verehlichung wird die *Iwåg* zur *Såv* (s. Tafel 18, Abb. 3 und Tafel 20). Sie begibt sich ins Dorf des Mannes, wo sie in den meisten Fällen die Hütte der Schwiegermutter bezieht. Nach und nach beginnt sie den Schmuck abzulegen, so den *Gui* und *Ngåt-end*, den sie als *Iwåg* getragen hat. An Stelle des *Gui* trägt sie um den Hals ein Blatt einer Gajeul-Art *(Gu)*, und allmählich legt sie auch den übrigen Schmuck ab, in dem Maße, wie sie älter wird. Ihre Haartrachten sind dieselben, wie die der *Kiwasum-iwåg* und *Iwåg*. Im übrigen trägt sie noch zwei spezielle, das sind die *Dahamata* und die *Bongbonga-ahamata*.

Es gibt zwei Arten von *Dahamata*, eine längere und eine kürzere. Letztere wird auch *Bosa* genannt. Diese Haartracht wird in folgender Weise hergestellt. Man flicht die Haare zu *Majub* bis zur Nackenlänge und vereinigt sie zu einzelnen Gruppen (15—20), um welche man einen Knoten von Kokosblattstreifen flicht, den sog. *Dahamatok*. An jedem derselben wird eine große Quaste aus *Eva* oder einem andern Material der sog. *Dahitukak*, angeknüpft, und zwar je zwei *Eva*-Büschel kreuzweise übereinander. Der Kokosbast wird zu diesem Zweck erst geklopft und gereinigt, hierauf mit *Ava* und ausgekauter Kokos durchtränkt. Man nennt diese Quaste *Dahamata*. Man spricht also in diesem Falle von *Eva-dahamata* (s. Tafel 19, Abb. 3 u. 4). Die lange *Dahamata* ist ebenso hergestellt, bloß sind die *Majub* länger und reichen bis über die Schultern, die ganze Haartracht bis zur Mitte des Rückens. Oftmals werden auch einige *Majub* zu beiden Seiten oder in der Mitte des Kopfes durch Röhrenknochen vom Riesenstorch *(Uar)* durchzogen und unterhalb derselben mit *Beisam* umflochten (s. Tafel 19, Abb. 3). Bei der langen *Dahamata* werden auch die einzelnen Knoten durch eine Schnur mit einander verbunden, welche die ganze Haartracht zusammenhält.

Es gibt auch eine *Wib-dahamata*, bei welcher die Quasten von *Wib*-Halmen gebildet werden (s. Tafel 19, Abb. 5). Bei einer dritten Art von *Dahamata* bestehen die Quasten aus schmalen Blattstreifen der Fächerpalme *(Ugā)*.

Die *Bongbonga-ahamata*, Tafel 19, Abb. 2. Diese Haartracht besteht aus vielen kleinen *Ahamata*, die gemacht sind wie die großen, aber nur aus wenigen gedrehten *Mumbrë*-Fasern bestehen und durch Umwickeln mit einer Schnur *(Kakim)* an den einzelnen *Majub* befestigt werden. Den Knoten nennt man *Bongbonga*, fast gleichlautend mit *Bokboka*. Die Haartracht ist im übrigen sehr ähnlich den *Mumbrë-majub*. Die *Såv* legt sie in der Regel an, wenn die Absonderungszeit während und nach der Schwangerschaft vorüber ist, und sie sich von neuem schmückt.

Wenn die *Såv* ein gewisses Alter erreicht hat, beginnt sie den Schmuck nach und nach abzulegen und zu vernachlässigen. Dann hat auch das Schmücken keinen Zweck mehr, und nur bei den Festen flicht sie sich wieder die eine oder andere Haartracht und ersetzt einige alte Schmuckstücke durch neue. Sie trägt die Haare lange Zeit offen und flicht sich als alte Frau *(Mes-iwåg)* nur noch den *Engokak*, wie auch die *Samb-anim* ihn tragen. Schließlich gibt sie auch diesen auf und trägt die Haare ungeflochten und kurz. Den einzigen Schmuck bilden dann noch verschiedene Halsgehänge, Krebsscheeren, Muscheln und andere Reliquien, die oftmals auch amuletartigen Charakter oder doch zum mindesten eine ungewöhnliche Herkunft haben. Ganz alte Frauen ersetzen auch die *Noah* durch ein Stück Eulalyptusbast oder ein Stück Bast der Kokospalme *(Pango)*, das mittels einer gewöhnlichen Schnur festgehalten wird. Das Gesicht bemalen sie sich nur noch mit weißem Ton, wie es bei Trauer Sitte ist.

Es ist noch zu erwähnen, daß die Jünglinge oftmals und namentlich bei festlichen Anlässen Haartrachten der Mädchen und Frauen anlegen, so z. B. die *Eva-dahamata* und umgekehrt die Mädchen den *Dapis* der Jünglinge. Wahrscheinlich soll dies den Zweck haben, die Aufmerksamkeit des andern Geschlechtes auf sich zu lenken, vielleicht ist es auch ein stummes Ausdrucksmittel, daß sich der Jüngling oder das Mädchen einen Gatten sucht, denn es pflegen dies niemals Verheiratete zu tun.

Die Altersklassen und ihr Schmuck bei den Nachbarstämmen.

Nachdem wir die Altersklassen der *Marind* und deren Schmuck betrachtet haben, werfen wir noch einen kurzen Blick auf die Nachbarstämme. Auch bei ihnen finden sich analoge Verhältnisse wieder. Die Altersklassenorganisation beherrscht auch hier das soziale Leben, aber es zeigt sich, daß je weiter man sich vom Gebiet der *Marind* entfernt, ihre Bedeutung zurücktritt und die verschiedenen Altersstufen schließlich nur noch dem Namen nach unterschieden werden, daß ihnen aber keine weitere Bedeutung in der Gesellschaft mehr zukommt, wie es bei den *Marind* der Fall ist. Das Jünglingshaus findet sich zwar immer noch, sowohl bei den *Jee-anim* als auch den westlichen und östlichen Nachbarn bis weit ins englische Gebiet hinein. Aber von einer Absonderung der Knaben und Jünglinge kann man nicht mehr sprechen. Das Jünglingshaus findet sich auch meist im Dorf, oder es halten sich die Jünglinge auch tagsüber im Männerhaus auf und meiden also das Dorf nicht. Schon bei den Inland-*Marind* wird die Absonderung der Jünglinge nicht mehr so streng gehandhabt, als dies an der Küste durchweg der Fall ist, und meistens ist auch der *Binahor* und der *Jarang* eine unbekannte Einrichtung, die ebenfalls von der Küste ausgehend, als eine zweifellos marindinesische bezeichnet werden kann.

Noch deutlicher kann man am Schmuck erkennen, daß die ganze Kultur von der Küste ausgehend sich zentrifugal ins Innere ausbreitete. In mehr oder minderem Grade gilt dies auch für alle andern Kulturelemente. Alle Nachbarstämme, so kann man annehmen, befinden sich schon seit vielen Jahren unter dem Einfluß der *Marind*, deren Kultur sie sich größtenteils angeeignet haben und die zentrifugal von der Küste ausstrahlte. Am deutlichsten läßt sich dies an dem am leichtesten zu assimilierenden Element, dem Schmuck konstatieren. So besitzen heute sämtliche Nachbarstämme den Schmuck der *Marind* und haben vor allem auch die typisch marindinesische Sitte des Flechtens der Haarverlängerungen angenommen, doch betrifft dies überall nur das männliche Geschlecht, während das weitaus konservativere weibliche Geschlecht viel zäher am Alten festhält und noch größtenteils die alte Tracht besitzt. Aber auch der fremde Mann unterscheidet sich dennoch vom *Marind*. Keiner der Nachbarstämme verwendet soviel Ausdauer und Sorgfalt auf das Schmücken wie der *Marind*, welchem das sich Behängen mit allerhand Schmuck, das Flechten von Haarverlängerungen und Bemalen des Gesichts schon von Jugend auf im Fleisch und Blut steckt, und dessen ganze Lebensweise, dessen Gewohnheiten, Feste und Altersklassenorganisation aufs engste damit verknüpft sind. So wird man einen jungen *Marind* von einem Fremden meistens sogleich unterscheiden.

Je weiter man sich von den Grenzen der *Marind* entfernt, desto mehr haben die Eingeborenen ihre frühere Eigenart bewahrt, desto seltener begegnet man dem Tragen von Haarverlängerungen und dem Schmuck aus Nautilusschalen und Federn; er wird durch andern aber weitaus spärlicheren und weniger gefälligen Schmuck ersetzt. Es erscheint dies um so sonderbarer, als die meisten Artikel zur Herstellung von Schmuck, wie Rotan, Eberhauer, Vogelfedern usw. aus dem Innern kommen und nach der Küste vertauscht werden, während von den Strandbewohnern bloß verschiedene Muschelschalen zurückgegeben werden. Auch die Penisbedeckung fehlte im Innern ursprünglich vielerorts, wie z. B. bei einigen östlichen Nachbarstämmen am *Torassi*, wo der Penis unbedeckt oder hochgezogen getragen wird, und der heute getragene *Sahu* und *Sahu-bob* scheint marindinesischer Abkunft zu sein.

Ein typisch marindinesisches Kleidungsstück ist auch die *Noah*, die jedoch nur an wenigen benachbarten Orten bei den Nachbarstämmen Eingang gefunden hat.

Die Frau der *Kanum-anim* trägt durchwegs die *Paraka*, einen ringsum geschlossenen Faserschurz, wie er im größten Teil von Süd- und Ost-Neu-Guinea getragen wird. Er besteht aus verschiedenem Material, bald aus silberglänzenden Halmen eines zähen Riedgrases, häufiger aber aus Baststreifen, die oftmals mit Querstreifen rot und schwarz gefärbt werden, wie es z. B. bei den Bewohnern am *Torassi* Sitte ist. Von altem, nicht marindinesischem Schmuck ist recht wenig zu nennen. Arm- und Beinringe und Leibgürtel aus Rotangeflecht, sowie

Coixschnüre um den Hals bilden meist den einzigen Schmuck, und nur im holländischen Gebiet pflegen sich die Männer nach marindinesischer Sitte zu schmücken und tragen noch häufig Haarverlängerungen. Diese bestehen aber in der Regel nur aus wenig sorgfältig hergestellten *Majub*-Umflechtungen *(Ugā-bosa)*, die man sich gelegentlich zu Festen flicht, und auf die man lange nicht soviel Sorgfalt und Ausdauer verwendet, wie es die *Marind* zu tun pflegen. Die Frauen tragen jedenfalls niemals Haarverlängerungen.

In jüngster Zeit beginnt bei den Eingeborenen am *Torassi* und weiter ostwärts auch eine andere Haartracht mehr und mehr Eingang zu finden, wie sie im Norden von Holländisch Neu-Guinea und in der Umgebung von Port-Moresby üblich ist und von den aus jener Gegend stammenden papuanischen Polizeisoldaten abgesehen wurde, wobei der natürliche Haarwuchs unverändert gelassen, aber fleißig gekämmt und aufgelockert wird, wodurch jene charakteristischen Frisuren entstehen, die in jenen Gebieten unter dem Namen Mop-heads bekannt sind. Nebenbei wird das Haar mit verschiedenen kosmetischen Mitteln, dem Kausaft gewisser Blätter und Asche behandelt, wodurch das Haar einen rötlichen Glanz erhält, der von früheren Reisenden häufig mit natürlichen roten Haaren verwechselt wurde. Natürlich rothaarige Eingeborene sind auch hier hin und wieder zu sehen und haben stets auch eine helle Hautfarbe.

Den von weichem Holz geschnitzten 4—6 zinkigen Kamm trägt der auf diese Weise frisierte Mann auf dem Scheitel oder seitlich in seinem dichten Kopfhaar eingesteckt.

Weitaus typischer und reiner erhalten ist hingegen der Schmuck bei den *Jee-anim* (s. Tafel 22). Aber auch hier sind es wieder vornehmlich die Frauen, welche der alten Tracht treu geblieben sind. Während die Männer sich mehr und mehr nach marindinesischer Art schmücken, was leicht zu verstehen ist. Die Männer kommen viel weiter herum als die Frauen, welche sich bei weiten Reisen nach dem untern *Maro* oder gar nach der Küste niemals anschließen, oder es pflegen höchstens die alten *Mes-iwåg* mitzugehen, die aus Eitelkeitsgründen von den fremden *Marind* nicht mehr viel anzunehmen begehren. Niemals wurden früher junge Mädchen und Frauen mitgenommen, denn dies ist ganz gegen die Sitte.

Wenn die *Jee̦*-Frau vollständig bekleidet und geschmückt ist, so ist von ihrer Person fast nichts zu sehen, denn sie ist fast vollständig in zahlreiche Bastgehänge und Geflechte eingehüllt. Als Schambedeckung trägt sie den *Tsinak*, eine Bastschürze, die im Gegensatz zu der von den *Kanum*-Weibern getragenen seitlich offen ist und nur aus zwei langen Bastbüscheln besteht, die vorne und hinten bis zum Boden herabhängen (s. Tafel 23, Abb. 3). Nur an Festen tragen die Frauen und Mädchen ringsum geschlossene und mit Pflanzensaft gelb gefärbte Faserschürzen, die aus fein zerschlitzten, jungen Palmblättern verfertigt werden.

Unter der Schamschürze trägt die Frau ein weiteres, höchst eigenartiges Gehänge, die sog. *Gidje*. Dieses besteht aus einer um die Lenden gebundenen Schnur, oder einem schmalen Gürtel, an dem zahlreiche weitere Schnüre mit großen schweren Bastquasten (vom *Jenasuk*-Baume) hängen, etwa 40 an der Zahl. Das ganze sieht höchst eigenartig und unpraktisch aus und hindert die

Trägerin beim Gehen und Arbeiten, daher die Frau, beim Sagobereiten die *Gidje* ablegt.

Dieses Kleidungsstück hat auch den Zweck, die Frau am Gehen zu verhindern, denn es handelt sich um ein Trauergewand, und solche haben bekanntlich zwei verschiedene Zwecke zu erfüllen.

Sie sollen vor allem die oder seltener den Trauernden möglichst unscheinbar und unkenntlich machen, was mit der Furcht vor dem herumspukenden Totengeist zusammenhängt, und sie sollen ihn weiter am Herumlaufen hindern. Bei allen Völkern läßt sich auch diese zweite Sitte konstatieren; die Trauernde soll sich möglichst wenig weit vom Grabe entfernen und nur in dringenden Fällen das heimatliche Dorf verlassen.

Auch der weitere Schmuck, den die *Jee*-Frau meistens trägt, war ursprünglich Trauerschmuck, und wird auch als solcher bezeichnet, aber merkwürdig lange getragen, auch wenn die Trauerzeit anscheinend schon längst abgelaufen ist. Um die Brust trägt sie die *Komardja*, einen von Gras *(Mentjir)* geflochtenen, mehr oder weniger breiten Gürtel, welcher an den Schultern hängend den Oberkörper verhüllt und somit eigentlich gleichfalls zum Trauergewand gehört; als solches wird er auch von trauernden Männern, wenn auch bedeutend seltener als von Frauen, getragen.

Zum vollständigen Einhüllen des Körpers bei Trauerfällen bedienen sich die Weiber eines weitern Kleidungsstückes, der *Kabu*. Diese besteht aus einer langen, über den Kopf getragenen kapuzenartigen Matte, in welche sich die Frau vollständig einhüllen kann; während sie beim männlichen Geschlecht, zur Trauerkappe *(Jee-anim: Wud, Marind: Ud)* zusammengeschrumpft gleichfalls vorhanden ist. Beim männlichen Geschlecht ist eben das Verhüllen des Körpers bei Trauerfällen schon auf primitivster Stufe viel weniger ausgebildet als beim weiblichen; worin sich die Charakterunterschiede der Geschlechter äußern: die weit furchtsamere, an den häuslichen Herd viel enger gebundene Frau trauert viel mehr und länger um den verstorbenen Angehörigen als der herumschweifende Mann. Ursprünglich bloß Trauergewand wird aber auch die *Kabu* für gewöhnlich und namentlich von alten Frauen als Schlaf- und Schutzgewand verwendet, wie auch der *Marind* der Küste durchweg solche Schlafmatten besitzt; doch läßt dieses Kleidungsstück, wie wir später bei der Beschreibung des Trauerschmucks sehen werden, seinen ursprünglichen und eigentlichen Zweck noch deutlich erkennen, und es läßt die Vergleichung mit dem Trauerschmuck der *Marind* und der andern Nachbarstämme keinen Zweifel bestehen, daß wir es sowohl bei der *Komardja* als auch bei der *Kabu* tatsächlich mit einem Trauergewand zu tun haben. Wir werden später auf die Beschreibung der *Kabu* zurückkommen. Die Männer dagegen benutzen die *Kabu* als Schlafmatte niemals.

Haarverlängerungen waren bei den *Jee-anim* ehemals gänzlich unbekannt und werden auch heute nur in beschränktem Grade und nur von Jünglingen und jungen Männern getragen. Erstere tragen den *Dapis* oder häufig auch den *Retak*, die Männer den *Beisam* oder die *Ugā-bosa*, selten den *Kekev-beisam*.

Ein Halsschmuck der *Jee-anim* besteht aus großen Ringen, *Gilo*, die aus feingespaltenem Rotan geflochten werden; ein anderer Halsschmuck ist der

Pogi, ein aus Bast geflochtenes Halsgehänge, analog dem *Tuman*, und weiterhin Ketten von aufgereihten Kasuarklauen (*Turip*), Holzstückchen und allerhand Früchten. Wie die *Marind* tragen auch die *Jee-anim* Arm- und Beinringe, die jedoch meistens aus Gras geflochten werden und auch keine eingeflochtenen Muster aufweisen.

Die gesellschaftliche Struktur.

In der sozialen Körperschaft der *Marind* und ihrer Nachbarstämme treten uns drei verschiedene Kategorien von natürlichen Ungleichheiten entgegen, nämlich des Alters, der Persönlichkeit und des Geschlechtes. Die erste ist hier um so mehr von einschneidender Bedeutung, als das ganze Leben der *Marind*, wie wir im folgenden sehen werden, von der Altersklassenorganisation durchdrungen ist, während die Ungleichheit der Persönlichkeiten von weit geringerem Einfluß ist und sich in der Gesellschaft nur wenig fühlbar macht. Die Ungleichheiten des Geschlechtes schließlich sind von vorneherein in ganz bestimmten Schranken festgelegt, und es soll im nächsten Kapitel darüber gesprochen werden.

Innerhalb des Stammes der *Marind* und der Nachbarstämme gibt es weder Häuptlinge noch Anführer irgendwelcher Art, es hat keiner mehr zu sagen als der andere. Alles dies ersetzt zum Teil die weitgehende Organisation der Altersklassen, und es sind die Ungleichheiten der alten und jungen Mitglieder in der Gesellschaft von derart tiefgehender Bedeutung, daß diese kaum mehr weit vom eigentlichen Klassengegensatz entfernt sind. So kommt durchweg den alten Männern eine durchaus führende und respektierte Stellung zu, während umgekehrt das gesellschaftliche Schwergewicht auf der Seite der jugendlichen Altersklassen, also der *Ewati* und der jungen *Amnanga* zu suchen ist, in denen der Drang nach Abenteuern und kriegerischen Unternehmungen natürlicherweise am stärksten ist. Sie spielen weiterhin die Hauptrolle bei den Festen und Geheimkulten. In ihnen dominiert das Ansehen des Alters, also der *Samb-anim*, nach einer andern Richtung hin, das ist in erster Linie, daß sie im Besitze jener geistigen und moralischen Kraft der Autorität, der Tradition und des Vorbildes sind, die in der primitiven Gesellschaft eine so tiefgehende Bedeutung haben. Den Alten gebührt die Ehre, sie zeichnen sich nicht bloß durch ihre Kenntnisse und Erfahrungen aus, sondern sie repräsentieren gewissermaßen den ganzen Gedächtnisschatz und die Traditionenwelt des Stammes. Dies gilt natürlich nicht nur im profanen, sondern auch im religiösen Leben; die Alten sind z. B. stets die Bewahrer aller Mythen und Überlieferungen, und in den Geheimkulten beherrschen sie das Zeremoniell und den Ritus. Sie allein kennen die alten Festgesänge und spielen daher bei allen diesen Anlässen eine führende Rolle. Sie bestimmen den Zeitpunkt für das Abhalten der Geheimkulte, sie leiten die Feste und Zeremonien und übernehmen auch die führende Rolle bei den Kopfjagden; sie sind auch die Bewahrer der Geheimnisse und der alten Sitten und achten darauf, daß diese nicht verletzt werden. Sie haben also vollständig die Angelegenheiten der Gesellschaft in den Händen und ersetzen zum Teil das hier gänzlich fehlende Häuptlingswesen. Der Respekt und die Ehrfurcht vor dem Alter ist denn auch durchweg recht groß und läßt sich bei allen Anlässen und Angelegenheiten erkennen. So ist die Meinung der Alten in jedem Falle ausschlaggebend, und ihr Wort, das sie an die versammelten Gruppengenossen richten, darf unter keinen Umständen unterbrochen werden. Respektvolle Behandlung wird ihnen stets von Seiten der Jugend zu Teil, und diese wird sich aus Respekt und Furcht vor den Alten hüten, etwas gegen die herrschenden Sitten zu tun. Es haben auch stets die alten Dorfmitglieder über den Verbleib der Jünglinge im *Gotad* und den Zeitpunkt des Austrittes zu bestimmen, und es erscheint auch eine fast stereotype Sitte, wenn sich bei den Familienfesten die Ältesten der Familien versammeln, um stillschweigend die Feier beizuwohnen. Aber auch diese Sitte hat ihre Begründung in der ausschlaggebenden Meinung und führenden Rolle, welche die *Samb-anim* in der Familiengesellschaft spielen. Aber diese Ehrfurcht und dieser Respekt reicht nicht bis zum Tode; sie beginnen zu erlöschen, wenn der *Samb-anim* seine Rüstigkeit verliert, wenn seine Kräfte abnehmen und er nicht mehr bei allem mitmachen kann, vollends dann, wenn er nicht mehr selbst seine Nahrung zu beschaffen vermag. Zwar wird er noch stets respektiert, aber dieser Respekt ist doch im Ganzen passiv, und man weiß, daß der *Samb-anim* sich an nichts mehr beteiligen kann und er infolgedessen nichts mehr zu sagen hat; und dadurch, daß er nicht mehr selbst für seine Existenz sorgen kann, macht sich nun auch der Egoismus seiner Mitmenschen in vollem Grade geltend. Im Grunde wünscht keiner die Sorgen auf sich zu nehmen, am wenigsten die ihm verwandtschaftlich Fernstehenden. Es kommt auch meistens ein entscheidender Moment, wo ihn seine eigenen Söhne in eine Grube werfen, um weitere Sorgen los zu sein.

Ein gewisser Grad von Autorität kommt auch den alten Weibern zu, denn auch sie sind die Bewahrerinnen der alten Sitten und Gebräuche und beeinflussen daher die öffentliche Meinung in nicht unerheblichem Maße, und in der Regel sind auch unter ihnen solche, die in die Riten der Geheimkulte eingeweiht sind und somit den alten Männern auch in gesellschaftlicher Hinsicht gleichgestellt sind.

Während also das Alter respektiert wird, gebührt der Jugend in aktiver Hinsicht der Vorrang.

Alles dreht sich eigentlich bloß um die Jugend. Dies zeigt sich z. B. schon rein äußerlich. Die Jugend erhält am meisten Schmuck; sie wird das beste und reichlichste Essen bekommen, an die Kinder wendet man alles, während man für die Alten nichts übrig hat; letztere sollen selbst sehen, wie sie satt werden. Es zeigt sich dies auch z. B. bei Todesfällen: um einen Jüngling oder jungen Mann trauert man am meisten und macht die umfangreichsten Totenkulte, um ältere bedeutend weniger; um ganz kleine Kinder und Greise trauert man gar nicht, denn für letztere ist es ganz natürlich, wenn sie sterben. Stirbt aber ein junger Mann oder Mädchen, so ist der Tod stets gewaltsam herbeigeführt worden.

Wenn wir nun schließlich die Ungleichheiten der Persönlichkeit noch kurz betrachten wollen, so stoßen wir auf große Schwierigkeiten. Schon die soziale Gesamtheit psychologisch zu bewerten, ist ein schwieriges Problem, das natürlich viel größer wird, wenn man die einzelnen Individuen nach ihrer Leistungsfähigkeit, ihren Kenntnissen und ihrem Erfahrungsschatz beurteilen will. Jedenfalls läßt sich sagen, daß persönliche Ungleichheiten vorhanden sind, daß sich aber diese kaum geltend machen. Wir haben schon oben die *Mesåv* (Zauberer und Medizinmänner) erwähnt, die vermöge ihrer Kenntnisse in der Gesellschaft eine führende Rolle spielen und sich einer gehobenen sozialen Stellung erfreuen, und es ist dies zweifellos auch die Ursache, daß jeder junge Mann sich bestrebt, *Mesåv* zu werden. Dies ist jedoch, wie wir später sehen werden, keine so leichte Sache. Das Ansehen, das diese okkultistische Berufsart mit sich bringt, ist natürlich auf die geheimnisvolle Beziehung zur Geisterwelt und zu den übersinnlichen Mächten und Kräften zurückzuführen.

Abgesehen von dieser sozialen Ungleichheit, welche diese Berufskategorie mit sich bringt, finden wir Verschiedenheiten, die sich nicht so sehr im Charakter und den Kenntnissen äußern, sondern vielmehr in allen Betätigungen des profanen Lebens. Da gibt es solche, die außergewöhnliche Fähigkeiten in der Herstellung von Geräten, Pfeilen, Trommeln und andern Dingen an den Tag legen; andere sind als geübte Maler bekannt, und wieder andere rühmen sich der Kenntnis zahlreicher Gesänge, Mythen, Zauberformeln usw. Auch beim weiblichen Geschlecht begegnen wir Frauen, die weithin bekannt sind in der Herstellung hübscher Geflechte, solider Fischnetze usw. Alles dies deutet jedenfalls daraufhin, daß die eingeborene Bevölkerung in keiner Weise eine völlig homogene Masse von lauter gleichwertigen und gleichbewerteten Menschen ist. Wir finden bei ihnen im Gegenteil ganz erhebliche Unterschiede in der Qualität. Es finden sich auch hier Individuen, die sich durch besondere Fähigkeiten unter ihren Gruppengenossen auszeichnen, die mit ihrem höhern Ansehen auch eine bevorzugtere Stellung genießen, doch werden sich diese unter den Verhältnissen niemals weit über die Gesamtheit erheben und eine führende Rolle einnehmen oder eine Selbständigkeit und Initiative von so hohem Grad erreichen, daß von ihnen der Anstoß zu wichtigen kulturellen Neuerungen oder Umgestaltungen ausgehen könnte. Daran hindert schon die äußerst dünne Besiedelung des Gebietes sowie das äußerst konservative Verhalten der Eingeborenen, die niemals zu einer sprungweisen Entwicklung von innen heraus fähig sind.

Eheleben und Heiratsgebräuche.

Die heutige Eheform ist entschieden monogam. Bigamie kommt vor, ist aber im großen Ganzen selten. Die Heiratsordnungen sind derart, daß die beiden Gatten stets verschiedenen Totemgenossenschaften angehören müssen, auf die wir später ausführlich zurückkommen werden. Das sind fünf Gruppen, von denen jede aus mehreren sehr locker zusammengefügten Clanen besteht, von denen die meisten durch Mythenzusammengehörigkeit und durch verschiedene mythologische Spekulationen zusammengefügt sind.

Das Bestehen der monogamen und bigamen Eheformen will natürlich nichts sagen in bezug auf die moralischen Verhältnisse. Vielmehr ist jede Frau für jeden Mann gegen entsprechende Entschädigungen zu haben, doch immer nur mit Zustimmung des Ehemannes, an den eine entsprechende Entschädigung geleistet wird. Dadurch wird jedoch die sexuelle Eifersucht keineswegs aufgehoben, und der Ehegatte pflegt den Verführer seiner Frau nichts weniger als schonend zu behandeln, sowenig als seine Frau, die ihn hintergangen hat. Auf diese Weise entstehen auch die meisten Dorfhändel und Streitigkeiten zwischen benachbarten Dörfern. Meistens aber rächt sich der hintergangene oder beleidigte Ehegatte hinterrücks durch *Kambara*, d. h. Todeszauber. Dies zieht einen Gegenmord, also Blutrache, nach sich und so werden oft ganze Familien dahingemordet, indem eine geringfügige Ursache oder vielleicht ein bloßer Verdacht den Anlaß zu einem Mord gegeben hat. Prostitution von Seiten der Frau besteht also ohne Zustimmung des Gatten nicht, hingegen wird jedem Fremden oder Dorfbewohner jede Frau gegen Entschädigung überlassen. Es besteht auch z. B. folgende Sitte: Will jemand Wald roden oder eine Pflanzung anlegen, eine Hütte bauen oder sonst eine Arbeit verrichten, wozu es der Arbeitskraft mehrerer Personen bedarf, so bespricht er die Gelegenheit mit den männlichen Dorfgenossen und überläßt ihnen als Entschädigung seine Frau für einen Abend. Als Zeichen steckt er einen Pfeil vor die Hütte. Man sagt: *Koa havik*, d. h. aufrecht eingesteckter Pfeil, und jedermann weiß, was damit gemeint ist. Man kann also von Ehebruch in unserm Sinne nicht reden, oder vielmehr nur von Seiten der Frau, den der eifersüchtige Ehemann sofort rächt. Neben diesen allgemeinen Ehegesetzen kommen sehr häufige Ausnahmen und zeitweise Promiskuität vor, so bei allen Festen; und es gibt Feste, welche rein erotischen Charakter haben, und bei welchen Promiskuität die Hauptsache ist. Aber auch hieraus kann man noch nicht auf die moralischen Verhältnisse des *Marind* schließen. Man muß ihn gerade in dieser Hinsicht zu allen Zeiten und bei verschiedenen Gelegenheiten betrachten, um darüber urteilen zu können. Auf der einen Seite wird man recht hohe sittliche Anschauungen finden; demgegenüber steht es in der Praxis aber sehr tief, und jeder Anlaß wird benutzt, um sich in größerer Sittenlosigkeit zu ergehen. Bei einem solchen Anlaß schwelgt der Eingeborene förmlich darin, und die Ausschweifungen finden keine Grenzen.

Andererseits aber wieder werden die Kinder mit peinlicher Prüderie von allem Obszönen ferngehalten, und man wagt beispielsweise nicht einmal in Gegenwart von Jünglingen und Mädchen über wenig delikate Sachen zu reden. Ja, es geht dies selbst soweit, daß ein Jüngling nicht einmal eine Weiberschürze *(Noah)* sehen darf, und daß die im Jünglingshaus abgesonderten Knaben keiner Frau und keinem Mädchen begegnen dürfen. Auf alle Fälle sollte nach Ansicht der Alten ein Knabe, bevor er *Ewati*, und ein Mädchen, bevor es *Kiwassum-iwåg* geworden ist, keinen geschlechtlichen Umgang pflegen, und solches geschieht daher bloß im Geheimen. Es hat auch gewiß die Einrichtung des *Binahor* und des *Jarang* ursprünglich den Zweck gehabt, den vorehelichen Geschlechtsverkehr der allzujugendlichen Kinder zu verhindern. Man achtet auch auf die Reinheit der Mädchen vor der Ehe, und es sollte jedenfalls nach Ansicht der Alten ein vorehelicher Geschlechtsverkehr bei den Mädchen vermieden werden; aber wiederum sieht es in der Praxis anders aus, und es besitzt in der Regel jedes Mädchen schon recht frühzeitig seine Liebhaber, und vorehelichen Geschlechtsverkehr wird man also wohl als Regel annehmen können, wenn er auch stets im Geheimen geübt wird. Zudem kann ein Mädchen in den meisten Fällen gegen Entschädigung an den Vater oder *Jarang* zu haben sein. Über die weiteren moralischen Verhältnisse können wir jedoch erst urteilen, wenn wir auch die weiteren Sitten des *Marind* von allen Seiten kennen gelernt haben, daher wir auf dieselben am Schlusse zurückkommen werden.

Wir stehen also bei den *Marind* wie bei manchen andern Naturvölkern vor den sonderbaren moralischen Anschauungen: Monogamie mit starker sexueller Eifersucht herrscht auf der einen Seite, die größte Sittenlosigkeit und zeitweise Promiskuität auf der andern. Es scheint, daß auch hier, wie bei vielen andern Völkern, das primäre Motiv zur Monogamie in der sexuellen Eifersucht zu suchen ist. Nicht aus Gründen moralischen Empfindens findet sich bei den meisten Völkern monogame oder seltener polygame Ehe, aber niemals vollständige Promiskuität vor, sondern als Erzeugnis stark entwickelter sexueller Eifersucht. Sodann kommt noch ein Weiteres in Betracht, wodurch dauernde Promiskuität ganz ausgeschlossen ist, nämlich, daß die Frau Arbeiterin des Mannes ist. — Nicht aus sexuellen Gründen heiratet der Jüngling, wenn er das *Gotad* verläßt; dazu fände er auch außerhalb der Ehe Gelegenheit genug, sondern um eine Arbeitsgenossin zu haben, die ihm Sago bereitet und Kuchen backt; schließlich auch der Kinder wegen. Wer angesehen ist und viele Pflanzungen besitzt, ehelicht zwei Frauen, damit sie die Pflanzungen bestellen und Sago bereiten. Man hält auch viel auf zahlreiche Nachkommenschaft. So ist es auch verständlich, daß unverheiratete Männer — solches kommt vor, ist aber sehr selten, und meistens liegen dann besondere Gründe vor — sehr wenig Ansehen genießen.

Die Eheschließung ist weder Kauf- noch Raubehe. Die Heiratsangelegenheiten sind Sache der jungen Eheleute oder werden zwischen den Eltern des Jünglings und des Mädchens besprochen. In der Regel spricht man schon recht frühzeitig davon; meistens weiß schon der Knabe genau, welche *Wahuku* oder *Kiwasum-iwåg* für ihn in Betracht kommen, und auch die Eltern sind davon unterrichtet. Als *Ewati* pflegt er dann mit seiner Auserwählten abends, wenn er das *Gotad* verläßt, Zusammenkünfte am Strand oder im Busch zu halten. Man macht *Parané*, wie man zu sagen pflegt, d. h. der Jüngling und das Mädchen tauschen gewisse Schmuckstücke, Ohrringe *(Ihir)*, *Gui* und namentlich den *Pur*, was als Liebeserklärung aufzufassen ist. Dies wiederholt man so beliebig oft und bei der Eheschließung zum letzten Mal.

Vorehelicher geschlechtlicher Verkehr wird also bloß im geheimen geübt und wird von den Alten des Dorfes und den Eltern der Kinder nicht gerne gesehen, obschon man beim *Ewati* ein Auge zudrückt. Ebenso werden voreheliche Kinder als Schande angesehen. Man nennt solche *Hévaai-nē*, d. h. vaterlos. Das geschwängerte Mädchen wendet in diesem Falle alles an, um abzutreiben, sowohl mit innerlich als auch mit äußerlich angewendeten Hilfsmitteln. Innerlich angewendet werden verschiedene saure und scharfe Wurzeln (Zingiberaceen) und Kräuter, und das Mädchen pflegt auch *Uati* (Piper methysticum) zu trinken. Durch äußerlich angewendete Mittel versucht man Abtreibung zu bewirken, durch kräftige Massage, Klettern auf Kokospalmen und durch Herunterspringen von hohen Gegenständen. Nützt aber alles nichts, so sucht das Mädchen so bald wie möglich sich zu verheiraten. Das Kind gehört jedoch in die Sippe seines richtigen Vaters.

Ehelosigkeit kommt selten vor. Es müssen schon bedeutende, ausschlaggebende Gründe vorliegen, wie Krankheit, Blödsinnigkeit und dergl. Immerhin waren mir mehrere Fälle von Ehelosigkeit bekannt geworden. So konnte sich z. B. eine halbalbinotische Frau Zeit ihres Lebens nicht verheiraten, obschon helle Körperhaut und rotes Haar nicht gerade selten sind. Jedenfalls ist es stets der Mann, welcher eine solche Frau verschmäht, während der umgekehrte Fall kaum vorkommt.

Die Heiratsangelegenheiten werden also in der Regel zwischen den ältern Familiengliedern besprochen, aber häufig hat der Jüngling schon seine Wahl getroffen, der man sich nur selten widersetzt. Es kommt jedoch vor, daß der *Jarang* und *Binahor* widersprechen, sei es, daß sie das Mädchen oder den Knaben so lange wie möglich für sich haben wollen als Arbeitskraft zum Verarbeiten des Sago, sei es, daß sie mit den Kindern im Geheimen sexuellen Mißbrauch treiben, sei es, daß der *Jarang* aus ähnlichen Gründen das Mädchen irgend einem guten Freund oder dummen und wenig einflußreichen Mann anhängen will. Egoistische Gründe aller Art spielen hier mit, meistens aber setzt der Jüngling seine Absicht durch, und es kommt vor, daß das Mädchen einfach aus dem Dorfe entläuft. Dies verursacht dann anfangs bei den Eltern des Mädchens etwas Aufregung, aber man beruhigt sich meistens ebenso rasch wieder.

Die ersten Vorbereitungen zur Hochzeit betreffen das Schmücken der *Iwåg*, welche mit der Verheiratung *Såv* wird. Man pflegt ihr irgend eine Haartracht, in der Regel eine *Ahamata* anzulegen, und das Gesicht wird völlig schwarz bemalt, Crotonzweige werde in die Armbänder gesteckt, Nautilusschalen und häufig ein *Gui* oder *Kind-arir* um den Hals gehängt, und über die Haarverlängerungen hängt ein gefaltetes Drazänenblatt herab.

Zum Unterschied zu der *Iwåg* erhält die *Noh-såv*, d. h. die junge Frau eine große *Noah* mit weiß und schwarz geflochtenem Lendenband *(Upip)*, das auch etwas breiter ist als bei der *Kiwasum-iwåg* und der *Jwåg* und ohne Fäden mit Coixsamen versehen ist (vgl. Tafel 21).

So geschmückt und bemalt verläßt sie gegen Abend die Hütte, um die sich alle Familienangehörigen versammelt haben. Auf dem Platz ist auch eine kleine Festhütte errichtet worden mit bemalten Bambushalmen oder auch bloß ein kleines Palmblätterdach. Unter diesem nimmt nun die *Noh-såv* Platz, worauf alle Verwandten herbeikommen und ihr einen Sagolaib und eine Bananentraube überreichen. Jeder legt seine Gabe neben das Mädchen, und zwar die Verwandten des Jünglings zuerst; sie nennen sie hierbei mit der neuen Verwandtschaftsbezeichnung, also z. B. meine Schwiegertochter, meines Mannes jüngere Schwester usw. Ein großer Haufen bunter Bananentrauben und Sagolaibe türmt sich rings um die *Noh-såv* auf, so daß sie kaum mehr zu sehen ist und in dem Haufen der Früchte ganz verschwindet. Als letzter kommt der *Binahor* des jungen Ehegatten, überreicht ihr ebenfalls eine Bananentraube und nennt sie hierbei mit einem besonderen neuen eigenen Namen, dem *Mahudi-igiz*, womit nur er die junge Frau zu nennen berechtigt ist. Es ist *dur*, d. h. zum schämen, wenn er sie bei ihren richtigen Namen, dem *Igiz-hā* oder dem Übernamen *(Warei-igiz)* nennen würde. Der *Mahudi-igiz* ist eine Zwischenbenennung zwischen einem Eigennamen und einer Verwandtschaftsbezeichnung und kein ganz beliebig gewählter Namen; vielmehr kennt man eine ganze Reihe von *Mahudi-igiz*, die immer wieder angewendet werden. Es wird ferner stets zusammengesetzt aus einem unverständlichen Namen in Verbindung mit *Uah*, d. h. Mutter. Solche am häufigsten wiederkehrende *Mahudi-igiz* sind: *Mambor-uah*, *Samoja-uah*, *Jekov-uah*, *Uriv-uah*, *Jerva-uah*. Der Zweck dieser eigentümlichen Sitte ist mir nicht vollständig klar; es scheint jedoch, daß damit bestimmte Absichten verbunden sind. Aber gerade das, was aus gewissen Gründen am naheliegendsten wäre,

Abb. 2. Hochzeitsfeier.

nämlich daß der *Binahor* als der dem jungen Manne am nächsten Stehende gewisse Anrechte auf dessen zukünftige Gattin hätte und beanspruchen dürfte, ist keineswegs der Fall. Es soll im Gegenteil durch diese eigentümliche Namengebung angedeutet werden, daß zwischen ihm und der jungen Frau ein gewisser Abstand bestehen soll.

Wie dem auch sei, der Ursprung der Sitte des *Mahudi-igiz* scheint heute nicht mehr bekannt zu sein. Aber sie weist wie manches andere darauf hin, daß der *Marind* in früherer Zeit weit moralischer war, als er es heute ist. Außer mit dem *Mahudi-igiz* nennt der *Binahor* die *Noh-sāv* auch *Wunangul*, d. h. Tochter, und umgekehrt nennt sie den *Binahor Hévaai*, d. h. Vater.

Nachdem alle Verwandten der jungen Frau ein Geschenk überreicht haben, kommt als letzter der junge Ehemann, ebenfalls schön geschmückt als *Amnangib*, reicht der *Noh-såv* die Hand und hilft ihr aus dem Sago- und Bananenhaufen heraus. Damit sind die öffentlichen Hochzeitszeremonien abgelaufen. Schon vorher hatte die *Iwåg* einen großen Sagokuchen gebacken, welchen sie nun der *Binahor-uah* des Jünglings überreicht, um damit zu zeigen, daß diese von nun an nicht mehr für die Nahrung des Jünglings zu sorgen brauche, und daß sie selbst es von nun an tun werde und das Bereiten der Sagokuchen verstehe. Sie kaut auch eine Schale voll *Uati* und überreicht sie dem *Binahor*, was als eine besondere Ehrbezeugung bei festlichen Anlässen gilt. *Uati* darf bei keinem Feste fehlen.

Abends versammeln sich die Männer im Dorfe; auch die aus den benachbarten Dörfern stellen sich ein, und eine große Trommel wird geschlagen, um dies kund zu geben. Die *Noh-såv* wird von einigen alten Weibern hinter das Dorf in den Busch geführt, wo Eukalyptusrinde ausgebreitet wird.

Das jus primae noctis gilt für alle Männer und Jünglinge mit derselben Berechtigung und dauert die ganze Nacht durch. Manchmal folgt sogar die Fortsetzung noch in der nächsten Nacht. Auch die Männer und *Ewati* der benachbarten Dörfer sind berechtigt, sich daran zu beteiligen, und selbst für die Clangenossen des Mädchens besteht keinerlei Einschränkung. Wahrscheinlich deutet dieses Verhalten jedoch bereits auf die Ausartung einer ursprünglichen Sitte hin, wobei die Männer der andern Clangruppen als derjenigen des Mädchens ihr Anrecht auf dieses vor der Ehe geltend machen wollten, vielleicht daß sich in dieser Sitte der Rest einer ehemaligen Gruppenehe erhalten hat. Ob aber auch die nächsten Blutsverwandten an der Defloration mitbeteiligt sind, ist mir nicht bekannt und sollte noch festgestellt werden.

Nach einigen Tagen begibt sich die junge Frau ins Dorf des Mannes und bezieht in der Regel die Hütte der Schwiegermutter und deren Kinder.

Zwischen den Ehegatten besteht inbezug auf die Pflanzungen gewissermaßen Gütergemeinschaft, soweit sie gemeinsam bestellt werden. Daneben besitzt aber dennoch jeder Gatte seine eigene Bananenbeete und der Mann seinen *Uati*-Garten, auf welche streng privates Besitzrecht erhoben wird. Die Sago- und Kokosbestände werden hingegen gemeinsam ausgebeutet; die Frau bereitet Sago sowohl in ihrem Sagobusch als in demjenigen des Mannes, und hin und wieder begibt sie sich in ihr Dorf, um daselbst Sago zu bereiten und ihre Pflanzungen wieder in Ordnung zu bringen. Bei der Ehescheidung behält jede Ehehälfte, was ihr vor der Ehe zukam.

Die Behandlung der Frau von Seiten des Mannes ist im allgemeinen nicht so schlecht, wie man gewöhnlich von andern Gebieten Melanesiens hört, und daß die Frau bloß Arbeitstier des Mannes wäre, ist ebenfalls nur zum Teil richtig. Bei den *Marind* liegen die Verhältnisse zum Teil anders als bei vielen andern Stämmen Neu-Guineas, schon deshalb, weil Frauenkauf in keiner Form vorkommt.

Infolgedessen vollzieht sich auch die Ehescheidung ohne jedwelches Hindernis. Jeder Teil geht seines Weges, wenn er des Andern überdrüssig geworden ist. Keiner hat dem andern etwas vorzuwerfen; es entstehen keinerlei Verpflichtungen und Entschädigungen. Der geschiedenen Frau steht nichts im Wege, sich wieder zu verheiraten. Vielleicht ist gerade dies die Ursache, daß Trennung der Ehegatten relativ selten vorkommt. Die Frau bleibt in der Regel beim Manne bis zu ihrem Tode, und in vielen Fällen kann man von wirklicher Anhänglichkeit und gegenseitiger Liebe der Ehegatten reden. Die Frau ist eben nicht bloß Wertobjekt wie andernorts in Melanesien, was zugleich zu ihrer Unterdrückung Veranlassung gibt. Bei den *Marind* ist entschieden keine Rede von einer solchen Unterjochung. Wohl ruht ein großer Teil der Arbeit auf ihren Schultern, aber es besteht doch eine ganz bestimmte Arbeitsteilung der Geschlechter, an der es niemandem einfallen würde zu rütteln oder mit seinem Los unzufrieden zu sein.

Ausschließliche Arbeit einer *Marind*-Frau ist das Bereiten von Sago und das Backen der Sagokuchen, desgleichen des Flechten von Matten und Körben und andern Geflechten; die Herstellung von Fischnetzen und Fischkörben ist ausschließlich Sache der ältern Weiber. Beschaffung animalischer Nahrung, Herstellung von Schmuck, Geräten und Waffen ist hingegen immer Sache des Mannes. Den Schmuck verfertigt sich jeder selbst. Die Kinder werden hingegen von den Eltern und Adoptiveltern mit Schmuck versehen. Das Flechten der *Majub* besorgen stets die Frauen, welche darin geschickter sein sollen als die Männer, während die Altersklassengenossen sich die Haarverlängerungen gegenseitig flechten, also die Jünglinge unter sich, und ebenso helfen sich hierin die Männer gegenseitig und die Mädchen und Frauen. — Die Jagd ist ausschließlich Sache der Männer, während der Fischfang wieder auf beide Geschlechter verteilt ist. Die übrige Nahrung sucht jedoch jeder sich selbst. Auch das Anlegen der Pflanzungen ist auf beide Geschlechter verteilt, aber die schweren Arbeiten, wie das Umarbeiten des Bodens, das Fällen der Bäume wird stets von den Männern besorgt, es sei denn, daß andere Dorfgenossen gegen Entschädigung mithelfen. Der Mann fällt auch stets die Sagopalme und befreit sie von den Ästen und der Rinde, worauf die Frau das Sagomark verarbeitet, welche Verrichtung ein Mann unter keinen Umständen tun würde. Schließlich verfertigt der Mann die Geräte und Waffen, die Kanu und Wohnungen. Bei letzteren verrichten die Frauen nur den leichteren Teil der Arbeit, bringen Sagoblattrippen ins Dorf und verfertigen die Atap, während alle schwereren Arbeiten der Mann besorgt. Ausschließlich Sache der Frau ist hingegen wieder die Sorge für die Dorfschweine, während für die Hunde ein jeder selbst sorgt. Somit ist tatsächlich die Arbeit auf beide Geschlechter ziemlich gleichmäßig verteilt, und man kann nicht sagen, daß die Frau die Hauptarbeit zu leisten habe oder gar unterdrückt werde und mit ihrem Lose etwa unzufrieden sei. Im Gegenteil, sie besitzt die denkbar größte Freiheit, bloß daß sie alltäglich einmal für die ganze Familie Sagokuchen bereiten muß und von Zeit zu Zeit den Sagovorrat wieder zu erneuern hat.

Somit ist das Verhältnis der Frau zum Manne und ihre soziale Stellung durchaus geregelt. Gewiß wird die Frau in Kleinigkeiten brutalisiert und besitzt dem Mann gegenüber nach außen hin nicht die gleichen Rechte wie der Mann, aber, vorausgesetzt daß sie nichts Unrechtes begeht, wird sie stets gegen die äußere Willkür gesichert sein. Schon die Gewalt der öffentlichen Meinung bewahrt sie vor beliebiger Mißhandlung; dann besitzt sie aber stets einen beträchtlichen Rückhalt in ihrer Sippe und vor allem in sich selbst, nämlich in ihrer Arbeitsleistung. Eine Frau ist dem Manne in wirtschaftlicher Hinsicht schlechtweg unentbehrlich, denn die Beschaffung der vegetabilischen Nahrung, die ja durchweg die erste Stellung einnimmt, ist fast ausschließlich ihre Sache. Alles dies trägt dazu bei, daß die Kluft zwischen den beiden Geschlechtern keineswegs so groß ist, wie man glauben möchte, und wie sie andernorts mit anderer Ehe- und Wirtschaftsform besteht.

Die Verwandtschaftsbezeichnungen.

Das marindinesische Verwandtschaftssystem ist klassifikatorisch. So werden z. B. alle Altersgenossen des gleichen Totemverbandes als Brüder bezeichnet, alle Brüder des Vaters als Väter und die Schwestern der Mutter als Mütter, und es werden selbst Verschwiegerte mit Mutter angeredet. Unterscheidung zwischen den richtigen, leiblichen Eltern und dem Onkel, bzw. der Tante geschieht dann durch Nennung der ersten Person, indem man also sagt meine Mutter, bzw. mein Vater.

Gatte und Gattin. Gatte: *Ezam* (erste P. *Nazam*; 2. P. *Hezam*; 3. P. *Ezam*).

Gattin: *Uzum* (erste P. *Nazum*; 2. P. *Hazum*; 3. P. *Uzum*). Der Vocativ entspricht in der Regel der dritten Person.

Eheloser: *Moha-rek* (masc.); *Moha-ruk* (fem).

Verwittwet: *Boi-rek* (masc.); *Boi-ruk* (fem).

Eltern und Kinder. Kind: *Narakam*.

Sohn: *Zib* oder *Wunangib* (mein Sohn: *Nahan zib* bezw. *Nahan wunangib*).

Tochter: *Zub* oder *Wunangub*.

Vater: *Hévaai* (1. P. *Navaai*; 2. P. *Havaai*; 3. P. *Hévaai*; Vokativ: *Az*).

Mutter: *Uah* (1. P. *Navu*; 2. P. *Havu*; 3. P. *Uah*; Vocativ: *Ahu* (bei den *Imaz*: *Nē*).

Stiefvater: *Es hévaai* (d. h. nachfolgender Vater zum Unterschied von *Mahai hévaai* d. h. vorangegangener Vater).

Ebenso Stiefmutter: *Es uah* (zum Unterschied von *Mahai uah*).

Großeltern und Eltern. Großvater und Großmutter und andere Aszendenten: *Amai*. So bezeichnet man allgemein alle ältern Vorfahren, auch die mythologisch-totemistischen, die *Dema*.

Enkel und Enkelin: *Hizeb*; (1. P. *Nazeb*; 2. P. *Hazeb*; 3. P. *Hizeb*).

Bruder und Schwester. Bruder, mein Bruder: *Namika*.

Schwester, meine Schwester: *Namuka*.

Auch Vettern und Kusinen, Freunde und Freundinnen werden so angesprochen. Auch Personen gleichen Totemverbands (*Boan*) nennen sich so.

Altersgenossen männlichen Geschlechts nennen sich gegenseitig *Ngeis* (aber 1. P. *Natomb*; 2. P. *Hatomb*; 3. P. *Ngeis*).

Wir zwei sind Altersgenossen: *Ngeis-a-ngeis*.

Männer, deren Frauen leibliche Schwestern oder Kusinen sind, oder die derselben mythologisch-totemistischen Familie (*Boan*) angehören, nennen sich *Nakom*.

Ebenso nennen sich Frauen, deren Männer leibliche Brüder oder Vettern oder überhaupt desselben Totemclans sind, *Nĕ*.

Es gilt bei den *Marind* die Regel, daß alle Verschwiegerten sich nicht beim Namen nennen dürfen, sondern nur bei der Verwandtschaftsbezeichnung. Den richtigen Namen zu nennen ist nicht statthaft. Man müßte sich sonst schämen. Es pflegen auch die Kinder die Eltern und ältere Verwandten nicht beim Namen zu nennen, vielmehr, wie bei uns, mit der Verwandtschaftsbezeichnung.

Schwiegereltern und Kinder. Schwiegervater (Vater der Frau): *Naba*.

Schwiegervater (Vater des Mannes): *Pap*.

Schwiegermutter (Mutter der Frau): *Naba*.

Schwiegermutter (Mutter des Mannes): *Naviaka*.

Schwiegersohn: *Naba*.

Schwiegertochter: *Nikna*.

Der *Binahor* sagt zu der Frau seines Pflegesohnes: *Nikna*, oder einen besonderen Namen, den *Mahudi-igiz*.

Umgekehrt nennt die Frau den *Binahor* ihres Mannes Vater: *Hévaai*.

Der Frau älterer Bruder: *Manda*.

Der Frau ältere Schwester: *Manda*.

Der Frau jüngerer Bruder: *Savok*.

Der Frau jüngere Schwester: *Savok*.

Des Mannes älterer Bruder: *Navok*.

Des Mannes ältere Schwester: *Uah* (gleichbedeutend mit Mutter).

Des Mannes jüngerer Bruder: *Es-rek* (d. h. der Nachfolgende) oder *Wunangib* (gleichbedeutend mit Sohn).

Des Mannes jüngere Schwester: *Es-ruk a* (d. h. die Nachfolgende) oder *Wunangub* (gleichbedeutend mit Tochter).

Der jüngeren Schwester Mann: *Manda*.

Der älteren Schwester Mann: *Bit*.

Des älteren Bruders Frau: *Uah* (gleichbedeutend mit Mutter) oder *Honuah*.

Des jüngeren Bruders Frau: *Oha-anim*.

Onkel, Tante. Schwester des Vaters: *Kak*.

Schwester der Mutter: *Izibi* oder *Uah* (gleichbedeutend mit Mutter).

Bruder des Vaters: *Hévaai* (gleichbedeutend mit Vater).

Bruder der Mutter: *Bab* oder *Wahok*.

Neffen, Nichten. Ein Mann oder Knabe nennt das Kind der Schwester: *Oha* od. *Oha-anim*

Ein Mann oder Knabe nennt das Kind des Bruders: *Wunangib* (gleichbedeutend mit Sohn),

Eine Frau oder ein Mädchen nennt das Kind der Schwester: *Nane*.

Eine Frau oder ein Mädchen nennt des Kind des Bruders: *Kembra*.

Erb- und Besitzrecht.

Im allgemeinen gehört jedem, was er selbst erworben, verfertigt oder gepflanzt hat. Privateigentum sind Schmuckgeräte, Waffen, Trommeln und die

Pflanzungen. Gütergemeinschaft zwischen den Ehegatten besteht nur inbezug auf die Nutznießung und die gemeinsam angelegten Pflanzungen. Was die Frau in die Ehe mitbringt, bleibt auch ihr Eigentum, über das sie zeitlebens frei verfügen kann, und das sie bei der Scheidung behält; desgleichen bleibt Eigentum des Mannes, was er vor der Ehe besaß oder während der Ehe erworben hat. Es darf sich also z. B. die Frau nicht ohne Zustimmung ihres Mannes an den Bananen- oder Uati-Pflanzungen, die er selbst angelegt hat, vergreifen; etwas anderes ist es, wenn beide die Pflanzungen gemeinsam angelegt haben, aber auch in diesem Falle hat der eine Gatte den andern beim Wegholen der Pflanzungsprodukte davon in Kenntnis zu setzen. Jeder der Gatten genießt also die Früchte seiner eigenen Pflanzungen, oder aber man genießt gemeinsam vom gemeinsam Gepflanzten. Anders mit den Sagopalmen. Das Sagobereiten und Kuchenbacken ist ausschließlich Sache der Frau, und sie verarbeitet infolgedessen bald die Sagopalmen ihrer eigenen Bestände, bald diejenigen ihres Mannes.

Die Kinder haben in der Regel schon sehr frühzeitig ihre eigenen Pflanzungen, welche ihnen der Pflegevater *(Jarang* und *Binahor)* anlegen hilft. Schon bei Geburt eines Kindes pflegen die Eltern stets einige Kokospalmen zu pflanzen, welche Eigentum des Neugeborenen sind, und die nach und nach vermehrt werden. Später, wenn das Kind größer ist, wird die erste Pflanzung angelegt, und es besorgt dies in der Regel der *Binahor* oder *Jarang* unter Mithilfe der andern Dorfgenossen, der Angehörigen des Kindes. Es werden dann auch aus diesen Pflanzungen an den Festen des Kindes die Früchte geholt, mit welchen die *Apanapné-anim* entschädigt werden. Somit tragen also weder der *Binahor* noch die Eltern des Kindes die Unkosten, welche die Feste verursachen, sondern eigentlich das Kind selbst. — Es hat also jedes Kind schon recht frühzeitig seine eigenen Pflanzungen, die es bald selbst bestellen kann. Bis dahin versorgen es die Eltern und Pflegeeltern mit Nahrung.

Die großen Sago- und Kokosbestände sind in der Regel clanweise verteilt, und es geht dieser Besitz auf alte Überlieferungen zurück, auf die ersten Einwanderer der Siedelung und die Zeit, da diese noch reine Clansiedelungen waren.

Stirbt ein Mann, so wird sein Besitz unter die Kinder gleichmäßig verteilt. Waffen, Schmuck, Trommeln und dergl. pflegt ein Greis schon bei Lebzeiten seinen Söhnen zu vermachen und unter Umständen auch die Pflanzungen. Stirbt hingegen die Frau, so pflegt deren Besitz an Pflanzungen, den sie in die Ehe mitbrachte, wieder an ihre Familienangehörigen zurückzugehen, und es pflegen die Brüder und deren Kinder und ihre Onkel väterlicherseits die Sago- und Kokosbestände zu übernehmen. Somit bleiben diese tatsächlich stets im Besitz ein und desselben Clans.

Während alles bebaute Land seinen Besitzer hat, sind Savanne und Steppe Eigentum der ganzen Siedelung, bezw. des Siedelungsverbandes, und besitzen eine feste Umgrenzung. Die Landesgrenze einer Siedelung oder eines Siedelungsverbandes ist namentlich da genau festgelegt, wo das Land dichter besiedelt ist, wie z. B. an der Küste. Man pflegt in solchen Fällen die Grenze häufig den Flußläufen und Sümpfen entlang zu legen, die eine scharfe Markierung bilden. Die Grenze wird natürlich respektiert, und es ist verboten, im Gebiet einer anderen

Siedelung zu jagen und zu fischen, Fallen zu stellen, Holz zu schlagen, Kanu anzufertigen u. dergl. mehr. Die Grenze verläuft auch am Strande, und es betrifft die Grenzregelung auch die Fischerei im Meer. Grenzflüsse und Sümpfe pflegt man hingegen gemeinsam auf Fische auszubeuten und in den angrenzenden, Steppen zweier Siedelungen pflegt man gemeinsam Jagd zu machen.

Innerhalb des Gemeindelandes ist es jedem gestattet, Pflanzungen anzulegen oder Fruchtbäume zu pflanzen, wie ihm beliebt. Doch pflegt man meistens die Pflanzungen in den eigenen von den Vätern geerbten Sagobeständen anzulegen. Will man hingegen eine Pflanzung auf dem Lande eines andern anlegen, so muß erst dessen Einwilligung eingeholt werden. Ebensowenig ist es gestattet, Hütten in fremden Sagopflanzungen zu bauen. Man muß erst die Zustimmung des Eigentümers haben. Alle Fruchtbäume, auch die mitten im Walde stehenden haben ihren Besitzer; namentlich gilt dies von den Sago- und Kokospalmen. Der Hungernde und Durstende darf unterwegs im Kokoswald seines Freundes einige Nüsse pflücken.

Eigentlicher Diebstahl an Fruchtbäumen und in den Pflanzungen gilt als strafbares Vergehen, und der Dieb kann gewärtig sein, vom beleidigten Eigentümer verfolgt und bestraft zu werden. In der Regel wird die Strafe hinterrücks vollzogen, und es greift der Bestohlene in den meisten Fällen zu *Kambara*, dem Todeszauber, oder zu einem Krankheitszauber.

Zum Schutz der Pflanzungen und Kokospalmen gegen Diebstahl pflegt man verschiedene Mittel anzuwenden. Am Stamme der Palmen pflegt man häufig einen Blattwedel anzubinden, so daß ohne Entfernung desselben die Palme nicht erklettert werden kann, wodurch der Besitzer auf den Diebstahl aufmerksam gemacht wird. Am häufigsten werden aber auch hier Zauberformeln angewendet. Man bespricht einen Grasbüschel mit einer geeigneten Zauberformel und bindet ihn an den Stamm der Palme. Das soll bewirken, daß der Dieb, der die Palme dennoch erklettert, von einer Krankheit befallen werde. — Dem Diebstahl besonders ausgesetzt sind die Bananen- und *Uati*-Pflanzungen, welche als kostbarster Besitz des *Marind* gelten. Aus diesem Grunde werden die *Uati*- und Bananenbeete in der Regel auch in der Nähe des Dorfes angelegt. Um sie aber dennoch vor Dieben zu schützen, pflegt man ein besprochenes Zauberinstrument, den *Tang* (Zauberpfeil), daselbst in den Boden zu stecken, welches dem Dieb Schaden zufügen wird. Ein anderes, häufig angewendetes Mittel besteht darin, daß man spitze Stöckchen, Pfeilspitzen oder die Schwanzstacheln von Rochen unsichtbar in den Boden steckt, so daß der fremde Besucher der Pflanzung Schaden davontragen kann, da namentlich die Rochenstacheln sehr gefährliche Fußwunden erzeugen. Die Zauberer kennen verschiedene Methoden, um Diebe aufzufinden und gestohlenes Gut zurückzubekommen. Hierüber soll später die Rede sein.

Verlassen die Bewohner einer Hütte längere Zeit die Siedelung, so pflegt man das zurückgelassene Gut folgenderweise zu schützen: Man steckt am Eingange der Hütte oder auf dem Pfade, der ins Dorf führt, einen Pfeil in die Erde, welcher mit einer Zauberformel besprochen wurde, oder man bindet ein besprochenes Grasbüschel vor den Eingang der Hütte, beides mit demselben Gedanken, daß ein Unberufener beim Betreten der Wohnung Schaden erleiden solle. Übertretung des Tabu *(Sahr)* kommt, so viel ich weiß, nicht vor. Erstens geschieht dies aus eigenem Interesse, um die Fruchtbarkeit und den Ertrag der Fruchtbäume zu vermehren, und zudem besteht ja da, wo Palmen mit *Sahr* belegt werden, wohl nie ein Mangel an Kokos oder Sago, und es bezieht sich das Tabu in der Regel nur auf die Palmen, die einem unlängst Verstorbenen angehören.

Privateigentum sind auch die Haustiere. Jeder *Marind*, Mann oder Frau, besitzt seine eigenen Hunde, für die jeder selbst zu sorgen hat. Desgleichen sind die Schweine Privateigentum, werden aber mehr als Besitz der Familie angesehen, denn das Großziehen und Füttern der Dorfschweine ist stets Sache der Frauen. Es kann aber der Besitzer jeder Zeit über seine Schweine verfügen und sie abschlachten, wenn es ihm beliebt. In den allermeisten Fällen geschieht dies jedoch nur bei festlichen Anlässen und wird mit besonderem Zeremoniell begangen, indem die Festschweine von einem bestimmten Teilnehmer des Festes getötet werden. Dieser wird sodann für seine Mühe und sein Amt entschädigt und erhält auch das beste Stück vom Schwein. Ein Festschwein wird auch stets dem Besitzer abgekauft, und alle Festteilnehmer, d. h. die Einwohner des Fest feiernden Dorfes, tragen gemeinsam die Unkosten. So bestehen hier gegenseitige Verhältnisse von Eigentum, die berücksichtigt werden müssen.

Auch die Hütten gehören in der Regel den Erbauern und Bewohnern. Die Männerhütten entsprechen den Clanwohnungen und werden von den Bewohnern gemeinsam erstellt, während die Weiberhütten mehr den Familienwohnungen entsprechen und in den meisten Fällen von den Ehegatten erbaut werden, infolgedessen sie auch Eigentum der Familie sind. Unter Umständen gestattet man auch andern Frauen des Dorfes eine Weiberhütte zu bewohnen, wenn besondere Gründe vorliegen. Schwestern und Verschwägerte wohnen häufig zusammen, und es wohnt in der Regel eine junge aus einem auswärtigen Dorfe angeheiratete Frau in der Hütte der Schwiegermutter.

Es gibt auch Objekte, wie z. B. die Kanu, großen Trommeln usw., die Eigentum sämtlicher Bewohner einer Siedelung sind, denn sie sind das Produkt gemeinsamer Arbeit oder gemeinschaftlich erworben worden. Ebenso gibt es Pflanzungen, welche die ganze Einwohnerschaft z. B. in Hinsicht auf ein Fest gemeinsam angelegt hat, sie sind infolgedessen auch gemeinsames Eigentum, und es kommen daher an den Festen die Früchte allen zu gute.

5. Spiele.

Die Spiele der marindinesischen Jugend bestehen hauptsächlich in der Nachahmung der Beschäftigung der Alten. In frühester Jugend sind die Kinder vollständig der Pflege und Aufsicht der Mütter überlassen und werden von diesen stets mitgetragen und mitgeführt, sei es in die Pflanzungen und Sagobestände, sei es an den Strand, um Mollusken und Krebse und Fische zu suchen. Später gehen sie diesen Beschäftigungen selbst spielend nach. Die Knaben verfertigen sich schon recht frühzeitig kleine Bogen und schießen mit Grashalmen nach Termitenhaufen und Eidechsen und, wenn mehrere zusammen sind, pflegen sie auch kriegerische Spiele zu machen, selbst Kopfjagden werden gespielt. Es überfallen dabei z. B. die Knaben des einen Dorfes die Jungen eines andern und machen dabei Gebrauch von kleinen Bogen und Graspfeilchen und schleppen die Gefangenen nach ihrem Dorf oder in den Busch. Am meisten lieben es die Kinder, sich am Strande herumzutummeln und sich mit feuchten Sand- oder Tonkugeln zu bewerfen, wie man sich bei uns mit Schneeballen bewirft. Die kleinen Knaben und Mädchen vertreiben sich die Zeit am Strande, indem sie aus dem Sand allerhand Figuren bilden, Löcher graben, Hüttchen und Dörfer bauen. Ein beliebtes Sandspiel ist die *Sa-kandara*, d. h. Sand-Trommel. Man gräbt in den Sand eine Grube, die den Querschnitt vorstehender Abbildung hat, und schlägt mit der Handfläche auf den Sand über dem Loch, so daß ein dumpfer, trommelartiger Ton entsteht.

Abb. 3. Sandtrommel.

Auch Versteckenspielen kennt man *(Kekamuk)*. Außer den Kinderbogen verfertigen die Knaben noch ein weiteres Schieß-Instrument aus einem dünnen Bambusrohr *(Song)*.

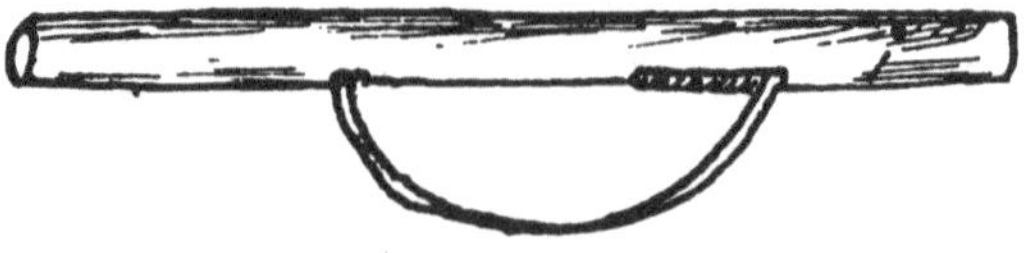

Abb. 4. Schießinstrument.

Mit dem elastischen Bügel, einem Bambusstreifen, werden Graspfeilchen, Steinchen und andere Objekte, die ins Rohr gesteckt werden, fortgeschleudert. Frühzeitig pflegen die Knaben auch selbständig Fische zu schießen und nehmen an der Jagd der Erwachsenen teil. Die Mädchen sind hingegen der Mutter in den Pflanzungen und beim Sagobereiten behilflich und suchen am Strande

Mollusken. Sie haben auch kleine Fischkörbe *(Haupra)* und Netze *(Kipa)*, mit denen sie schon frühzeitig umzugehen lernen. Für den Knaben hört allerdings das gemeinsame Spielen am Strande mit den Kameraden und das Spielen untereinander auf, wenn er nach dem Jünglingshaus kommt. Eigentliche Spielzeuge sind nur wenig bekannt. Man kennt beispielsweise den Kreisel, der aus einer runden Frucht verfertigt wird, indem man sie mit einer Achse versieht. Als Puppen verwenden die Kinder nur die für Feste hergestellten Figuren aus Holz oder Sagoblattmark, die zur Inszenierung von Mythen dienen. Ist das Fest vorbei, so wird das meiste weggeworfen und von den Kindern eine Weile als Spielzeug verwendet.

Ein beliebter und von Jung und Alt viel gepflegter Zeitvertreib sind die Fadenspiele (s. Tafel 24). Ihre Hauptverbreitung haben sie jedoch in der Weiberhütte, wo man sich damit vormittags und an den Regentagen stundenlang unterhält; schon kleine Kinder besitzen darin große Geschicklichkeit. Man kennt sehr zahlreiche Figuren, und ich kann Friederici[1]) vollkommen beistimmen, wenn er diesen Figuren wenig Bedeutung zumißt, zumal sich gleiche Figuren an ganz verschiedenen Orten wiederfinden und selbst mit demselben Namen benannt werden, ohne daß man immer einen Zusammenhang oder Entlehnung anzunehmen braucht. Von den bei Neuhauß (Deutsch-Neu-Guinea I. Band) abgebildeten Fadenspielen finden sich bei den *Marind* wieder Abbildung 298 der Fischspeer, bezw. Fischpfeil *(Ambata)*, Abbildung 303 Blatt vom wilden Jams bezw. bei den *Marind* ein Fisch *(Karambu)*; Abbildung 297 Kokosschale bezw. fliegender Hund *(Kere)* und Abbildung 299 Blatt der Palme bezw. bei den *Marind-anim* die Wellen *(Etob)*. Andere Figuren sind Mond, Stern, Grab, Schlammspringer, zwei sich prügelnde Knaben. Kurz, die Zahl der Figuren ist sehr groß, und stets findet man wieder neue und andere. Es ist ungefähr dasselbe wie bei den Gesängen, welche ebenfalls von den Kindern bei gewissen Gelegenheiten gelernt werden, wenn sie in einem fremden Dorfe sind, oder wenn auswärtige Fremde auf Besuch kommen. Die Spiele können somit unter Umständen durch die allmähliche Übertragung sehr weit herkommen. Daß man auch Fadenspiele kennt, die von zwei Personen ausgeführt werden, zeigt die Abbildung Tafel 24, Abb. 1.

Eine weitere spielerische Beschäftigung ist das Flechten von allerhand Figuren, wie Sterne und Kettchen aus Grashalmen, wie sie uns wiederum auch aus andern Teilen Neu-Guineas bekannt sind.[2])

Der Kuriosität halber will ich noch ein weiteres Spielzeug erwähnen, das im Prinzip mit dem sonst geheimgehaltenen Schwirrholz übereinstimmt. Statt aus Holz besteht es aus einer Kokosblattfeder, deren Blätterflächen bis zum Stilende der Rippe losgetrennt und hierauf an jeder Spitze zusammengeknüpft werden. Hierauf werden sie durch die Blattrippe auseinandergespannt und im Kreise hin- und hergeschwungen, worauf ein brummender Ton, ähnlich dem

[1]) Dr. G. Friederici: Wissenschaftliche Ergebnisse einer amtl. Forschungsreise nach dem Bismarck-Archipel im Jahre 1908 (Mitteilungen a. d. Deutschen Schutzgebieten, Ergänzungsheft Nr. 5, 1912, S. 97).

[2]) Seligmann: The Melanesians of British New Guinea, Cambridge 1910.

eines Schwirrholzes, entsteht. Niemand weiß jedoch, daß es prinzipiell dasselbe ist wie die Schwirrhölzer, deren brummender Ton als Stimme eines gefürchteten Geistes ausgelegt wird.

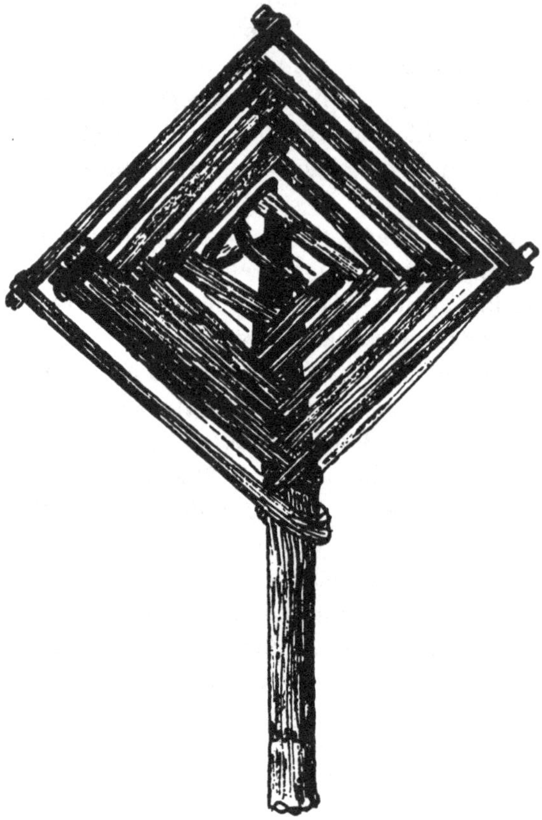

Abb. 5. Spielzeug.

Zu den Spielen kann man auch die Inszenierung von Mythen, die Pantomimen und Nachahmungen von Tieren rechnen, an denen teilweise auch die Jugend beteiligt ist. Diese sollen jedoch bei den Festen beschrieben werden, denn sie werden nur bei festlichen Anlässen ausgeführt.

6. Musikinstrumente.

Das am meisten gebräuchliche Musikinstrument ist die sanduhrförmige Handtrommel *(Kandara)*, welche zur Begleitung der Festgesänge und Tänze dient (s. Tafel 25, Abb. 6). Sie wird in allen möglichen Größen hergestellt. Die kleinsten Handtrommeln bis hinab zu ca. 30 cm. Länge sind natürlich mehr Spielzeug, als daß sie bei Festen verwendet werden; die größten erreichen die Höhe eines Mannes und darüber. Sehr wahrscheinlich ist die im ganzen Gebiet und bei allen Nachbarstämmen verbreitete Trommel mit dem bekannten Spiralornament marindinesisches Erbgut, denn es findet sich dieses Wespenornament *(Pihuiarir)* fast auf sämtlichen marindinesischen Geräten, sowohl auf Schnitz- als auch auf Flechtwerken, wieder. Mit diesem Ornament wird stets das untere Ende der Trommel versehen, während das geschlossene ein anderes Ornament trägt, das häufig einen Stern *(Wajar)* oder einen fliegenden Hund *(Kiu)*, seltener ein menschliches Gesicht repräsentiert. Diese drei Motive werden meistens stilisiert und gehen durch eine ununterbrochene Reihe von Ornamenten in einander über; siehe Tafel 25, Abb. 7. Daß diese Trommel für den Stamm der *Marind-anim* charakteristisch ist und von hier aus auf die Nachbarstämme überging, wird dadurch bewiesen, daß die *Jee-anim* einstmals eine andere Trommelform besaßen, die heute kaum mehr hergestellt wird (s. Tafel 25, Abb. 5). Sie besitzt an Stelle der obengenannten Ornamente längsverlaufende Linien-Ornamente, die rot und weiß bemalt werden. Auch die Form der Trommel ist etwas abweichend, indem der Körper etwas konvex geschweift ist, während die marindinesische Trommel vollkommen gerade geformt ist.

Die marindinesische Trommel mit dem Wespenornament ist außerordentlich verbreitet und findet sich von Frédérik-Hendrik-Eiland bis zum Morehead-river und darüber hinaus. Die Trommelbespannung besteht aus einer Varanushaut oder einem Känguruhfell. Letzteres ist namentlich bei den großen Trommeln der Fall, bei denen die Haut eines Varanus nicht ausreichen würde.

Die Eingeborenen besitzen eine eigenartige, aber sehr zweckmäßige Methode zur Befestigung der Trommelhaut. Nachdem diese im Wasser aufgeweicht und somit dehnbar gemacht worden ist, wird frisches Blut von einem erlegten Tiere oder in Ermanglung dessen Blut aus einer aufgerizten Vene an der Glans des Penis entnommen und mit Kalk zu einem Brei angerührt, der auf den Trommelrand aufgetragen wird. Die Haut, die entsprechend zugeschnitten wurde, wird sodann ringsum mit Schlingen von Bast versehen. Hierauf spannen mehrere Personen die Haut, die an den Schlingen gefaßt wird, über die senkrechte auf den Boden gestellte Trommel, während eine weitere Person die übergespannte Haut rasch mit einem Baststreifen oder einer Liane umwickelt. Nach dem Trocknen bildet der Kitt eine harte, feste Masse, die von der Haut nicht mehr läßt, bis sie durchgeschlagen wird. Die endgültige Spannung erfolgt durch Erwärmen der Haut, was während des Gesanges von Zeit zu Zeit wiederholt werden muß, daher man bei den Festen stets um ein Feuer gruppiert ist. Mittels auf die Haut aufgesetzter Wachsstückchen wird die Trommel abgestimmt, wie es auch andernorts geschieht.

Außer den Trommeln, mit welchen die Festgesänge begleitet werden, kennt man noch einige andere Musikinstrumente, die aber alle bloß spielerische Bedeutung haben und zur Selbstunterhaltung dienen und bei Festen oder als Be-Begleitinstrumente für Gesänge nie Verwendung finden. Man kennt die Maultrommel, eine gewöhnliche Flöte. und die Panflöte.

Die Maultrommel (Tafel 25, Abb. 2) besteht aus einem Bambusstück. In der Mitte ist eine schmale Zunge herausgeschnitten, durch deren Vibration ein schwacher kaum hörbarer Ton entsteht. Man hält das konvexe Ende an den Mund, faßt die Schnur mit der rechten Hand und schlägt mit dem Daumen gegen das Instrument. Stundenlang kann sich auf diese Weise der Spieler damit unterhalten, eine Reihe schwacher Töne hervorzubringen, die er stets in derselben Reihenfolge wiederholt.

Die gewöhnliche Flöte ist ein beiderseits offenes Rohr von Bambus (Bambusa longifolia, *Song)*. Seitlich besitzt es eine Öffnung, und durch sachtes Hineinblasen kann ein Ton hervorgebracht werden, sowie dessen Oktave durch Schließen des andern Endes.

Durch Zusammenbinden mehrerer verschieden langer Bambusabschnitte *(Song)* entsteht die Panflöte (Tafel 25, Abb. 1). Auch hier sind die Bambusröhren beiderseits offen. Man bläst aus einer gewissen Entfernung in die Röhren, die man vor der Mundöffnung herumbewegt, so daß einige feine, kaum hörbare Töne entstehen.

Bekanntlich ist aus Neu-Guinea ein einziges Saiteninstrument bekannt, und zwar vom Kaiserin-Augustafluß[1]). Diesem primitiven Saiteninstrument geht aber noch eine einfachere Form voran, nämlich der gewöhnliche Schießbogen, und somit wäre die Entwicklung des Saiteninstrumentes aus dem Schießbogen erfolgt. Tatsächlich konnte ich oftmals beobachten, wie sich Kinder und Erwachsene die Zeit vertrieben, indem sie einen kleinen Kinderbogen zwischen die Zähne nahmen und mit einem Stöckchen auf die Sehne schlugen, auf welche Weise ein feiner Ton hervorgebracht wurde, wobei die Mundhöhle die Funktion des Resonanzbodens übernahm.

Zwei Arten von Pfeifchen sind bekannt zum Herbeilocken der Hunde; sie gehören zum unerläßlichen Inventar des *Marind*-Mannes. Die eine besteht aus einer kleinen Kokosschale mit zweiseitigen Öffnungen (Tafel 25, Abb. 3 u. 4). Durch Hineinblasen in die eine Öffnung und Öffnen und Schließen der andern lassen sich zwei Töne hervorbringen; die andere Art von Pfeifen besteht aus einem gewöhnlichen Bambusröhrchen von wenigen Zentimetern Länge und besitzt ein offenes Ende.

---

[1]) Vergl. Neuhauß: Deutsch-Neu-Guinea, Berlin 1911, Bd. I, S. 385.

7. Nahrung und Nahrungserwerb.

Die Feuerbereitung.

Zur Erzeugung des Feuers bedienen sich die Eingeborenen von Holländisch-Süd-Neu-Guinea dreierlei Methoden, von denen das Feuerbohren *(Rapa)* und das Feuersägen *(Phirug)* bei den *Marind* und deren Nachbarstämmen am häufigsten angewendet werden (Tafel 26). Als Bohrer dient entweder ein kurzer runder Stock, häufig auch ein Pfeilschaft, den der Eingeborene in der Regel stets zur Hand hat. Dieser wird zwischen den Handflächen unter starkem Druck rasch hin- und hergequirlt auf einer Unterlage, die aus weicherem und natürlich vollkommen trockenem Holz bestehen muß. Nachdem das Reibmehl zum Glühen gebracht worden ist, werden die Funken mit leicht entzündlichen Eukalyptusbast aufgefangen.

Eine zweite, ebenso häufig angewendete Methode der Feuererzeugung ist das Feuersägen. Zu diesem Zweck steckt der Mann — die Feuererzeugung ist ausschließlich Sache der Männer — ein trockenes Holz, am zweckmäßigsten eine Pfeilspitze von Bambus, schräg in den Boden. Ein zweites Bambusstück wird gespalten und, nachdem einige Spähne dazwischengeklemmt worden sind, auf der scharfen Kante der im Boden steckenden Pfeilspitze unter starkem Druck auf- und abgerieben, so daß die Spähnchen bald ins Glimmen kommen. Nach beiden Methoden gelingt es in Bruchteilen einer Minute mit erstaunlicher Sicherheit Feuer zu bereiten, und es wird also der Eingeborene nie in Verlegenheit kommen, sich Feuer zu beschaffen, wenn er nur einige Pfeile bei sich hat, was auch außerhalb der Siedelungen stets der Fall ist.

Besonders die zweite Methode erfreut sich seit der Kolonisation mehr und mehr beliebter Anwendung dank der Einführung von Ohrringen aus Hartgummi, die als Tauschartikel rasch Eingang gefunden haben und ein beliebtes Surrogat für die Ohrringe aus Kasuarkielen bilden. Neben dem Vorzug, daß sie vollkommen rund und schön glänzend schwarz sind, pflegen sie dem Eingeborenen zu einem andern Zweck zu dienen, nämlich zu der Bereitung von Feuer. Wie er auf diesen Gedanken kam, mag dahingestellt bleiben, aber wenn er solche Ringe an sich trägt, so wird er nie versäumen, beim Feuersägen ein Stückchen Hartgummi abzubrechen und mit Holzspähnchen zusammen in das gespaltene Reibholz einzuklemmen. Durch die Reibung entzünden sich die Holzspähnchen bei Anwendung von Hartgummi bedeutend rascher und sicherer als ohne dieses Hilfsmittel.

Die Inlandbewohner kennen noch eine dritte Methode der Feuerbereitung die ich übrigens auch am *Torassi* angewendet sah. Hierbei wird ein Rotanseil unter einem Stock durchgeführt und hin und hergezerrt. Auch hier pflegt man erst den Stock zu spalten und Holzspähnchen und anderes leicht glimmendes Material einzuklemmen.

Übrigens wird der Eingeborene nur selten in die Lage kommen, die eine oder andere Methode der Feuererzeugung vorzunehmen. Mit peinlicher Sorgfalt achtet man darauf, daß im Dorfe das Feuer nicht ganz ausgeht, wofür die Alten und Kranken, die stets im Dorf zurückbleiben, zu sorgen haben.

Aber auch dann, wenn sich der Eingeborene außerhalb des Dorfes in die Pflanzungen oder auf die Jagd begibt, wird er stets einen Feuerbrand mitnehmen und nur im Notfalle nach der einen oder andern Methode sich Feuer bereiten. Es ist, als vermeide er, wenn es irgendwie möglich ist, diesen Arbeitsaufwand, und er wird viel eher einen weiten Weg zurücklegen, um Feuer zu holen, als zur Feuererzeugung greifen.

Die Vertrautheit mit dem Feuer und seine geschickte Handhabung haben auch diese Eingeborenen mit allen primitiven Naturvölkern gemein. Wo sich der *Marind* auch niederläßt, längere Zeit rastet oder Mahlzeit hält, vor allem des Nachts wird er stets ein Feuerchen neben sich haben, das in jeder Lage, in der er sich auch befinden mag, und wo er auch die Nacht zubringen sollte, ihm die Stätte behaglich macht, so daß er sich selbst in den mißlichsten Lagen heimisch fühlen wird, sobald er nur ein Feuerchen neben sich flackern hat und knistern hört. Das Feuer ersetzt ihm die Behausung, bietet ihm Schutz gegen die Kälte und das Grauen der Nacht mit den herumspukenden Totengeistern. Es ist ihm auch unentbehrlich zur Bereitung der Nahrung.

Nie wird der Eingeborene die Nacht über sich hereinbrechen lassen, ohne vorerst für Brennmaterial gesorgt zu haben, das ihn zum mindesten bis zum Anbruch des Tages mit Feuer versieht, und allabendlich pflegt jeder Erwachsene bei Rückkehr aus den Pflanzungen neben Früchten einige dicke Holzbengel ins Dorf zu bringen, die für das alltägliche Leben ebenso unentbehrlich sind wie die Nahrung. Sobald dann die Dunkelheit hereingebrochen ist, wird jeder Erwachsene zwei oder drei Baumstämme neben sich liegen haben, die mit den glimmenden Enden aneinander gelegt sind, und nur von Zeit zu Zeit wieder einander genähert zu werden brauchen, um die ganze Nacht durch fort zu glimmen. Dicht neben dem Feuer liegend verbringt er dann die Nacht in der Regel außerhalb der Hütte, durch das Feuer geschützt gegen die nächtliche Abkühlung und die Moskitenplage und nicht zuletzt gegen die Gespenster, die meistens alle andern Unbehaglichkeiten der Nacht übertreffen. Wie groß diese Furcht ist, geht vielleicht am besten daraus hervor, daß ein Mann, als er außerhalb des Dorfes sich befindend, von der Dunkelheit überrascht wurde, sich in der Verzweiflung einige seiner geölten Haarverlängerungen abschnitt und sie als Fackel verwendete, um nicht ohne Feuer nach seiner Hütte zurückzukehren zu müssen. Der Spuk der Totengeister spielt daher auch in der Phantasie der Eingeborenen eine bedeutende Rolle, worüber Mythen in einem späteren Kapital berichten werden.

Aber auch am Tage pflegt der Eingeborene, wo er längere Zeit sich hingesetzt hat, ein Feuerchen neben sich zu haben. Hält er seine Mahlzeit, und ist sie noch so frugal, so wird er stets erst für Feuer sorgen, denn er ißt alles gebraten und geröstet, selbst die Bananen, was wahrscheinlich damit zusammenhängt, daß sie gewöhnlich unreif gepflückt werden. Roh genossen werden nur einige wenige Früchte wie Eugenia aquea und Eugenia domestica, Zuckerrohr u. a., während die meisten andern Früchte und sämtliche übrige vegetabilische und animalische Nahrung stets mit Feuer zubereitet wird.

Die Speisen werden entweder am offenen Feuer geröstet, und es pflegen dies stets die Männer zu tun, wenn sie ihre Mahlzeit halten, oder aber auf heißen Steinen und in Blätter gewickelt, was andererseits ausschließlich Weiberarbeit ist und zu deren alltäglicher Beschäftigung gehört. Wir werden hierauf später noch zurückkommen.

Bloß große Fische pflegen die Männer etwa auch in Blätter zu wickeln und auf einem kleinen Gestell oder zwei Holzgabeln über dem Feuer langsam zu rösten. Auch zu Konservierungszwecken werden Fische und Fleisch langsam über dem Feuer geröstet und geräuchert, was täglich wiederholt und fortgesetzt wird.

In Gefäßen wird, da die Töpferei vollkommen unbekannt ist, nur ausnahmsweise gekocht, wobei man sich etwa einer halbierten Kokosschale bedient, die direkt aufs Feuer gestellt wird. Man pflegt auf diese Weise etwa ganz kleine Mollusken und Krebse in Wasser zu kochen, die im offenen Feuer nicht geröstet werden können; man wickelt sie auch in Blätter und legt diese in die Glut.

Wenn wir uns nun der Nahrung der *Marind* und ihrer Nachbarstämme zuwenden, so zeigen sich in dem kleinen Gebiet sehr große Unterschiede in der Wahl der Hauptnahrungsmittel. Erstens zwischen den Bewohnern des Strandgebietes und den Inlandbewohnern, und zweitens zwischen den Stämmen im Westen und Osten des *Torassi*. Es entspricht ungefähr die politische Grenze zwischen dem holländischen und englischen Anteil auch im Großen einer Grenze, die sich vor allem auch hinsichtlich der Wirtschaftsform kennzeichnet. Im Westen finden wir Gartenbau und die Ausbeutung der Sagobestände, welche die Hauptnahrung abgeben, bei den Stämmen jenseits des *Torassi* ausschließlich Feldbau mit den Hauptgewächsen Jams und Taro, während der Sago vollkommen unbekannt ist.

Hauptnahrungsmittel: Der *Marind* ißt durchweg Sago; ihm steht bei den Strandbewohnern die Kokos zur Seite, die je weiter man sich landeinwärts begibt, spärlicher wird und vielerorts ganz fehlt. Dafür kommt bei den Inlandbewohnern die animalische Nahrung, die durch die Jagd bestritten wird, mehr und mehr in Betracht, während für die Strandbewohner Känguruh- oder Schweinebraten zu den Seltenheiten gerechnet werden können. Dafür besitzt aber der Strandbewohner eine um so reichere Abwechslung der Nahrung an Fischen und an allerhand Strandtieren, vom großen Taschenkrebs bis herab zu den kleinsten Mollusken, die bloß von Weibern und Kindern in dem schlammigen Strande gesammelt werden. Man darf aber keineswegs glauben, daß Fleischnahrung der vegetabilischen vorgezogen werde, und daß damit etwa die Sitte des Kanibalismus im Zusammenhang stehe. Diese schließt entschieden einen besonderen Zweck ein und entspringt auch nicht aus der besondern Vorliebe für Menschenfleisch. Der Eingeborene im Innern ebenso wie der Strandbewohner ist Allesesser und verschmäht überhaupt nichts, was irgendwie genießbar ist; es geht ihm nichts so gegen seine Natur, als wenn er sieht, daß etwas Genießbares unverwertet gelassen wird. Kanibalismus dagegen findet stets nur im Anschluß an die Kopfjagden statt, welche aus ganz andern Motiven entspringen, und ist jedenfalls niemals umgekehrt der Zweck der Kopfjägerei. Es läßt sich also nicht sagen, daß der *Marind* eine besondere Vorliebe für ein bestimmtes Nahrungsmittel hätte, er wünscht sich vielmehr gewöhnlich das, was er nicht hat, also genau wie es bei uns der Fall ist. Auf meiner Reise nach dem *Torassi* schwelgten meine Begleiter vom *Kondo-mirav* zum voraus im Genuß der dort gut gedeihenden und in großen Feldern angebauten Jamsknollen, währenddem umgekehrt die Leute vom *Torassi* den Sago der *Marind* preisen, der bei ihnen nicht bekannt ist.

Die Sagobereitung und die Zubereitung der Speisen.

Die Sagogewinnung geschieht bei den *Marind* auf dieselbe einfache Weise wie in andern Teilen von Neu-Guinea und im indischen Archipel und ist bis auf das Fällen der Palmen ausschließlich Frauenarbeit, die von den Mädchen schon frühzeitig gelernt wird (s. Tafel 27 u. 28).

Nachdem der Platz rings um die bezeichnete Sagopalme gesäubert worden ist, besorgt der Mann das Fällen des Stammes, was in früherer Zeit mit Hilfe der Steinbeile eine beträchtliche Arbeit war. Sodann wird der Stamm von der Krone und zur Hälfte von der Palmschwarte befreit, so daß das Mark frei zu Tage liegt, währenddem der untere Teil der Rindenhülle mit dem Stamm verbunden bleibt und eine reinliche Unterlage bildet, um das Sagomark herauszuraspeln. Die Frau setzt sich zu diesem Zweck auf die Schwarte und hobelt mit einem zugeschärften Bambus *(Katangod)* das rötliche Mark heraus (Tafel 28, Abb. 1). Im Inland bedient man sich dazu eines andern Instrumentes, das aus einem knieförmigen Holz *(Ambuka)* besteht, dessen Schlagende mit einer Kappe von Bambus versehen ist (s. Tafel 28, Abb. 3 u. 4). An andern Orten Neu-Guineas werden bekanntlich steinerne Schläger verwendet. Seltener bedient man sich eines zusammengesetzten Instrumentes wie Abb. 5, Tafel 28 ein solches zeigt, das von *Senajo* herrührt.

Das Verarbeiten des Sagomarkes erfolgt in der Regel an Ort und Stelle, wo die Palme gefällt wurde, vorausgesetzt daß in der Nähe genügend Süßwasser vorhanden ist, um das Sagomark auszuwässern. Manchmal sind die Sagobestände jedoch weit von der Siedelung entfernt, so daß man während des Sagobereitens einige Tage daselbst kampieren muß. In diesem Falle befinden sich dann auch in den entfernten Sagobeständen stets kleine Familien- oder Clansiedelungen oder Lagerplätze, die zu gewissen Zeiten aufgesucht werden, während welcher die Weiber daselbst Sago bereiten. Nur wenn es besonders günstige Verhältnisse zulassen, und sowohl die Sagobestände als auch die Siedelung unmittelbar am Fluß liegen, pflegt man den gefällten Stamm im Wasser nach dem Dorfe zu transportieren, wo er verarbeitet wird. In der Trockenzeit wird die Arbeit durch Wassermangel oft sehr erschwert. Wenn es sehr heiß und trocken ist und selbst in den tiefgelegenen Sagobeständen kein Wasser mehr zu finden ist, muß die Frau das herausgeraspelte Sagomark oftmals nach einem geeigneten Wasserplatz tragen, woselbst es weiterverarbeitet wird, doch wird man, wenn es irgendwie möglich ist, nur an einem solchen Platz Sago bereiten, in dessen Nähe sich auch genügend Wasser vorfindet, und wird sich daher vor allen Dingen nach dem Vorhandensein von Wasser richten. Das Auswässern des Sagomarks geschieht mittels eines Apparates, der auf Tafel 27, Abb. 1 zu sehen ist, wie er sich an andern Orten des Archipels auch wiederfindet. Der untere Teil einer Sagoblattscheide *(Puki)* wird schräg aufgestellt, mit dem breiten vom Stamm losgelösten Teil nach oben, der auf einer zweiten Sagoblattscheide, die im Boden steckt, aufruht. Das andere Ende mündet in eine dritte rinnenförmige Sagoblattscheide, die auf dem Boden liegt und mit eingesteckten Stöckchen in ihrer Lage festgehalten wird. In ihr setzt sich der ausgewässerte Sago ab. Das abgeraspelte Sagomark wird in den obern breiten Teil der schrägstehenden Sagoblattscheide *(Apahan)* gebracht. Mit einem Schöpfer, einer Kokosschale, die an einer langen Sagoblattrippe hängt, schöpft die Frau Wasser aus dem Sumpf oder dem nebenan gegrabenen Wasserloch, übergießt mehrmals die Masse und schlägt *(hore* = schlagen des Sagomarks) hierauf mit einem Stock *(Kohavek)* das unverarbeitete Sagomark. Sie drückt die Masse aus, übergießt sie nochmals mit Wasser und schlägt sie zum zweiten Male. Dies wird drei- bis viermal wiederholt, wonach das ausgewässerte Mark *(Mam)* beiseite geworfen und der *Ahapan* mit frischem Sagomark gefüllt wird. Der ausgewässerte Sago setzt sich in der horizontalen Sagoblattscheide als feine rötliche oder gelbe Masse ab, die nach einiger Zeit als halbzylindrischer Sagolaib herausgenommen werden kann. Am unteren Teile des *Apahan* ist ein Stück des gewebeartigen Bastes der Kokospalme *(Pāta)* befestigt, das wie ein Sieb die mitgeschwemmten Teilchen des Sagomarkes zurückhält. Der fertige Sago wird bei den Inlandbewohnern sogleich in geräumige, von Bast geflochtene Körbe gefüllt und nach dem Dorfe gebracht. Er bleibt in diesen bis zur Verwendung, gerät aber, auf solche Weise aufbewahrt, leicht in Gärung und erhält dann einen säuerlichen Geschmack. An der Küste pflegt man hingegen die Sagolaibe vorsichtig aus der Rinne zu holen und sie kurze Zeit in die Asche eines glimmenden Feuers zu legen, wodurch sie genügend hart und trocken werden. Zugleich läßt sich von den frischgebackenen Sagolaiben eine dünne gelatinöse Haut abziehen, die sog. *Babu*, die als Leckerbissen sogleich verspeist wird. Sodann werden die Sagoballen je zwei und zwei in ein Kokosblatt eingeflochten und ins Dorf gebracht, wo sie in den Weiberhütten aufgehängt werden.

Eine Sagopalme mittlerer Größe liefert nach Aussage der Eingeborenen ca. 15 solcher Doppellaibe, und es kann eine Frau, wenn sie fleißig ist, das Sagomark in drei bis vier Tagen verarbeiten. Nun reicht ein Doppelsagolaib, aus dem die Küstenbewohner verschiedene Kuchen backen, für eine Familie von vier Personen ca. fünf Tage. Nach 2½ Monaten muß also wiederum eine Sagopalme gefällt und verarbeitet werden. Es ist also verhältnismäßig ein geringer Arbeitsaufwand zur Beschaffung des Hauptnahrungsmittels notwendig. Bei den Inlandbewohnern, welche weit mehr Sago konsumieren, da für diese die Kokosnuß als Nahrungsmittel nur untergeordnet in Betracht kommt, ist der Sagoverbrauch dementsprechend größer, und es müssen die Frauen und Mädchen bedeutend mehr Sago bereiten, als die an der Küste. Der Gipfel der Sagopalme liefert geschabt und gedämpft ein zartes, wenn auch wenig schmackhaftes Gemüse, das dem aus jungen Bambusschößlingen ähnlich ist.

Der Sago wird im offenen Feuer geröstet, wobei sich nach jedem Rösten oder Röstprozeß eine gallertartige Haut abziehen läßt, die gegessen wird. Man nennt den gerösteten Sago *Kabo-kabo*. Häufiger werden aus dem Sagomehl verschiedene Kuchen gebacken, was ausschließlich Sache der Weiber ist.

Die Inlandbewohner, welche den Sago gewöhnlich ohne Kokos essen, pflegen das Sagomehl mit Wasser ein wenig anzufeuchten und zu einer Kugel oder einem länglichen Laib zu kneten und in Blätter zu wickeln, worauf es in einem Kohlenfeuer oder auf heißgemachten Steinen langsam durchgebacken wird. Wo sich viel dünnhalmiger Bambus (*Song* = Bambusa longifolia) findet, pflegt man die Abschnitte der Halme mit Sago zu füllen und ins offene Feuer zu legen, worauf sich nach einiger Zeit der gallertige Sago als lange Wurst herausziehen läßt. Da, wo genügend Kokos vorkommt, wie z. B. an der ganzen Küste, pflegt die Frau einmal täglich, und zwar des Abends Sagokuchen zu backen. Für gewöhnlich ist dies der *Kumbu-ti-dah* oder *Dah-kumbu*, d. h. der Sago-Kokos-Kuchen. In der Bereitung dieses Sagokuchens erschöpft sich die ganze Kochkunst der *Marind*-Frau.

Kumbu nennt man den mit einer Muschelschale feingeschabten Kern der Kokosnuß, der mit mehr oder weniger viel Sagomehl gleichmäßig vermischt wird. Das erste, was jedoch die Frau zu tun pflegt, wenn sie Sagokuchen bereitet, betrifft die Herrichtung des Feuers, denn gebacken wird stets auf heißgemachten Steinen. Es sind also vor allen Dingen Steine notwendig, aber solche finden sich bekanntlich im ganzen Küstengebiet nur an wenigen Stellen; daher pflegt man die Steine durch gebrannten Ton zu ersetzen, Häufig werden auch Stücke von Termitenhaufen gebrannt, die infolge ihrer Porosität leicht heiß werden; daher pflegt die Frau, wenn sie das heimatliche Dorf für einige Zeit verläßt, stets auch die gebrannten Tonstücke mitzuschleppen, die zum unentbehrlichsten Haus- und Kücheninventar gehören, während Schüsseln und andere Geräte viel weniger in Betracht kommen. Gewöhnliche Holzschüsseln kommen wohl an der Küste vor, im Innern fast nirgends; sie finden aber nur sehr untergeordnete Verwendung, denn eine Blütenscheide (*Soteh*) der wilden Arecapalme ersetzt vollständig die mühsam herzustellenden Schüsseln und ist zudem viel größer und handlicher. Sie kann stets erneut werden, ist leicht und braucht auf großen Reisen nicht mitgenommen zu werden, weil man Arecablütenscheiden überall zur Hand hat.

Abends, wenn die Frau aus den Pflanzungen zurückgekehrt ist, und die Sagokuchen gebacken werden müssen, pflegt sie also vor allen Dingen ein Feuer zu machen; zu diesem Zweck schichtet sie mehrere Lagen abwechselnd Holz und Steine aufeinander und steckt ersteres in Brand.

Inzwischen schabt die Frau den Kokoskern, — für vier Personen genügt eine große Nuß, — mischt den *Kumbu* mit Sago und befeuchtet das Gemisch mit etwas Wasser oder Kokosmilch. Hierauf wird es auf Bananenblätter ausgebreitet und zu viereckigen Paketen eingewickelt. Anstelle der zeitweise seltenen

Bananenblätter nimmt man etwa auch die Blattfiedern der Sagopalme, von denen die Rippen losgelöst werden, und es werden mehrere solcher Blattfiedern aneinandergefügt, d. h. mit Stückchen der Rippen aneinandergeheftet. Nachdem das Holz verbrannt ist, werden die Pakete auf die heißen Steine gelegt und ebensolche Steine auf die Blätterpakete, wozu sich die Frau einer Zange von Bambus bedient. Schließlich wird das Ganze mit mehrfachen Lagen Eukalyptusrinde *(Bus)* bedeckt, welche die Wärme zusammenhält, und einige Zeit sich selbst überlassen, bis die Sagokuchen durchgebacken sind. Auch Fleisch, Früchte, Fische und andere Speisen werden gleichzeitig mitgebacken.

In frischem Zustande, noch warm, ist dieser Sagokuchen sehr schmackhaft, wobei nach unserm Geschmack bloß noch das Salz fehlt.

Alle diese Verrichtungen pflegt die Frau vor der Hütte auszuführen; nur wenn es regnet, sucht sie die Weiberhütte auf.

Dies ist also der Sagokuchen des Alltags. Die Frau verfertigt ihn, wie gesagt, täglich einmal und zwar abends. Bei Festen wird ein solcher Kuchen von riesiger Dimension gemacht. — Außer diesem gewöhnlichen Sagokuchen kennt man noch eine Reihe anderer Speisen, die man meistens bei festlichen Anlässen und Trauerfeiern oder nach erfolgreicher Jagd oder, wenn die Früchte reif werden, herstellt.

Kakada (Sagofleischkuchen). Kokos wird geschabt und mit Sagomehl vermischt. Hierauf wird gebratenes Känguruh- oder Schweinefleisch fein zerteilt (zerrissen) und gleichfalls mit dem Sago und der Kokos vermischt. Das Ganze wird, wie oben beschrieben wurde, gebacken.

Wird der Kuchen mit *Sareh* übergossen, so nennt man ihn *Vaseb. Sareh* ist der Saft der reifen, im Keimen begriffenen Kokosnuß, welcher ausgedrückt oder ausgekaut wird. Er wird auch zum Einölen des Körpers und der Haarverlängerungen verwendet.

Ngåramo. Auf den Sagokokoskuchen werden, ehe das Paket zugemacht und gebacken wird, große Stücke Fleisch oder ganze Fische, Muscheln oder anderes gelegt. Hierauf wird er gebacken wie der *Kumbu-ti-dah.* Man spricht von *Basik-ngåramo*, *Saham-ngåramo*, *Avē-ngåramo*, *Kiu-ngåramo*, *Uarad-ngåramo* usw., d. h. Schweinekuchen, Känguruh-Kuchen, Fischkuchen, Krokodilkuchen, Muschelkuchen usw.

Udeh. Sago wird vermischt mit den gelappten Blättern eines Strauches namens *Dengole.* Das Gemisch wird mit *Sareh* übergossen und gebacken. Die *Dengole*-Blätter pflegt man auch bloß gedämpft als Gemüse zu essen.

Pilu-ti-dah. Pilu sind die jungen Blätter des Taro, welche auch allein gedämpft als Gemüse gegessen werden. Manchmal werden sie auch mit Sago zusammen gebacken. Man befreit sie zu diesem Zweck von den Rippen und breitet sie auf einem Bananenblatt aus. Darauf kommt eine Schicht Sago, die man mit *Sareh* besprengt, worauf man das Paket auf heißen Steinen bäckt.

Siv. Der rohe Taroknollen *(Kemb)* wird mit einer Muschel geschabt und mit Sago vermischt, hierauf mit *Sareh* übergossen und in Bananenblättern auf heißen Steinen gebacken.

Kumakum. Geschabte Kokosnuß *(Kumbu)* wird mit gebratenen Bananen vermengt und zum Kuchen verbacken.

Ger (Bananenbrei). *Buti*-Bananen (das ist eine kurze, dicke, aber süße Sorte) werden erst allein gebacken und geschält; hierauf werden sie zerdrückt und mit Sagomehl gut verknetet. Das Gemisch wird in Bananenblättern zu einem Kuchen geformt, eventl. mit *Sareh* übergossen und in Blättern gebacken.

Diam ist ebenfalls ein Bananenbrei. Rohe aber ausgereifte *Sajo*-Bananen (eine weiche, süße Sorte mit langen Früchten) werden mit Sago und geschabter Kokos vermischt, eventl. mit *Sareh* übergossen und in Blättern gebacken.

Die Mahlzeiten werden meistens von beiden Geschlechtern getrennt eingenommen. Die Männer hocken in Gruppen beisammen um ein Feuer, desgleichen die Weiber mit den Kindern für sich.

Die Hauptmahlzeit wird einmal täglich, und zwar abends mit Einbruch der Dunkelheit eingenommen, sobald die von den Weibern vorbereiteten Sagokuchen durchgebacken sind. Sagokuchen und Kokos bilden die Hauptspeisen, andere Früchte und Fleisch sind für die Strandbewohner bloß Zuspeisen, für deren Beschaffung ein jeder selbst zu sorgen hat, während die Sagokuchen stets und täglich von den Frauen bereitet werden müssen. Nur nach gemeinsamer Jagd oder nach einem Fischfang wird die Beute unter die Teilnehmer verteilt. Besondere Weiberspeise bilden Muscheln und Seeschnecken, welche sie am Strande suchen, während das Fischen von beiden Geschlechtern und auf verschiedene Weise geübt wird. Im übrigen wird alles gegessen, was irgendwie genießbar ist, selbst saure und bittere Früchte und allerhand Gewürm, und selbst Insekten sind nach dem Geschmack des Eingeborenen. Alle Säugetiere bis zu den kleinsten Mäuschen und die von ihm geworfenen Jungen, alle Beuteltiere, Vögel, Schlangen, Varanus, Käferlarven und gewisse Raupen werden nicht verschmäht und auch die Unsitte des Läuseessens, die man seinem Freund oder seinem Hunde abliest, findet sich durchwegs verbreitet.

Was die übrigen vegetabilischen Nahrungsmittel anbetrifft, so sind hier in erster Linie die Bananen zu nennen, von denen man ca. 30 verschiedene Sorten kennt. Viele von ihnen können nur gebacken gegessen werden und haben dann den Geschmack von Knollenfrüchten, während andere wieder sehr süß und schmackhaft sind und den besten Bananensorten der Molukken und Sunda-Inseln nicht nachstehen. Taro und Jams sind bei den *Marind* als Nahrungsmittel nur von untergeordneter Bedeutung und gedeihen hier auch lange nicht so gut wie im östlichen Küstengebiet, wo die Knollenfrüchte zur Hauptnahrung gehören und den Sago vertreten. An kultivierten Fruchtbäumen, welche genießbare Früchte liefern, kommen nur wenige in Betracht; in keiner marindinesischen Pflanzung fehlt die Strandkastanie (*Hajam*—Inocarpus edulis), deren Früchte sehr beliebt sind. Dies gilt auch von zwei weiteren Fruchtbäumen, dem *Uarad* (Eugenia aquea) und *Objara* (Eugenia domestica). Kultiviert wird auch eine Manga-Art *(Wiwi)*, deren Früchte zwar etwas besser sind als die des wilden Mangabaumes, aber immerhin recht klein sind und sauer schmecken. Alle diese Früchte kommen als Nahrungsmittel nur untergeordnet in Betracht. Hingegen werden die Brotfrüchte *(Ingira)* recht viel gegessen, nachdem man sie im offenen Feuer gebacken hat. — Als Gemüse kennt der Eingeborene außer dem schon erwähnten *Dengole* und jungen Bananenschoßen, sowie den Knollenfrüchten noch eine wildwachsende Leguminose *(Salisra)*, deren erbsenartige Früchte mit Vorliebe geröstet gegessen werden, und weiterhin die jungen Fruchtkolben von Sacharum spec. *(Kapatu)*. Alle diese Früchte werden natürlich nur zu einer gewissen Jahreszeit reif, sind dann aber um so mehr geschätzt, während man zu andern Zeiten neben dem Sago und den Kokosnüssen recht wenig Abwechslung und Zuspeisen hat und sich mehr auf animalische Nahrung beschränken muß. — Andererseits gibt es wieder Zeiten, wo man in einem Überfluß von Bananen und Knollenfrüchten schwelgt und manches zu Grunde gehen läßt, da man nicht weiß, wohin damit. Des Interesses wegen will ich noch einige eingeführte Früchte erwähnen, die allerdings nur teilweise Anklang gefunden haben. Es ist dies die Papaja und die Wassermelone. Obwohl die Papaja schon ziemlich weit ins Innere hinein sich verbreitet hat, so wird sie von dem Eingeborenen dennoch nur selten gegessen, wenn nicht ganz verschmäht. Sie ist anscheinend nicht nach seinem Geschmack.

Weniger ist dies der Fall bei der Wassermelone, welche von dem Eingeborenen der Küste vielfach angepflanzt wird; aber auch sie spielt niemals die Rolle, wie seine seit alters bekannten und seit Generationen kultivierten Früchte, und sie wird auch niemals etwa an Stelle der Banane, ja selbst der sauren Manga- und Eugeniafrüchte oder des Zuckerrohres treten, die bei keinem Fest fehlen dürfen, und es wird z. B. dem *Marind* niemals einfallen, eine Wassermelone oder Papajafrüchte zu einem Fest zu bringen und an der alten Sitte etwas zu ändern. Zu den eingeführten Nutzgewächsen gehört schließlich auch der Maniok, der sich zwar großer Beliebtheit erfreut, aber nur an wenigen Stellen vom Marindinesen der Küste gepflanzt wird. Merkwürdiger Weise fand ich am obern *Bian* bei einigen Siedelungen große Maniok-Bestände, die vielleicht gegen eine Einführung der Pflanze durch die Fremden sprechen könnten. Leider versäumte ich die Eingeborenen nach der Herkunft dieses Gewächses zu fragen. Jedenfalls wußten die Eingeborenen der Küste noch vor kurzem nichts von ihm.

Liste von Pflanzen, deren Früchte, Wurzeln, Blätter oder andere Teile genossen werden.

Ariri
Arong
Barau (Brotfruchtbaum)
Bong
Bure
Dengole (Strauch m. gelappten Blättern)
Doga
Erueket
Gatawo
Hais-kåy (Maniok)
Hajam (Inocarpus edulis)
Hong-a-hong
Irabis
Kambimb
Kametwar
Kapatu (Saccharum spec.)
Kåv (Dioscorea)
Kemb (Colocasia antiquorum)
Kua napet (Banane)
Nar (Dioscorea)
Objara (Eugenia domestica)
Od (Saccharum offic.)
Ongat (Cocos nucifera)
Salisra (eine Leguminose)
Samanga (Wassermelone)
Saruakrir (eine Pandanacee)
Uarad (Eugenia aquea)
Wiwi (Manga)
Wokamu

Bananensorten *(Napet)*

Aed
Apasăr
Bange
Batend
Buti
Dajom
Damau
Darare
Darau-angib
Dē-napet (Holzbanane)
Ese
Jaku
Jemba
Jorĭm
Kadamo
Kaguwa
Kidub (Adler)
Manai
Mase-mase
Mbukra
Novati
Patind
Pau
Puvra
Seniju
Sesajo
Sewar
Tatap
Ued
Waronga.

Sagosorten *(Dah)*

Aritir
Boi
Bor
Eviapatin
Juka
Kumu
Tad
Towah
Wiprá
Wiriba.

Zuckerrohrsorten

Bur
Darau
Kasabod
Katamu
Kimod
Od
Reharé
Suba.

Tarosorten *(Kåv)*

Agtaga
Angat-hévaai
Anim-kåv
Bo-a-bo
Gomar (Eberhauer)
Ingtali
Jonguli
Malingu
Mariput
Ponei
Sanga
Sawitu
Tepawa
Uareng
Uarsa
Worapaur.

Jamssorten

(Kemb)
Band
Barok
Bavoka

(Nar)
Dakra-kium
Kambodara
Kium

Kap
Kujata
Såv-barok
Sumai
Suvam
Vas
Nau
Oveka.

Die Genußmittel.

Zu den Genußmitteln gehört in erster Linie das Betelkauen, welches sich bei den *Marind* außerordentlicher Beliebtheit erfreut. Merkwürdigerweise ist diese Sitte bei den benachbarten *Kanum-anim* gar nicht bekannt, und wo diese im holländischen Gebiet Betel kauen, haben sie dies zweifellos von den *Marind* gelernt. Bei den *Jee-anim* kaut man Betel, aber sehr mäßig. Statt dessen sind diese Eingeborenen starke Raucher.

Die verschiedenen Arten von Betelpalmen *(Kanis)* und Betelpfeffer *(Dedami)* werden in den Pflanzungen gezogen. Hat man diese beiden Ingredienzien, so kaut man sie mit Kalk, der aus Muscheln gebrannt wird. Betelkorb und Kalkkalebasse bilden die unzertrennlichen Begleiter der *Marind*, und sie werden dem Jüngling oder Mädchen bei ihrem Fest, d. h. dem jungen *Ewati* und der *Kiwasum iwåg* von einem Verwandten überreicht.

Außer den Arecanüssen und dem Betelpfeffer, von dem übrigens sowohl die Blätter als auch die Früchte und in Ermangelung dieser sogar die Wurzeln gekaut werden, kennt man eine Reihe von Ersatzmitteln, wie: scharfschmeckende Lianenblätter und Rinden von Mangroven *(Gatana, Batna, Tarambu, Ndara, Objara* u. a. m.), im Notfalle auch geschabte Kokosnußschale.

Großer Beliebtheit erfreut sich auch eine dattelförmige Frucht namens *Akē*, deren weißer Kern häufig mit Arecanüssen und Betelpfeffer zusammen gekaut wird.

Alte Leute, die nicht mehr Betel kauen können, bedienen sich zum Zerstampfen der Ingredienzien eines kleinen hölzernen Mörsers, dessen Äußeres die Form einer kleinen Trommel hat und mit denselben Ornamenten versehen ist.

Zum Zerstampfen der Ingredienzien bedient man sich in der Regel eines länglichen runden Steins oder eines hölzernen Stößels. Als besondere Liebenswürdigkeit gilt es auch, wenn eine jüngere Person, die noch gute Zähne besitzt, einem Alten die Ingredienzien erst vorkaut und hierauf den ziegelroten Brei dem Alten auf den Handrücken spuckt. Betel wird zu allen Tageszeiten, man kann fast sagen beständig, gekaut, und man trägt den zerkauten Brei fast stets im Munde, womit häufig auch die Schweigsamkeit der Alten oder wenigstens ihre Sprechfaulheit zusammenhängt. Auch nach vollendeter Mahlzeit, nach der man das Dorf verläßt oder irgend eine Verrichtung vornimmt, pflegt man stets erst Betel zu kauen.

Wo Betel nicht oder nur wenig gekaut wird, pflegen die Eingeborenen Tabak zu rauchen. Früher, vor dem Erscheinen des Europäers, soll das Rauchen überall, auch an der Küste üblich gewesen sein, und erst der eingeführte Tabak soll den einheimischen selbstgepflanzten verdrängt haben. Damit kam aber auch das Tabakkauen auf, das früher ebenso unbekannt war, aber heute zu einem fast unentbehrlichen Bedürfnis der Eingeborenen bis weit ins Innere geworden ist. So viel ich gesehen habe, scheint dies jedoch nicht durchgehend der Fall zu sein. Am obern *Bian*, wo die Eingeborenen mit der fremden Kultur noch fast gar nicht in Berührung gekommen sind, ist beispielsweise das Rauchen nicht üblich und war es nie gewesen. Hingegen kaut man Betel, und dasselbe gilt auch von andern Orten im Innern. Auch erhalten die Inlandbewohner niemals so viel importierten Tabak, daß er den einheimischen etwa verdrängen könnte. Umgekehrt pflegen die *Jee-anim* und die östlichen Nachbarstämme sehr stark zu rauchen, kauen aber nur sehr wenig oder gar keinen Betel. Es scheint sich also folgendes zu ergeben: Entweder wird geraucht oder Betel gekaut, aber selten beides zugleich. Ich glaube entschieden, daß auch bei den Küsten-*Marind* die Verhältnisse früher nicht viel anders lagen als heute, und daß das Rauchen ehemals allgemein Sitte gewesen ist. Nirgends bei den *Marind-anim* findet man, daß Tabak gepflanzt wird, während dies bei den *Jee-anim* und den *Kanum-anim* in jedem Dorfe der Fall ist; eine Ausnahme macht *Senajo*, dessen Bewohner jedoch die Sitte zu rauchen zweifellos von ihren nördlichen Nachbarn übernommen haben.

Man raucht den Tabak aus langen Bambusrohren, die beiderseits der Internodien abgeschlossen sind. Das eine Internodium wird durchbohrt und dient als Mundöffnung und eine seitliche Öffnung am andern Ende dient zum Einstecken eines dünneren seitlichen Bambusrohres, dem Pfeifenkopf, in den der Tabak mittels eines tütenförmig zusammengerollten grünen Blattes oder eines Stückchens Eukalyptusbast eingesteckt wird. Oftmals fehlt auch das seitliche Rohr. Dann wird der Tabak mit dem Deckblatt direkt in die Seitenöffnung gesteckt. Im Gegensatz zum eingeführten Handelstabak, der nur gekaut wird, pflegt man den einheimischen nur zu rauchen. Man trocknet die Blätter dicht am Feuer, oder man befestigt sie mit den Stielen an einem Stäbchen, das in die Dachbedeckung der Hütte gesteckt und sich selbst überlassen wird, bis es vollständig trocken ist. — Die *Jee-anim* und die Leute von *Senajo* pflegen auch die getrockneten Tabakblätter zu langen Schnüren zu verflechten. Diese bilden einen beliebten Tauschartikel unter den Leuten des Stammes, den die tabakkauenden Küstenbewohner jedoch verschmähen und in keinem Falle mit dem importierten Tabak vertauschen würden. Der einheimische Tabak scheint also von minderwertiger Qualität zu sein und übt eine starke betäubende Wirkung auf die Raucher aus, obschon nur eine ganz kleine Quantität in ein Deckblatt gerollt wird und schon nach zwei Zügen verbrannt ist. Ist die Pfeife voll Rauch, so wird sie rasch dem Nachbar hingereicht, der ebenfalls einen Zug macht und sie weiterreicht. So macht die Pfeife die Runde, worauf sie von neuem mit Tabakrauch gefüllt wird. Bei den *Jee-anim* und *Kanum-anim* raucht alles und fast beständig, selbst die Kinder und Frauen stehen darin nicht zurück.

Als weiteres Genußmittel kennt man eßbare Erden, und es gibt verschiedene Fundstellen für diesen grauen oder gelblichweißen Ton, welcher säuerlichen Geschmack besitzt. Je nach dem Aussehen, Geschmack und der Herkunft werden verschiedene Sorten unterschieden, die zum Teil sehr geschätzt werden und selbst als Tauschmittel verhandelt werden. Besonders beliebt ist ein weißer Ton *(Po)*, welcher sich u. a. bei *Senajo* findet und daselbst gegraben wird. Er dient sowohl als kosmetisches Mittel zum Bemalen des Gesichts und Körpers, wie auch als Genußmittel, und wenn die Leute von *Senajo* nach der Küste kommen, pflegen sie stets von diesem Ton mitzubringen und an die Leute der Küste zu vertauschen. Ein anderer grauer rezenter Seeton heißt *Dave* und findet sich an vielen Stellen am Strande. Er besitzt ebenfalls säuerlichen Geschmack und soll gut sein für den Magen und wird namentlich von den schwangeren Frauen gegessen. In *Mevi* sah ich, wie eine Schwangere große Mengen von diesem Ton in laibförmige Klumpen formte und diese an der Sonne trocknete. „Er soll genossen für die Leibesfrucht bekömmlich sein," erklärte mir die Frau, „und muß bis zur Geburt des Kindes täglich genossen werden". Dasselbe erwähnt Neuhauß von den Bukaua[1]), und auch auf andern Inseln kennt man die Anwendung dieser eßbaren Erden besonders im Falle der Schwangerschaft. So wird z. B. auf Bali in jedem Desa auf dem Bazar ein eßbarer Ton feilgehalten, der sich an einer bestimmten Stelle im Westen der Insel findet und ebenfalls von den schwangeren Frauen genossen wird. Es muß also dieser säuerliche Ton tatsächlich eine günstige Wirkung besitzen, vielleicht durch Vermehrung des Magensäuregehalts.

Unbekannt ist den *Marind* die Verwendung von Salz zum Würzen der Speisen. Selbst der Küstenbewohner macht keinen Gebrauch vom Meerwasser oder mit Wasser durchtränkten Gegenständen. Allerdings kann er sein Salzbedürfnis vollkommen durch den Genuß von Mollusken, Fischen und Krebsen befriedigen, nicht aber der Inlandbewohner. Dieser pflegt jedoch sehr häufig und mehr als die Eingeborenen der Küste Salz zu genießen, das durch Verbrennen von Sagolaub gewonnen wird. Es ist dies ein sehr unreines Salz und enthält mehr Kali- als Natronsalze. Es wird aber ebenfalls nicht zum Würzen der Speisen verwendet, sondern nur als Delikatesse genossen, und zwar häufig mit einer scharfen Wurzel zusammen, einer Zingiberacee namens *Bagau.* — Am obern *Bian* nennt man dieses unreine Salz *Tabla;* es wird beim Schnupfen durch die Nase getrunken.

Der *Uati* (Piper methysticum) ist das am meisten geschätzte Genußmittel, aber auch das stärkste in seiner Wirkung. Man kaut die Stengel der Pflanze, die außerordentlich bitter sind, und spuckt den Kausaft in eine kleine halbierte Kokosschale worauf man das fast ungenießbare Getränk mit einem Schluck herunterleert, wozu es auch für den alles essenden Eingeborenen einer nicht geringen Überwindung bedarf. Es pflegen daher die *Uati*-Trinker beim Herunterschlucken des Getränks allerhand Manipulationen und Stellungen vorzunehmen. Die einen halten sich die Ohren zu, verzerren das Gesicht zu einer Grimasse, andere halten sich krampfhaft fest, so bitter ist das Getränk, aber dessen ungeachtet pflegt der *Marind* allabendlich vor dem Einschlafen und in der Regel auch des morgens nach eingenommener Mahlzeit seine Schale voll *Uati* zu kauen und zu sich zu nehmen, worauf er sich zum Schlafen begibt.

Der *Uati* besitzt eine stark berauschende Wirkung und kann, in größeren

[1]) Neuhauß: Deutsch-Neu-Guinea, Bd. 1, S. 275.

Mengen genossen, sogar schädlich werden, Übelkeit und Erbrechen sind die unausbleiblichen Folgen, wenn einer über sein Maß hinaus *Uati* getrunken hat. *Uati* trinken alle Männer vom *Miakim* an; vereinzelt pflegt auch die Frau *Uati* zu genießen, und von den Mädchen wird er nebst einer Reihe anderer scharfer Kräuter und Wurzeln als Abtreibungsmittel verwendet.

Die *Kanum-anim* kennen diese Genußmittel nicht, wohl aber die *Jee-anim*, welche den *Uati* ebensoviel genießen, wie die *Marind-anim*.

Jagd und Fischfang.

Der Bedarf an animalischer Nahrung wird fast auschließlich durch die Jagd und den Fischfang bestritten, wenn man von den seltenen und nur bei besonderen Gelegenheiten stattfindenden Schweinefesten absieht, für welche auch einzig und allein die zahmen und gemästeten Dorfschweine bestimmt sind. Infolgedessen bilden die Jagd und der Fischfang einen nicht minder bedeutenden Nahrungserwerb als der Pflanzbau und die Beschaffung vegetabilischer Nahrung, und es können die immerhin recht primitiven Methoden zur Ausübung der Jagd und Fischerei infolge jahrhundertelanger Erfahrung und Anpassung als recht zweckmäßig und wirkungsvoll bezeichnet werden.

Als Jagdwild kommen vor allem in Betracht: das Känguruh, das Wildschwein und der Kasuar, während Vögel und kleinere Tiere, wie der Cuscus, der Varanus und die Beutelratte von untergeordneter Bedeutung sind, und das Krokodil fast stets in Gruben und mit Fallen lebend gefangen wird. Je nach den äußeren Verhältnissen, ob im Wald oder in offener Steppe, wird die Jagd in verschiedener Weise ausgeführt, immer aber wird sie nicht von einzelnen Personen, sondern von sämtlichen männlichen Dorfbewohnern betrieben.

In der offenen baumlosen Steppe, dem Aufenthaltsplatz des Känguruh, ist die Jagd zur Trockenzeit eine sehr einfache Sache und um so leichter, je mehr Personen beteiligt sind. — In weitem Halbkreise wird das trockene Gras in Brand gesteckt, so daß die offene Seite des Halbkreises dem Winde abgekehrt ist. Hier stellen sich die Männer und Jünglinge mit ihren Hunden und mit Bogen und Pfeilen, Speeren und Stöcken bewaffnet auf und machen sich über die durch Feuer und Rauch aufgeschreckten Känguruh her. Auf diese Weise wird zur Trockenzeit die Steppe in der Nähe von Siedelungen meilenweit im Umkreise abgebrannt. Neben ihrer großen Ergiebigkeit hat aber diese Jagdmethode natürlich den Nachteil, daß sich in einem bestimmten Gebiet nur einmal jagen läßt, und daß die in Brand gesteckte Steppe weiter und weiter brennt, und das Jagdwild unnötigerweise vertrieben wird. Aber auch dem gegenüber ist der Eingeborene nicht so ganz sorglos, wie man vielfach glaubt, und beginnt mit dem Abbrennen der Savanne erst in entfernten und in der Richtung des Streichen des Windes gelegenen Strecken und mit Rücksicht auf das gewünschte Umsichgreifen des Feuers, und er wird auch niemals unnötigerweise oder bloß zum Scherz die Savanne anbrennen. In den Grenzgebieten zweier Siedelungen pflegt man natürlich stets gemeinsam zu jagen, da das Jagdwild als gemeinsamer Besitz angesehen wird.

Wesentlich anders verläuft die Jagd im dichten Walde auf das Wildschwein und den Kasuar. Hier ist die Mithilfe des Feuers nicht möglich. Statt dessen pflegt man oftmals an geeigneten Stellen und am zweckmäßigsten quer zu einem Flußlauf aus Ästen und Zweigen einen hohen Zaun zu bauen, der sich vom Flußlaufe an quer ins Innere hinzieht, um das Ausweichen des Wildes zu verhindern und es in die Enge treiben zu können. Solche Vorsichtsmaßregeln nehmen natürlich dementsprechend mehr Zeit in Anspruch, und es pflegen daher die Bewohner der offenen Savanne und die des Waldes die Jagd wesentlich anders zu betreiben. Für die Inlandbewohner spielt die Jagd natürlich eine weit bedeutendere Rolle als Nahrungserwerb als für den Strandbewohner, dem das Meer jederzeit reichliche animalische Nahrung liefert, und von dem die Jagd nur im Hinblick auf festliche Anlässe ausgeübt wird; und es muß sich der Strandbewohner schon ziemlich weit von seinem Dorfe ins Innere nach den Steppen und Savannen begeben, wo das Känguruh erfolgreich gejagt werden kann. Vor jedem Fest ist für den Strandbewohner die Jagd eine unerläßliche Vorbereitung, und es pflegen dann die männlichen Dorfbewohner jeweilen 2—3 Tage im Jagdgebiet zu verbringen, woselbst man kampiert und die Nacht zubringt und sich gleichzeitig wieder einmal satt ißt; meistens befinden sich dann auch in der Nähe des Jagdgebietes kleine Niederlassungen, die zur Jagdzeit aufgesucht werden. — Das Fleisch der zuerst erlegten Tiere muß dann natürlich sogleich gebraten und geräuchert werden, damit es bis zur Rückkehr ins Dorf und bis zum Feste nicht verdirbt. Man pflegt das Räuchern und langsame Rösten über dem Feuer täglich zu wiederholen; auch Fische werden nach reichem Fang auf diese Weise vor dem Verderben konserviert und bleiben so oft wochenlang genießbar.

Anders der Waldbewohner, für welchen die Jagd einen nicht minder wichtigen Nahrungserwerb darstellt als das Pflanzen und Bereiten von Sago. Zu gewissen Zeiten in der Trockenperiode werden die Siedelungen regelmäßig verlassen, man begibt sich ins Jagdrevier, wo sich meistens kleine Nebensiedlungen oder Lagerplätze befinden, in deren Nähe vielleicht auch Pflanzungen und Sagobestände sind, so daß auch die Frauen gleichzeitig mit der Beschaffung vegetabilischer Nahrung beschäftigt sind, während sich die Männer mit der Ausübung der Jagd befassen.

Während man die Känguruh ohne weitere Vorbereitungen zu jagen pflegt, werden die Schweine sehr häufig und die Krokodile fast immer mit Fallen lebend eingefangen. Man kennt zwei Systeme von Fallen, die auf Tafel 29 und 30 wiedergegeben sind, und verwendet die eine namentlich für die Schweine, die andere vorwiegend für die Krokodile. Beide Systeme erfreuen sich bei allen Stämmen beliebter Anwendung, am meisten aber wiederum bei den Inlandbewohnern, bei welchen die Jagd und die Beschaffung animalischer Nahrung überhaupt eine weit bedeutendere Rolle spielt als beim Strandbewohner, bei welchem umgekehrt der Pflanzenbau seine höchste Vollkommenheit erreicht. — Eine Krokodilsfalle, wie man sie am Oberlauf der Flüsse überall häufig zu sehen bekommt, ist auf Tafel 29 schematisch wiedergegeben. Der umzäumte Raum, in dessen Innern sich der Köder befindet, besitzt nur auf der gegen den Fluß gerichteten Seite eine schmale Öffnung. Vor dieser befindet sich eine Rotanschlinge, durch welche das Krokodil durchschliefen muß, um ins Innere der Umzäunung und zum Köder zu gelangen. Dabei drückt es mit dem Kopf und dem Rücken den horizontalen Stab nach oben, welcher das angespannte Rotanseil festgeklemmt hält. Der gebogene Bambushalm schnellt zurück und zieht die Schlinge zu.

Weit wirksamer ist das zweite Fallensystem, das sowohl für Krokodile als auch für die Wildschweine benutzt werden kann und auf Tafel 30 schematisch wiedergegeben ist. Durch Lösung einer Sperrvorrichtung fällt die schräggestellte deckelartige Falle zu Boden, aus welcher das Tier nicht mehr entweichen kann.

Im Unterlauf der Flüsse, wo der feine graue Ton die Flußufer einsäumt und zur Ebbezeit beiderseits der Flüsse hohe Schlammbänke bildet, pflegt man die Krokodile auch in tiefen Löchern zu fangen. Man gräbt große tiefe Gruben in der Nähe des Flußes und bedeckt sie oberflächlich mit Blättern der Nipah- oder Sagopalme, auf welche man einen Köder legt. Wenn dann das Krokodil auf die Blätter kriecht, um den Köder zu holen, so bricht es durch und fällt in die Grube, aus der es nicht mehr herauskommt.

Für Vögel kennt man, so viel mir bekannt ist, keine Fallen, auch nicht für den Kasuar; hingegen soll man Vögel mittelst Schlingen zu fangen verstehen. Die Vogeljagd spielt besonders am obern *Bian* bei den *Zid-anim* eine bedeutende Rolle. Känguruh und Schweine sind daselbst sehr selten, wahrscheinlich weil das Land zur Regenzeit zum größten Teil unter Wasser steht, während in der Trockenperiode das Gras und Schilf regelmäßig abgebrannt wird; dafür hat sich hier die Jagd auf die zahlreichen Wasservögel mehr als anderswo entwickelt und bietet den Eingeborenen einen Ersatz für das fehlende Jagdwild.

Überall sieht man in den Sümpfen kleine bienenkorbartige Hüttchen auf Pfählen (Tafel 30, Abb. 3) oder bloß in den Boden gesteckte Palmwedel auf den sumpfigen Wiesen, in denen sich der Vogeljäger mit Bogen und Pfeilen verbirgt, um den Sumpfvögeln aufzulauern. Solche Vorsichtsmaßregeln haben sich nirgends so ausgebildet, wie hier am obern *Bian*, und es besitzen auch die Eingeborenen eine weit größere Fertigkeit im Schießen der Vögel als ihre südlichen Nachbarn, bei welchen der Vogel nur gelegentlich und dann in erster Linie seiner Federn wegen erlegt wird, während er hier als Nahrung das seltene Känguruh ersetzt.

Während bei den Waldbewohnern die Jagd zu einem unerläßlichen Nahrungserwerb gerechnet werden muß, spielt bei den Strandbewohnern der Fischfang eine nicht minder wichtige Rolle und wird von beiden Geschlechtern ausgeübt. Es haben sich jedoch für die beiden Geschlechter verschiedene Fischereimethoden herausgebildet, die streng auf sie verteilt sind, so daß es z.B. einem Mann nie einfallen würde, mit Fischnetzen zu hantieren, so wenig als die Weiber zu Bogen und Pfeilen greifen würden.

Ausschließlich Sache der Weiber ist das Fischen mit den runden Fischnetzen *(Kipa)* und dem kegelförmigen Fischkorb *(Haupra)*, während die Männer und Jünglinge gewöhnlich die Fische schießen oder angeln und das Vergiften des Wassers besorgen, was ebenso wenig Weiberarbeit ist.

Zum Schießen der Fische bedient man sich in der Regel des gewöhnlichen

Arib, des leichten Kriegspfeils, dessen Spitze keinerlei Widerhaken besitzt. Seltener werden besondere Fischpfeile *(Ambata)* verwendet, die zwei bis vier Spitzen besitzen, während eigentliche Fischspeere, wie sie im englischen Küstengebiet gebraucht werden, vollständig unbekannt sind; nur gelegentlich werden gewöhnliche Jagdspeere oder zugespitzte Stöcke nach großen Fischen geworfen, die bei Eintritt der Flut sich in die Nähe des Strandes wagen. — Das Schießen der Fische ist neben der Jagd und namentlich für die Knaben eine beliebte Beschäftigung, in der sich schon die kleinen Jungen recht frühzeitig üben und bald eine große Geschicklichkeit erlangen, während die Mädchen ihrerseits mit den Netzen und Fischkörben umzugehen lernen.

Für den Küstenfischfang speziell bedient sich die *Marind*-Frau eines kegelförmigen Korbes, der *Haupra*, welcher aus den Zweigen einer gleichnamigen Mangrove hergestellt wird (s. Tafel 31, Abb. 3). Der Stiel besteht aus Bambus, welcher gespalten und mit dem Korb verflochten wird. Seitlich befindet sich eine Öffnung zum Herausholen der unter dem Korb geratenen Fische. Bei Eintritt der Flut begibt sich die Frau mit der *Haupra* an den Strand und läuft im seichten Wasser der Küste entlang, indem sie bei jedem Schritt die *Haupra* vor sich hin in eine ankommende Welle setzt (s. Tafel 31, Abb. 4). Es ist also ein bloßer Zufall, wenn ein Fisch unter die *Haupra* gerät, und er wird sich dann durch Plätschern und Aufspritzen des Wassers bemerkbar machen.

Fischnetze werden überall angefertigt und werden sowohl im Meere als auch in den Sümpfen, seltener in den Flüssen verwendet, Man verfertigt die Netze in allen Größen und Maschenweiten, auf deren Herstellung wir später noch zurückkommen werden; die ganz großen und schweren Netze werden natürlich stets von zwei Personen gehandhabt, während mit den kleinen eine Frau allein zu fischen pflegt. Zu bestimmter Jahreszeit bei Eintritt des Wetterumschlags, wenn das Meer vollständig ruhig ist, d. h. im Oktober oder November, ist für den Küsten-*Marind* die ergiebigste Zeit des Fischfanges, welche er nicht müßig vorbeigehen läßt. Man richtet sich also so ein, daß man um diese Zeit mit den Pflanzungen fertig ist und wieder ins Stranddorf zurückgekehrt ist. Auch die Netze pflegt man auf diese Zeit wieder instandzusetzen. Schon früh des Morgens begibt sich dann die ganze weibliche Bevölkerung nach dem Meer; das nur zu dieser Zeit vollständig klar und ruhig ist. — Die fischenden Weiber bilden im Wasser mit ihren Netzen einen weiten Kreis, dann laufen sie bis zur Brust im Wasser rasch aufeinander zu, indem sie auf diese Weise die Fische zusammentreiben und sie schließlich mit ihren Netzen aus dem Wasser herausheben. Aber auch die Männer sind nicht müßig und suchen mit Bogen und Pfeilen ihren Anteil zu erlangen. In diesen Tagen schwelgt dann der Eingeborene wie zu keiner andern Zeit des Jahres in Fischen, und wird darum von dem Inlandbewohner nicht wenig beneidet. Zu dieser Zeit pflegt auch eine kleine Crustacee in ungeheuren Mengen aufzutreten, so daß das Meerwasser an einzelnen Stellen ein milchigweißes Aussehen bekommt, und mit feinmaschigen Netzen pflegen die Frauen einzeln das Wasser durchzusieben. Die kleinen durchsichtigen Krebschen werden in Blätter gewickelt und nur kurze Zeit gedämpft oder mit Sago zu einem schmackhaften Kuchen gebacken oder auch roh gegessen.

Für den Inlandbewohner fällt die fischreichste Zeit in die Trockenmonate, wenn die Sümpfe und Bäche einzutrocknen beginnen, und die Fische auf diese Weise von selbst eingeengt werden und somit ohne große Mühe mit den Netzen herausgeschöpft werden können.

Spezielle Sache der Männer ist hingegen das Fischen mit Angelhaken, was aber angesichts der primitiven Geräte nur in sehr bescheidenem Maße Anwendung findet und erst neuerdings durch Einführen der eisernen Fischhaken sich mehr und mehr großer Beliebtheit erfreut. Der marindinesische Angelhaken kann in der Tat recht primitiv und wenig dienlich genannt werden. Es fragt sich überhaupt, ob er nicht eine neuere Erfindung ist und erst seit dem Bekanntwerden mit den europäischen Eisenhaken nachgebildet und aufgekommen ist. Der Strandbewohner verfertigt kleine zusammengesetzte Angelhaken aus den Bastrippen der Kokospalme, denen jeglicher Widerhaken fehlt (s. Tafel 31, Abb. 5), und schon des Materials wegen eignet er sich natürlich nur für ganz kleine Sumpffische; er findet daher nur in ganz beschränktem Maße Anwendung.

In den Flüssen bietet das Fischen wegen der Krokodile eine Gefahr, welche der *Marind* wohl im Auge behält. Man fischt daher an fischreichen Stellen der großen Flüsse auf andere Weise, die, obschon äußerst primitiv, so doch oftmals vorteilhaft angewendet wird. Man fährt mit dem Kanu, und oft mit mehreren hintereinander, in mäßiger Entfernung dem Flußufer entlang. Im Kanu hat man einige große Netze schräg aufgestellt, und einer der Insassen schlägt mit einer langen Sagoblattrippe auf die Wasserfläche, so daß die Fische erschreckt aufspringen und manchmal auch zufälligerweise ins Kanu oder in eines der Netze fallen. An fischreichen Stellen kann man auf diese Weise, wie ich mich selbst überzeugen konnte, oft mit geringster Mühe eine große Menge Fische erbeuten, wie es für den *Marind* auf andere Weise nicht so leicht möglich wäre.

Schließlich muß noch eine weitere Fischereimethode erwähnt werden, die in kleinen Bächen und Flüssen mit Vorliebe angewendet wird. Sie betrifft die Anwendung einer giftigen Liane *(Maningop)*, mit deren Wurzel das Wasser vergiftet wird, so daß die Fische betäubt werden. Die Anwendung dieses Fischgiftes ist auch in anderen Teilen Neu-Guineas bekannt.[1]) Leider geht aber bei diesem Verfahren alle Fischbrut zugrunde, worüber sich aber der Eingeborene keinerlei Gedanken macht. Gibt es nachher nichts mehr zu fangen, nun, dann gibt es eben nichts mehr; dann fischt man einige Zeit nicht mehr in dem Bach oder Sumpf. In der Regel wird er aber bei der nächsten Regenzeit wieder reichlich frisch belegt. Man verwendet, wie gesagt, die Wurzel der Pflanze, welche einen giftigen Saft enthält. Man pflegt sie erst vollständig zu zerklopfen, wonach sie im Wasser ausgewaschen wird, das dadurch milchig und trübe wird. Bei kleinen Bächen muß dies natürlich im Oberlauf geschehen, so daß das Wasser durchweg vergiftet wird. Am Unterlauf wird hingegen der Bach mit Zweigen und Palmblättern abgesperrt. Alsbald nachdem die geklopfte Wurzel im Wasser ausgespült worden ist, erscheinen die Fische an der Oberfläche des Wassers und schwimmen zappelnd auf dem Rücken, wobei sie mit Bogen und Pfeilen leicht

---

[1]) Vergl. Neuhauß: Deutsch-Neu-Guinea, Bd. I, S. 296.

zu erlegen sind, oder mit den Netzen herausgeholt werden hönnen. Ein solcher Fischfang kann eine enorme Ausbeute geben.

Hin und wieder pflegen die Inlandbewohner in den Flüssen auch ausgedehnte und komplizierte Wehranlagen zu bauen, in denen sich die Fische verfangen, worauf sie nach Abschluß der Öffnung ohne große Mühe gefangen werden können. Tafel 31, Abbildung 6 zeigt eine solche Wehranlage in einem Seitenbach des obern *Bian*.

In kleinen Bächen pflegt man auch Fischreusen zu legen, und wiederum sind es vorwiegend die Inlandbewohner, welche sich auf die Herstellung von Fischreusen verstehen, während man solche in der Nähe der Küste nur selten findet. Die Fischreusen bestehen meistens bloß aus einem gespaltenen Bambusrohr, das an einem Ende noch intakt ist. Die Spaltstücke werden spiralig mit einem Rotanstreifen umwickelt, so daß ein trichterförmiges Rohr entsteht, das nach außen zu immer weiter wird (s. Tafel 31, Abb. 1 u. 2). Derartige Fischreusen werden in allen Dimensionen hergestellt, und solche von 4 Meter Länge und 1 Meter Weite sind noch keine Seltenheit. Oftmals verfertigt man die Reuse auch aus Rotan, der mit kleinen Widerhaken besetzt ist, und zwar so, daß diese nach dem geschlossenen Ende der Reuse gerichtet sind und die Fische am Zurückweichen verhindern. Eine andere Vorrichtung hierfür kennt man nicht.

Beliebt sind auch die Flußkrebse, an denen die Flüsse in ihrem Oberlauf überall sehr reich sind, und die mit geringer Mühe gefangen werden können, wenn man nur das Ufergras aus dem Wasser zieht. Andernorts pflegen die Eingeborenen auch große Blätterkörbe mit Sagomark ins Wasser zu versenken, in denen sich die Krebse ansammeln, und die mit einer Schnur schnell herausgezogen werden können.

Als Nahrung kommt vom Wasserwild ebenso wie auf dem Lande alles Genießbare in Betracht, einbegriffen die kleinen Schnecken und Muscheln, von denen man kaum als Nahrung sprechen kann, die aber dennoch für den Strandbewohner eine beliebte Abwechslung bilden. Das Muscheln- und Schneckensuchen am Strande zur Zeit der Ebbe bildet eine beliebte Beschäftigung der Kinder und Frauen, während den Männern das Muschelessen ein zu mageres Vergnügen ist. Hat man gerade nichts in den Pflanzungen zu tun, so begeben sich Weiber und Kinder, jedes mit einem kleinen Blätterkorb und einem Stock versehen, nach dem weiten Strande, um den schlammigen Grund nach Muscheln zu durchsuchen.

Haustiere.

Schweine und Hunde sind die einzigen Haustiere, welche bei den Eingeborenen von Süd-Neu-Guinea gehalten werden. Das Schwein ist unentbehrlich für Feste und repräsentiert den Reichtum des Besitzers; wie in andern Teilen Neu-Guineas werden auch hier die Dorfeber, die für die Schweinefeste in Betracht kommen, kastriert, damit sie dick und fett werden sollen. Die Dorfsauen paaren sich dafür im Busch, oder man behält immer noch einige unkastrierte Eber. Man pflegt daher bei Festen stets nur die gemästeten und in der Regel kastrierten Eber zu schlachten. Das Kastrieren geschieht durch Wegschneiden der Hoden mit dem Bambusmesser, während man die Blutung mit einem Feuerbrand stillt. Die Hoden dienen, getrocknet und gepreßt, als Armschmuck der Männer und Jünglinge. Neben dem bessern Wachstum hat man bei der Kastrierung der Eber noch den Vorteil, daß sie nicht den Wildsauen im Busch nachjagen und auf diese Weise selbst verwildern. Die alten Schweine laufen frei im Dorfe herum, während die jungen meistens ihren Platz in der Weiberhütte haben. Nur am obern *Bian* sah ich in einzelnen Siedelungen richtige Verschläge für die Schweine, wahrscheinlich für die frisch eingefangenen Wildschweine. Das Aufziehen der Schweine ist stets Sache der Frauen und Mädchen und wird sehr gewissenhaft und nicht ohne gewisses Zeremoniell ausgeführt, was namentlich an den Schweinefesten zum Ausdruck kommt. Zauberformeln spielen natürlich eine Rolle, damit die Schweine rasch wachsen sollen und recht fett werden. Die Eberhauer bilden einen wertvollen Armschmuck des Mannes, aber man kennt kein Mittel, um ihr Wachstum zu fördern, und das Ausschlagen der obern Eckzähne zu diesem Zweck wird hier nicht geübt. Seit der Kolonisation ist der Schweinebesitz in den Stranddörfern sehr stark zurückgegangen, und das Hausschwein ist heute an der Küste geradezu eine Seltenheit. Ein großer Teil der Schweine wurde den Eingeborenen bei den Strafexpeditionen weggenommen; dann wurden von der Seite des Kontrolleurs von *Okaba* Klagen laut über das freie Herumlaufenlassen der Dorfschweine, die seinen Garten unsicher machten, und er gebot den Eingeborenen, ihre Schweine eingesperrt zu halten. Der eben erst unter die Hand der Regierung gekommene Eingeborene wußte natürlich nicht, was damit gemeint war, hatte er doch zuvor von einem Eingesperrthalten der Dorfschweine keine Ahnung gehabt. So schlachtete er in kurzer Zeit seinen ganzen Schweinebesitz ab, wodurch ganz zwecklos ein kolossaler Wert vernichtet wurde. Auf diese Weise den Eingeborenen erziehen zu wollen, ist gewiß von vornherein verfehlt, und zudem schadet sich die Regierung auf diese Weise wohl am meisten selbst. Mit der Schweinezucht geben sich an der Küste mehr und mehr die Koprahändler, anscheinend mit gutem Erfolg, ab.

Der **Hund** ist, wie überall in Neu-Guinea, auch hier ein gänzlich entartetes Geschöpf, mager und klein, nicht über 50 cm hoch und fast stets räudig. Trotzdem wird er vom *Marind* fast ebenso geliebt wie die eigenen Kinder, denn er ist für die Jagd unentbehrlich. Gegessen wird er nur ausnahmsweise. Wenn jemand stirbt, so pflegt man vielerorts einen Hund des Verstorbenen zu töten und zu verzehren. In andern Fällen wird sich der Eingeborene an seinem Hund niemals vergreifen, ihn schlagen oder gar töten und er wird es jedem sehr übel nehmen, der seinen Hund mißhandelt oder mit Stockschlägen vom Leibe halten will. Es kommt auch nicht selten vor, daß die Weiber die jungen Schweine und Hunde an ihren Brüsten aufziehen, während die alten Hunde sehr karg gehalten werden und sich die wenigen Speiseabfälle, welche der Eingeborene von seinen Mahlzeiten übrig läßt, selbst zusammensuchen; auch hierin äußert sich der Egoismus der Eingeborenen.

Andere Tiere, wie junge Känguruh, Kasuare, Störche und andere Vögel werden nur ausnahmsweise gehalten, um bei Gelegenheit verzehrt zu werden. Man pflegt so mit jedem Tierchen zu verfahren, selbst mit kleineren Strandvögeln, die man gelegentlich lebend in die Hände bekommt, und mit denen man spielt, bis sie zu Grunde gehen.

8. Die Waffen.

Die Hauptwaffen für Jagd und Krieg bilden Bogen und Pfeile, welche der Eingeborene eigentlich nie aus der Hand läßt und stets bei sich trägt. Im ganzen Gebiet südlich vom *Digul* wird der Bogen aus Bambus verfertigt, während am *Digul* und im Innern der Bogen stets aus hartem Palmholz hergestellt wird. Auch besteht hier im Süden die Bogensehne stets aus einem Rotanstreifen zum Unterschied der von einer Liane gedrehten Sehne der Stämme am *Digul* und weiter landeinwärts. Die längsten Bogen erreichen eine Länge von 2,20 m, soweit ich sie zu messen Gelegenheit hatte, und es sind oftmals im Innern die Bogen etwas größer und stärker als an der Küste, was vielleicht mit dem Vorkommen von geeignetem Bambus zusammenhängt. Es sagen auch die Eingeborenen an der Küste, daß der Bogen der Inlandbewohner größer und stärker sei, als die ihrigen, was wahrscheinlich auf deren Bambussorten beruht. Man kann im wesentlichen mit zwei verschiedene Arten von Bambusbogen unterscheiden, je nach der Ausbildung der Bogenenden. Bei dem einen, mehr an der Küste vorkommenden, werden beide Enden gleich ausgebildet und mit einem Ring von gedrehten Rotanfasern, dem sog. *Bea*, versehen, welcher die Sehnenschlinge festhält (s. Tafel 33, Abb. 1). Bei der zweiten Bogenform sind hingegen die beiden Enden ungleich ausgebildet, und man unterscheidet ein vorderes *(mahai)* und ein hinteres *(es)* Ende (s. Tafel 33, Abb. 2. u. 3). Hier wird die Sehne festgehalten durch einen kleinen Fortsatz bezw. eine Wulst, die aus dem Vollen herausgeschnitzt ist und das Abrutschen der Bogensehne verhindert. Beim Entspannen des Bogens, das jedoch für gewöhnlich nicht üblich ist, wird die Bogensehne stets über das vordere kürzere Ende abgehoben.

Auf diese beiden Bogentypen werden wir später — im 4. Abschnitt des III. Teiles — noch zurückkommen: sie besitzen gewisse mythologische Bedeutung.

Das Anziehen der Bogensehne erfolgt, wie dies aus den Photographien der Bogenschützen Tafel 32 ersichtlich ist, mit dem dritten und vierten Finger.

Zum Schutz gegen das Zurückschlagen der Bogensehne trägt der Mann und Jüngling und auch schon der Knabe eine Bogenschutzmanschette am Unterarm.

Der *Patur* und *Mokraved* trägt stets den *Rakarik*, das ist ein Bogenschutz, der aus den Rippen und dem Bast von Kokosblättern, und Kokosschalen geflochten wird. Die Bastfasern werden zwischen den Rippen eingeflochten, wie Abb. 4 auf Tafel 33 zeigt.

Die Jünglinge und Männer bedienen sich hingegen stets eines viel solideren und schwereren Bogenschutzes (Tafel 33, Abb. 5 u. 6). Er besteht aus schmalen Rotanstreifen, welche in derselben Weise wie beim oben genannten zwischen Stäbchen aus Sagoblattrippen eingeflochten werden. Seitlich befinden sich in der Regel zwei Ösen zum einstecken des *Japu*, eines Tanzschmuckes, der aus einer langen Lianenrute *(Gim)* besteht, welche ringsum mit Kasuarfedern oder andern Vogelfedern versehen ist, und beim Tanzen und Schlagen der Trommeln auf und niederschwingt. Ein seltenerer Bogenschutz ist der *Gim* (Tafel 33, Abb. 7), so benannt nach einer Liane, auf welche er geflochten wird, in analoger Weise wie der *Rakarik*. Eine andere Art von diesem Bogenschutz ist nur bei den *Jeeanim* am obern *Maro* gebräuchlich (Tafel 33, Abb. 9) und besteht aus einem soliden Geflecht der elastischen und biegsamen Liane, die auch zur Herstellung verschiedener anderer Geräte und Schmuckstücke verwendet wird.

Einen wenig dauerhaften Bogenschutz verfertigt man schließlich aus der Blattscheide der Sagopalme, den man jedoch nach der Jagd ohne weiteres wegwirft.

Die Pfeile *(Tange)*. Die Zahl der Pfeiltypen und noch mehr deren Variationen ist im Gebiete südlich des *Digul* recht groß und weitaus mannigfaltiger als bei den Bewohnern am *Digul*. Je mehr man sich der Küste nähert, um so zahlreicher werden im allgemeinen die verschiedenen Pfeiltypen, die sich hier aus allen Gebieten zusammenfinden, so daß es oft recht schwer zu entscheiden ist, wo eine gewisse Pfeilsorte ursprünglich hergestellt wurde und zu Hause ist. Letzteres ist in vielen Fällen überhaupt nicht mehr anzugeben, obschon im Innern fast jeder Siedelungsverband seine speziellen Pfeiltypen besitzt, die sich allerdings zuweilen sehr ähnlich sind, und vielfach nachgemacht werden. Trotzdem gibt es aber Pfeiltypen von ganz lokaler Verbreitung, die gewissermaßen als Monopol einer gewissen Lokalgruppe angesehen werden können.

Auch bilden die Pfeile einen sehr beliebten Tauschartikel; es finden sich infolgedessen gewisse altbewährte Pfeiltypen weithin verbreitet, und man versucht auch oftmals sie nachzumachen; dies erschwert natürlich eine exakte Bestimmung ihrer Herkunft.

Zweckmäßiger ist es daher, die Pfeile nach ihrer Verwendung und namentlich nach der Ausbildung der Pfeilspitze zu unterscheiden. Der *Marind* benennt seine Pfeile in der Regel nach dem Material, aus dem die Spitze besteht, währenddem der Pfeilschaft stets aus einer Phragmites-Art *(Tad)* hergestellt wird.

Man kann unterscheiden zwischen Krieg- und Jagdpfeilen; zu einer dritten Gruppe könnte man die Schmuck- und Tanzpfeile rechnen. Solche kommen jedoch nur bei den östlichen *Kanum*-Stämmen vor, und ihre eigentliche Verwendung kann heute kaum mehr klar gelegt werden. Der überall gleichartig verfertigte Kriegspfeil ist der *Arib* (westlicher und *Imo*-Dialekt: *Alib)*, so benannt nach dem Holz der Nibung-Palme, aus dem die Spitze besteht (Tafel 34, Abb. 1 u. 2). Der Pfeil ist wenig lang und außerordentlich leicht. Die Spitze ist vollkommen glatt, spindelförmig, so daß die Wunden, welche die Pfeile erzeugen, wenig gefährlich sind, und die Spitze ohne Schwierigkeiten aus dem Körper gezogen werden kann, falls sie nicht abbricht. Um so gefährlicher wird der Pfeil durch seine außerordentliche Flugweite und Durchschlagskraft. Die Spitze steckt im Rohrschaft, und die Verbindungsstelle wird mit Bastfasern umwickelt und häufig mit einem Brei von Blut und Kalk versehen, welcher einen harten und dauerhaften Kitt bildet, der bei den meisten Pfeiltypen in dieser Weise angewendet wird, im Unterschied von den Pfeilen der Eingeborenen am *Digul*, welche die Verbindungsstelle von Pfeilschaft und Spitze mit einer Überflechtung von schmalen Rotanstreifen zu versehen pflegen. Der Rohrschaft wird in der Regel mit eingravierten Zickzack-Ornamenten versehen, die mit einem scharfen Eberzahn ausgeführt werden.

Der *Arib* wird auch stets zum Schießen der Fische verwendet, wozu sich ein anderer Pfeil mit Widerhaken oder einer breiten Bambusspitze wenig eignen würde. Hingegen kennt man auch eine spezielle Form von Fischpfeilen *(Ambata)*, die mehrere (2—4) Spitzen tragen, welche im Schaft stecken und untereinander mit einer Schnur verbunden sind (Tafel 34, Abb. 4 u. 5).

Ein spezieller Vogelpfeil trägt am Ende einen kegelförmigen Bambusabschnitt mit einem Internodium, wodurch das Steckenbleiben des Pfeiles im Geäst des Baumes verhindert wird. Man nennt diesen Pfeil *Kapan*. Manchmal sind auch die Fischpfeile mit einem Bambusabschnitt versehen, der in diesem Falle in zwei Spitzen ausläuft (Tafel 34, Abb. 3).

Der am häufigsten gebrauchte Jagdpfeil für größeres Wild ist der *Sok* (Tafel 34, Abb. 6 bis 8), so benannt nach einer harten Bambusart, aus der man Pfeilspitzen und Bambusmesser herstellt. Er ist ebenfalls im ganzen Gebiet südlich des *Digul* bekannt und weist an den verschiedenen Orten kleine Variationen an der Verbindungsstelle auf. Sie wird in der Regel gleichfalls mit Bast umwickelt und verkittet, häufig noch mit Steinrot oder gelbem Pflanzensaft bemalt, wie am obern *Kumbe*-Fluß, oder mit einem Schnurgeflecht versehen, oder bloß umwickelt, wie es bei den *Jee-anim* am obern *Maro* üblich ist. Dieser Pfeil reißt große Wunden, wie es für die Jagd auf Känguruh und Schweine vorteilhaft ist; außerdem ist die Innenseite der Spitze mit zwei Rinnen versehen, welche ein Ausfließen des Blutes aus der Wunde begünstigen.

Dem Bedürfnis nach einem dauerhaften Pfeil mit leicht auswechselbarer Spitze entspricht ein weiterer Pfeiltypus, der *Dadēv* (Tafel 34, Abb. 13 u. 14). Was diese Benennung eigentlich besagen will, ist mir nicht bekannt. Bei ihm ist zwischen dem Pfeilschaft und der Spitze ein Zwischenstück aus hartem Nibung-Holz eingesetzt, in das die Bambusspitze eingeklemmt wird. Diese kann somit leicht vertauscht werden, ohne daß im übrigen etwas am Pfeil geändert werden muß. Auch dieser Pfeil ist sehr verbreitet. Die *Jee-anim* nennen ihn auch *Tjéweler-po*. *Tjéweler* ist die Nibung-Palme, aus deren Holz das Zwischenstück besteht, *po* ist eine onomatopoetische Bezeichnung und heißt so viel wie Schießen. Die *Jamu-anim* nennen den Pfeil *Tjango*.

Einen analogen, aus 3 Stücken bestehenden Pfeil besitzen die westlichen Küstenbewohner von *Eromka*, er ist wahrscheinlich eine Erfindung der Bewohner von Frédérik Hendrik-Eiland (Tafel 34, Abb. 15). Doch wird hier die Bambusspitze nicht in das gespaltene Mittelstück eingeklemmt, sie ist vielmehr an ihrem untern Teil drehrund und besitzt die natürliche Dicke des Bambusrohres, das bloß auf das Mittelstück aufgesteckt wird und ohne weiteres ersetzt werden kann.

Weitere Jagdpfeile sind solche mit Widerhaken, die jedoch an der Küste wenig verbreitet sind. Ihr Hauptverbreitungsgebiet haben sie am obern *Bian* und *Eli*, wo die verschiedensten Pfeiltypen hergestellt werden. Es gibt Pfeile mit nur einem Widerhaken, solche mit zwei gegenständigen (Taf. 34, Abb. 16 u. 22), die man ihrer Spitze wegen auch *Darau-angib*, d. h. Schnabel eines Kranichs (Antigone austral.) nennt; andere Pfeile sind mit mehreren einseitigen oder zweiseitigen, gegenständigen oder wechselständigen Widerhaken versehen, ihre höchste Ausbildungsform scheinen sie am obern *Bian* und bei den nördlichen Stämmen am *Digul* zu erreichen.

Die schönsten und zierlichsten Pfeile verfertigen zweifellos die *Jee-anim* (s. Tafel 34 u. 35).

Der Pfeil ist zusammengesetzt. Im Rohrschaft steckt ein poliertes und bemaltes Zwischenstück von leichtem hellem Holz, welches die *Marind Kaprau*, die *Jee-anim Pertik* nennen, wonach der Pfeil den Namen hat, und das sonst nirgends zur Herstellung von Pfeilen verwendet wird. Im *Kaprau* steckt die Spitze, die entweder aus einer Känguruhklaue *(Turip*, Ausdruck der *Jee-anim)* oder einer geschliffenen Knochenspitze aus dem Schienbein des Kasuars *(Keitjiwor*, Ausdruck der *Jee-anim)* besteht. Letztere ist oftmals auch mit Widerhaken versehen. Das Rohr *(Marind: Tad*; *Jee-anim: Kapi)* bildet den Schaft sämtlicher Pfeile, die Inlandbewohner pflanzen es gelegentlich in der Nähe des Dorfes an zur Herstellung von Pfeilen, die Strandbewohner finden es meist in nächster Nähe hinter den Küstenwällen. Durch wiederholtes Erwärmen und Biegen werden die Halme erst gerade gebogen, hierauf mit einem scharfen Eberzahn geschabt und geglättet und von den Knospen an den Internodien befreit; sodann werden die Pfeilschäfte gleich lang geschnitten, und mit dem Eberhauer die Linien und Zickzack-Ornamente eingraviert. Durch Einreiben mit Kohle wird das Ornament zum Hervortreten gebracht; die endgültige Glättung, der Pfeilschäfte erfolgt schließlich mit einem rauhen Blatt *(Jee-anim: Gatau)*, das sich im Busch überall findet. In gleicher Weise wird der *Pertip* behandelt. Er wird an beiden Enden zugespitzt, geglättet und geschabt und in den Rohrschaft eingefügt. Die Känguruhklaue wird ohne weiteres aufgesetzt. Weitaus besser ist jedoch eine Knochenspitze; diese wird aus einem entsprechenden Knochenstück herausgeschabt und auf dem Stein zurechtgeschliffen, sodann mit Bast am *Pertip* befestigt. Auch die Verbindungsstelle des *Pertip* mit dem Rohrschaft wird mit einer Bastumwicklung versehen und hierauf verkittet. Zur Herstellung des genannten Kittmittels pflegt der Jüngling oder Mann, wenn er gerade kein frisches tierisches Blut zur Verfügung hat, sich mit einem scharfen Muschelsplitter eine Vene am Penis aufzuritzen, auf welche Weise er sich schmerzlos eine größere Menge Blut entnehmen kann, wie dies an einer andern Körperstelle nicht so leicht möglich wäre. Auch zum Bespannen der Trommeln ist frisches Blut notwendig und wird auf diese Weise verschafft, falls nicht tierisches Blut zur Verfügung steht.

Erst wird die Bastumwicklung mit Blut bestrichen, sodann wird dieses mit Kalk zu einem Brei angerührt und auf die beiden Verbindungsstellen aufgetragen, zuletzt mit reinem Kalkpulver bestreut, so daß sie bei neuen Pfeilen vollkommen weiß ist. Nach dem Trocknen erfolgt die Bemalung der *Pertip*. Die Farbstoffe für rot und schwarz, d. h. also rote Erde *(Ava)* und verkohltes Gras *(Hanau)*, müssen ebenfalls mit Blut vermischt werden damit sie haften und unantastbar sind. Eine kleine Menge des Farbstoffes wird zweckmäßig in einer kleinen Muschelschale angerührt, und die zierlichen Ornamente werden mit einem Grashalme aufgemalt, worin die *Jee-anim* große Geschicklichkeit besitzen; sie sind jedenfalls die Erfinder dieser Technik. Die *Marind-anim* ahmen sie nach, am *Sok* und *Arib*, doch erreichen sie niemals die Vollkommenheit und Zierlichkeit der *Jee*-Pfeile, und es eignet sich auch das weiße, harte *Pertip*-Holz am besten für diese Bemalung; es wird auch von keinem andern Stamm zur Herstellung von Pfeilen verwendet. Aufgemalt werden feine gerade oder zickzackförmig um den Pfeilschaft verlaufende Linien und Punkte, und es ist weiterhin der *Pertip* stets mit einem der nebenstehenden Ornamente versehen, welches die *Jee-anim Tjur-u-tjur*, d. h. Augen (*Tjur* = Auge) nennen.

Als Augenornament ist ja die Spirallinie überall verbreitet, und es gibt kaum ein Gerät, auf welchem sie nicht eingekerbt oder aufgemalt wird.

Auf einem einzigen Pfeil fand ich auch ein *Tjur-u-tjur*-Ornament in Verbindung mit einem Varanus.

Übrigens findet sich bei den verschiedenen Lokalgruppen der *Jee-anim* eine etwas abweichende Bekunstung der Pfeilschäfte, namentlich was die Ausbildung des *Tjur-u-tjur*-Ornamentes anbetrifft; es ist bald etwas größer, bald etwas kleiner, fehlt aber bei keinem dieser Pfeile, und es vermögen natürlich die Eingeborenen nach der Ausbildung dieses Ornaments sogleich die genaue Herkunft eines jeden Pfeils anzugeben.

Nach der Bemalung wird der *Pertip* schließlich mit dem gelben Harz eines Baumes (*Jee-anim: Nat, Marind: Oz*; so wird auch sein Harz bezeichnet) eingerieben, wodurch er ein lackiertes Aussehen erhält, und die Bemalung vollkommen dauerhaft ist. Die überkitteten Verbindungsstellen werden überdies nochmals mit einem Kitt bestrichen, bestehend aus feingestoßenem *Nat*, Blut und Kalk. Hierauf wird das Gemisch leicht erwärmt, so daß das Harz schmilzt und einen festen Überzug bildet. Schließlich wird der ganze Pfeil mit Trilobium-

Abb. 6. Augenornament.

Nüssen *(Marind: Pajum)* eingerieben, wodurch er glänzend werden und vor Wurmstich geschützt bleiben soll. Man verpackt die Pfeile in Eukalyptusbast, und auf diese Weise werden sie vertauscht.

Nach der Ausbildung der Pfeilspitze unterscheidet und benennt man verschiedene solcher Pfeilarten: *Turip*, d. h. Kasuar- oder Känguruhklaue; *Keitjiwor*, d. h. Schienbein des Kasuars, aus dem die Knochenspitze verfertigt wird: *Keitjiwor-telendolé*, *(Keitjiwor* = Knochenspitze vom Kasuarbein; *Telendolé* = Widerhaken), das will sagen, die Knochenspitze trägt mehrere Widerhaken (Tafel 34, Abb. 28); besitzt sie hingegen nur einen Widerhaken, so wird der Pfeil von den *Jee-anim Palindjaipr* genannt. Außerdem kennen die *Jee-anim* noch eine ganze Reihe weiterer Pfeiltypen, die anderswo nicht bekannt sind, und benennen sie ebenfalls nach der Holzart und der Ausbildung der Spitze. Am gebräuchlichsten sind die drei Holzarten: *Tjéweler*, *Kuella* und *Kujar*. Es gibt also: *Tjéweler-telendolé*, *Kuella -telendolé* und *Kujar-telendolé*, d. h. wörtlich Widerhaken aus dem betr. Holz (Tafel 34, Abb. 17, 19, 23 u. 34, Tafel 35, Abb. 32 bis 37).

Die *Telendolé*-Pfeile haben oft sehr verschiedenartig ausgebildete Spitzen, mit meist einseitigen Widerhaken, die manchmal zierlich geschnitzt und mit durchbrochenen Ornamenten versehen sind. Wieder ein anderer Pfeiltypus hat eine spindelförmige Spitze, die jedoch mit einer spiralig verlaufenden Rinne versehen ist, was möglicherweise einen Einfluß auf den Flug des Pfeiles ausübt, derart, daß er dadurch eine Drehung in Richtung der Längsaxe erhält. Nach dieser Rinne wird der ganze Pfeil *Tjerloa* genannt. Demnach unterscheidet man wieder je nach dem Material, aus dem die Spitze besteht, *Tjéweler-tjerloa* (Tafel 34, Abb. 29), *Kuella-tjerloa* und *Kujar-tjerloa*.

Beim *Karguban* besteht die Spitze aus regelmäßig angeordneten Verdickungen, und wieder unterscheidet man *Tjeweler-karguban* usw. (s. Tafel 34, Abb. 30 u. 31).

In der Tat besitzt fast jede Clansiedelung ihre besonderen Pfeiltypen, die von ganz lokaler Bedeutung sind und als deren Monopol gelten. Einige fand ich am obern *Bian* wieder, wohin sie vertauscht wurden, denn die Bewohner am obern *Bian* und *Maro* sind seit alters her mit einander befreundet, aber niemals gelangt einer dieser Pfeiltypen nach Süden, wie es bei den *Kaprau-* und *Koa*-Pfeilen der Fall ist. Einen ganz lokalen Pfeiltypus besitzt schließlich der Clan der *Uanandje-anim* am Quellgebiet des *Maro*. Die Spitze dieses Pfeiles ist mit zahlreichen Knochenspitzen vom fliegenden Hund *(Jee-anim: Paltigré)* versehen, infolgedessen man den Pfeil *Paltigré-telendolé* nennt (s. Tafel 35, Abb. 38). Bekanntlich kommt dieser Pfeiltypus auch in andern Gebieten Melanesiens vor, u. a. auf den Neuen Hebriden, während er von Neu-Guinea bisher noch nicht bekannt ist. Die einzelnen zugespitzten Knochennadeln sind in 3 oder 4 Reihen in die harthölzerne Spitze eingesteckt. Hierauf wird diese unter und zwischen den Knochennadeln durch mit Bast umwickelt und schließlich mit dem Kitt aus Blut und Kalk versehen.

Diese Sorte von Pfeilen, die, soviel ich weiß, nur die *Jee-anim* herzustellen wissen, ist ihrer Zierlichkeit und Solidität wegen der am weitesten verbreitete Pfeiltypus. Er bildet im ganzen Gebiet der *Marind* und ihrer Nachbarstämme einen beliebten Tauschartikel, der seinen Weg selbst bis nach Frédérik-Hendrik-Eiland und ostwärts bis zum Fly-river gefunden hat; an Nachahmungsversuchen hat es freilich nicht gefehlt, vor allem, was die Technik der Bemalung und die Ornamente anbetrifft, die jedoch lange nicht an die Originalpfeile der *Jee-anim* heranreichen. Der Pfeil findet namentlich für die Jagd Verwendung; bei den *Marind* ist er jedoch mehr Zierpfeil und Tauschartikel als Waffe, und es werden neue Pfeile der *Jee-anim* nur ungern aus der Hütte hervorgeholt.

Schließlich wären noch die Tanz- und Prunkpfeile, die sog. *Kat-kat* der *Kanum-anim*, zu erwähnen (Tafel 35, Abb. 39 bis 46), die in ihrer äußerst mannigfaltigen und künstlerischen Ausbildung selbst die Pfeile der *Jee-anim* bei weitem übertreffen. Die aus hartem dunklem Palmholz bestehende Spitze wird mit zahlreichen äußerst fein eingeschnitzten Ornamenten, seltener auch mit Widerhaken versehen, die durch Einreiben mit Kalk oder weißem Ton hübsch zum Hervortreten gebracht werden können. Die eigentliche Spitze besteht jedoch meistens aus einer ganz dünnen Knochennadel, die mit dem übrigen Pfeil fest verbunden wird. Leider gelang es mir nur noch wenige dieser außerordentlich hübschen Pfeile zu erwerben, und selbst für diese nicht mehr sicher festzustellen, wie und bei welchen Tänzen sie eigentlich gebraucht werden. Wahrscheinlich waren solche Tanzpfeile einstmals bei allen östlichen Nachbarstämmen der *Marind* bekannt, und auch die mannigfaltig ausgebildeten Pfeile der *Jee-anim* schienen auf diese Weise verwendet zu werden. Auch die *Marind* pflegen beim Tanz stets Bogen und Pfeile bei sich zu tragen, doch sah ich niemals, daß sie mit diesen irgendwelche Bewegungen ausführten.

Der Speer *(Dam)*. Zum Unterschied von den Inlandbewohnern am *Digul* und weiter landeinwärts, bei welchen der Speer eine Hauptwaffe bildet und infolgedessen sehr mannigfache Formen besitzt, kommt bei den *Marind* und ihren Nachbarstämmen der Speer nur untergeordnet und ausschließlich als Jagdwaffe in Betracht. Im östlichen Küstengebiet selbst scheint er ganz am Verschwinden zu sein. Damit hängt dann auch die Verwendung des Schildes zusammen, der bei den *Digul*-Stämmen und weiter im Innern zur unerläßlichen Schutzwaffe gehört, nebst dem geflochtenen Rotanpanzer, während bei den *Marind* und den Nachbarstämmen weder das eine noch das andere bekannt ist. Der *Digul* bildet also allein schon inbezug auf die Waffen eine scharfe Grenze ethnisch total verschiedener Volksstämme.

Man kennt zwei Speerformen; die erste besteht aus einem vollständig geraden und glatten, zugespitzten Stock von mehreren Metern Länge, dessen Ende mit einer Kasuarklaue versehen wird (Tafel 36, Abb. 1). Eine andere Speerform, die besonders im Westen häufig ist, besteht aus zwei ungefähr gleich langen Stücken, dem Schaft, der in der Regel aus Bambus besteht, und einem kurzen Speer, der in jenen eingesteckt wird. Die Spitze wird hin und wieder auch aus den Känguruhknochen verfertigt und oftmals derart am Speerende befestigt, daß diese einen Widerhaken bilden (s. Tafel 36, Abb. 2).

Auch eine Speerschleuder *(Kander*, westlicher und *Imo*-Dialekt: *Kandel)* ist bekannt. Diese besteht aus einem rohen Bambusstock von ungefähr 1 *m* Länge, an welchem man zwei gegenständige Aststücke stehen läßt (s. Tafel 36,

Abb. 3). Es ist dies eine sog. männliche Speerschleuder. Das Ende des Speeres besitzt eine kleine Vertiefung, während der Fortsatz der Speerschleuder zugespitzt wird. Die Handhabung der Speerschleuder veranschaulicht die Abbildung 3 auf Tafel 32.

Ein höchst eigenartiges Gerät ist weiterhin die *Imbassum*, die jedoch, soviel ich darüber erfahren konnte, bloß als Zeremonialwaffe bei einem gewissen Geheimkult verwendet wird (s. Tafel 36, Abb. 12). In ihr sind Stich- und Schlagwaffe und Speerschleuder in einem Instrument vereinigt. Das Sonderbare daran bildet aber eine hakenförmige und zugeschärfte Steinklinge, deren Herkunft mit dunklen Mythen verknüpft wird, nach welchen sie ein Gerät der Donner- und Blitzdämonen (vgl. Abschnitt 7 des IV. Teils) ist und einstmals einem Menschen als Geschenk angeboten wurde. Es findet sich also auch bei den *Marind* die verbreitete Sage von einer Donneraxt wieder. Trotz allen Nachfragens gelang es mir bloß vier solcher Steinklingen aufzufinden, und zwar nur in *Sangassé* und *Domandēh*. Es ist also unwahrscheinlich, daß die Klinge aus dem Innern hergebracht wurde, und es scheint vielmehr, daß sie erst an der Küste aus einer Steinbeilklinge herausgeschlagen und geschliffen wurde. Das Gerät ist natürlich schon längst nicht mehr in Gebrauch, und es findet sich ein einziges vollständiges Exemplar im Museum für Völkerkunde in Batavia.

Wir werden auf dieses eigenartige Gerät später — im 7. Abschnitt des IV. Teils — noch zurückkommen.

Zu den Waffen gehört schließlich noch die Keule mit durchbohrter Steinklinge. Auch sie ist mehr Zierwaffe und wird erst vom *Ewati* an getragen, welchem sie bei seinem Feste vom Onkel mütterlicherseits eingehandigt wird; sie bildet gewissermaßen ein Abzeichen.

Je nachdem die Steinklinge kugelig oder flach ausgebildet ist, unterscheidet man die *Kupa* und die *Woganeh*. Die allermeisten durchbohrten Klingen stammen vom *Digul* und wurden jedenfalls größtenteils auf den Kopfjagden geraubt oder von Hand zu Hand vertauscht und gelangten auf diese Weise schließlich auch nach der Küste. Es wurden jedoch auch undurchbohrte Steine nach Süden gebracht und erst hier durchbohrt, denn man findet noch heute hier und da solche undurchbohrten und halbdurchbohrten Keulensteine. Das Durchbohren der Steinklingen wurde äußerst langsam und mühsam mit einem harten Bambusrohr bewerkstelligt. Als Schleifmittel diente gewöhnlicher Sand. Kein Wunder, daß die Keulen zum wertvollsten Besitz des Eingeborenen gehören und unter keinen Umständen hergegeben werden. Seitdem aber die Chinesen auch derartige Artikel, d. h. minderwertige Klingen aus Sandstein und solche aus Messing und Eisen in den Handel gebracht haben, hält der Eingeborene auch an seinen alten von den Vätern geerbten Keulen nicht mehr so fest wie ehemals; eine gewöhnliche Sandsteinklinge tut ja auch denselben Dienst. Als Keulenstock dient stets der Rotanstab; an einem geflochtenen Band wird die Keule um die Schulter gehängt und vom Jüngling und Mann nie aus den Händen gelassen.

Sternförmige und sog. Ananaskeulen finden sich aussschließlich im Innern, und sie wurden ebenfalls gelegentlich auf Kopfjagden geraubt. Man findet solche hin und wieder am obern *Bian*, und sie stammen nach Aussage der Eingeborenen vom obern Fly-river.

Eine spezielle Kopfjagdwaffe bilden schließlich Holzkeulen und Holzschwerter. Solche sind bekannt am obern *Bian* und dem westlichen Küstengebiet von den *Jaba-anim*, Frédérik Hendrik-Eiland, von wo sie dann auch nach *Eromka* und *Egei* gelangten. Auf Tafel 36 sind solche Schlagwaffen vom obern *Bian* abgebildet. In ihrer einfachsten Ausbildung sind sie von einem gewöhnlichen Grabstock nicht zu unterscheiden und wahrscheinlich auch für beide Zwecke verwendet worden; in der Regel aber mit Zacken und Ornamenten versehen. Manchmal erreichen sie eine beträchtliche Länge und sind sehr schwer, während die Holzkeulen aus dem westlichen Küstengebiet eine zugeschärfte Kante besitzen und oftmals säbelartig gebogen sind (s. Tafel 36. Abb. 10 u. 11), also mehr als Holzschwerter zu bezeichnen wären.

Als spezielle Waffe für die Schweinejagd ist schließlich noch die Schweineschlinge von Rotan *(Iwa)* zu erwähnen. Sie besteht aus einer starken Rotanschlinge, die gerade so abgemessen ist, daß sie einem Schwein über den Kopf gezogen werden kann, und daß dieses bei einer Drehung der Waffe um 180° nicht mehr zurück kann. Man verwendet sie zum Einfangen sowohl entlaufener und verwilderter Dorfschweine als auch der eingeschlossenen Wildschweine, um ihnen hierauf den Todesstoß zu geben. Ein großes Schwein kann meistens durch einen Pfeilschuß nicht sofort getötet werden; daher muß man versuchen, ihm die *Iwa* über den Kopf zu ziehen, deren Handhabung also außerordentlich viel Geschick und Mut erfordert.

Abb. 7. Schweinefänger *(Iwa)* aus etwa 3 cm starkem, entsprechend gebogenem Rotan; der Griff ist mit Rotan verschnürt und mit einem weiteren Rotanstab verstärkt. Länge 1,15 m.

9. Werkzeuge, Geräte und Technik.

Außer den wenigen Hausgeräten, welche der *Marind* besitzt, kennt er noch einige Werkzeuge zum Schneiden, Schaben, Bohren und dergl., welche das Eisen bis auf die Steinäxte noch keineswegs verdrängt hat, weil sie, abgesehen davon, daß sie sehr praktisch sind, stets zur Hand sind; es wäre dem *Marind* nie eingefallen, sie auf einmal gegen ein anderes ungewohntes, wenn vielleicht auch in mancher Hinsicht handlicheres Werkzeug zu vertauschen.

Der Vergangenheit gehören die Steinbeile an. Diese hat der *Marind*, wie alle Eingeborenen beim Bekanntwerden mit dem Eisen, sogleich beiseite gelegt; aber so lange ist dies noch nicht her, und im Innern von Neu-Guinea wird noch stets mit Steinbeilen gearbeitet. Steine kommen bekanntlich im ganzen Gebiet südlich des *Digul* nicht vor, abgesehen von dem in Brauneisenstein umgewandelten Ton, welcher zur Herstellung von Werkzeugen nicht verwendet werden kann. Die Steinbeilklingen stammen somit alle aus dem Innern, und zwar allem Anscheine nach hauptsächlich aus zwei Gebieten: dem obern *Digul* und dem Fly-river, und es fragt sich nun bloß, wie die Unmenge von Steinbeilklingen ihren Weg nach Süden fand. Friedlicher Tauschverkehr zwischen den *Marind* und den Bewohnern des *Digul* hat sicher niemals, so wenig wie heute, stattgefunden, denn in den fremden Stämmen am *Digul* sehen die *Marind* ihre Todfeinde, in deren Gebiet sie bloß eindrangen, um Köpfe zu erbeuten und daneben zu rauben, soviel als möglich war. Auf diese Weise wurde zweifellos auch ein großer Teil der Steinbeilklingen wie auch der Steinkeulen nach Süden gebracht.

Weiterhin muß man aber annehmen, daß Steinbeilklingen jedenfalls durch ganz allmählichen Tauschverkehr gewissermaßen von Hand zu Hand nach Süden gelangten. Dafür stehen aber nur zwei Wege offen. Der eine geht durch das Gebiet der *Jee-anim*, den *Maro*-Fluß entlang, der andere durch Vermittlung der *Makleeu-anim*, und wir finden auch, das längs dieser beiden Wege zwei wesentlich verschiedene Formen von Steinbeilen ins Gebiet der *Marind-anim* gelangt sind. Die eine vom *Digul* her stammende ist die unsymmetrische Steinklinge, d. h. die einseitig beschliffene; die andere, die doppelseitig beschliffene, symmetrische Klinge ist hingegen am *Digul* unbekannt und kam längs des andern großen Flusses, nämlich des Fly-river, nach Süden und von hier nach dem Gebiet der *Jee-anim*. Im Gebiet der *Marind-anim* treffen nun beide Formen von Steinbeilklingen zusammen, und wir finden an der Küste sowohl die eine als auch die andere vertreten, aber ihre Verbreitung weist im großen und ganzen dennoch auf die verschiedene Herkunft hin, und wir finden im westlichen Gebiet vorwiegend die unsymmetrische, im Osten hingegen die symmetrische Steinbeilklinge vorherrschend. Im Innern trifft dies natürlich in erhöhtem Maße zu, und bei den

Bewohnern am *Buraka* und *Bian* bezw. am *Maro* finden wir ausschließlich die eine oder andere Form. Somit waren die *Marind* mit Steinbeilen recht gut versehen gewesen. Es gab jedoch Gebiete, wo selbst dieses primitive Gerät sehr rar und kostbar war, wie z. B. bei den Bewohnern am *Torassi* und der westlichen Inseln, in *Komolom* und auf Frédérik-Hendrik-Eiland. Trotz alles Nachfragens konnte ich am *Torassi* von Steinbeilklingen nichts erfahren. Sicher ist, daß die Leute solche besaßen, aber es mochte dieses Werkzeug damals ebenso spärlich vorhanden gewesen sein, wie heute die eisernen Werkzeuge. Noch heute besitzen die meisten Siedelungen am *Torassi* kein Eisen, oder es besitzen mehrere Siedelungen zusammen eine Axt, die gemeinsamem Gebrauch dient.

Das Material, aus dem die Steinbeilklinge besteht, ist verschieden, Diejenigen vom *Digul* bestehen dem Äußern nach aus Chloromelanit, die andern Klingen aus Amphibolit.

Man kennt im ganzen Gebiet drei verschiedene Arten von Schäftungen. Beim marandinesischen Steinbeil besteht der Schaft aus dem untern verdickten Wurzelende eines Bambushalmes *(Hong)*. In dieses wird ein der Klinge entsrechendes Loch gebohrt oder eingebrannt und die Klinge eingefügt, so daß die Schneide parallel zum Bambusgriff gerichtet ist (Tafel 37, Abb. 1). Übrigens findet sich diese Steinbeilform wieder bei den Bewohnern am *Mimika*-Fluß und bei den Pygmäen im Landinnern[1]). Das zusammengesetzte Steinbeil, wie es Tafel 37, Abb. 3 zeigt, ist bei den *Jee-anim* zu Hause und auch am Fly-river. Es spricht also die gemeinsame Form auch für eine gemeinsame Herkunft der Klinge. Diese wird zwischen zwei keilförmige Holzstücke eingefügt, die mit Rotan verschnürt werden, und das Ganze steckt wiederum im unteren verdickten Teil eines Bambusabschnittes. Dieses Instrument ermöglicht also, die Klingenschneide nach Belieben parallel oder senkrecht zum Bambus zu stellen, was bei der ersten und dritten Form nicht möglich ist. Eine dritte Art Steinbeil zeigt Tafel 37, Abb. 2); sie kommt ausschließlich am *Digul* vor. Die Schäftung besteht aus einem Aststück, und die Klinge wird zwischen einem weiteren keilartigen Holz eingeklemmt, wonach das Ganze mit einer Rotanumwicklung festgehalten wird. Das Gerät ist im Vergleich zu den beiden vorhergehenden bedeutend handlicher und leichter, denn erstens ist der Griff nicht so dick wie bei den erstgenannten Geräten, und zudem verfertigen die Leute am *Digul* nicht so große und schwere Klingen, wie sie vom obern Fly-river her ins Gebiet der *Marind* gelangten. Die Steinbeilklingen, welche sich im Gebiet der *Marind* finden, kommen in allen Dimensionen vor. Es gibt solche von wenigen Zentimetern Länge, welche für ganz feine Holzarbeiten, wie zur Herstellung von Trommeln, verwendet werden; andere erreichen eine Länge von 30 Zentimetern und darüber und sind demnach auch sehr schwer und führen beim Arbeiten schnell zur Ermüdung.

Als Schneideinstrumente sind zweierlei Geräte bekannt, nämlich das Bambusmesser und die Muschelschalen. Das Bambusmesser *(Sok)* besteht bloß aus einem Stück einer besonders harten Bambusart *(Sok)*, welche eine außerordentlich scharfe Bruchkante besitzt und zum Zerteilen von Fleisch noch heute

[1]) Vergl. Wollaston: „Pygmies and Papuans", London 1912.

verwendet und selbst dem eisernen Messer vorgezogen wird. Es besitzt den Vorteil, daß man es stets zur Hand hat, und daß es mit geringer Mühe wieder scharf gemacht werden kann, indem man an der Schneidekante wiederholt einen Streifen abtrennt, während die eisernen Messer wegen Mangel an geeignetem Schleifmaterial nur mit großer Mühe geschärft werden können. Es bedient sich der Eingeborene zum Schleifen seiner eisernen Messer einer mit Sand bestreuten Sagoblattscheide, worauf er tagelang herumreiben kann, ohne ein merkliches Resultat zu erzielen. Das Bambusmesser dient auch zum Rasieren, namentlich der Kinder, deren Haar ja stets kurz gehalten wird.

Andere Werkzeuge zum Schneiden bilden die Schalen gewisser Muscheln *(Mareta)*; sie werden namentlich von Weibern verwendet beim Flechten und zum Abschneiden von Bastfasern, Schnüren und dergl. Eine Muschel dient auch zum Schaben und Glätten von Holzgeräten, wie Pfeilen, Bogen u. a., und mit einem scharfen Muschelplitter pflegt man an den Mädchen die Narbentätowierungen auszuführen und bei Schmerzen Schnittwunden zu machen, damit das schlechte Blut abfließe. Zum Schaben von Holz und Einritzen von Ornamenten dient auch das scharfe Ende eines Eberzahns. Alle diese Geräte sind heute noch im Gebrauch und das Eisen hat sie nicht zu verdrängen vermocht, denn sie sind handlicher, und man hat sie stets bei sich.

Zum endgültigen Glätten z. B. der Pfeilschäfte dient schließlich ein rauhes Blatt eines gewissen Strauches, das dem Eingeborenen unser Glaspapier ersetzt.

Man kennt auch einen Drillbohrer zum Durchbohren von Samen, Eberhauern und Muschelschalen. Dieser besteht aus einem Haifischzahn, der an einem Stöckchen befestigt wird, das zwischen den Handflächen hin und hergedreht wird.

Von Knochen werden Nadeln *(Ban)* zum Flechten der Haarzöpfchen *(Majub)* verfertigt. Selten im Gebrauch sind auch beinerne Kokosöffner aus der Femur oder der Tibia eines Schweines oder des Kasuars, die man zuschleift. Meistens wird jedoch dieses Gerät aus einem harten Holz verfertigt. Beinerne Pfeilspitzen verwenden nur die *Jee-anim* für ihre hübschen und soliden Pfeile, anderswo südlich des *Digul* kennt man diese Art der Verwendung von Knochen nicht, eben so wenig sind Knochendolche bekannt; auch diese sind charakteristisch für die Inlandbewohner am *Digul*.

Die Herstellung von Flechtwerken sowie auch das Flechten von Fischnetzen ist ausschließlich Sache der Frauen, währenddem das Schnitzen von Holz, wie die Herstellung von Schüsseln, Waffen, Trommeln und der Kanu ausschließlich Sache der Männer ist. Aber die Herstellung von Schmuck, das Flechten von Armbändern und dergl. wird von jedem selbst besorgt; für die Kinder haben jedoch ebenfalls die Frauen den Schmuck zu verfertigen.

Als Flechtwerke kommen in erster Linie in Betracht die verschiedenen Arten von Körben, weiterhin die Schlafmatten und der Schmuck, vor allem der Trauerschmuck und die Trauerhüllen, welche aus größeren und kleineren Flechtwerken bestehen. Schließlich wären noch die Schnurgeflechte zu erwähnen. Aus solchen werden vor allen Dingen die Netze und gewisse Körbe hergestellt, sowie gewisse Schmuckstücke.

Man kennt für die verschiedenen Zwecke eine Reihe von Körben, welche das nützlichste Transportgerät bilden. Es gibt die einfachen, spontan aus einem Kokos- oder Sagoblattwedel geflochtenen Körbe für Fische, Mollusken und Krebse; es gibt weiterhin Körbe für Feldfrüchte, solche für Sago, schließlich kleine Betelkörbe, welche als unentbehrlichstes Gerät eines jeden Eingeborenen zugleich zu den hübschesten Flechtwerken gehören, welche die Eingeborenen zu verfertigen verstehen. Weiterhin wären noch zu erwähnen die Körbe und Tragtaschen für Kinder.

Netze und Netztaschen, wie sie fast in ganz Neu-Guinea vorkommen, sind hier gänzlich unbekannt. Sie begegnen uns erst wieder beim Überschreiten des *Digul*, der auch für die Verbreitung dieses Gerätes eine scharfe Grenze bildet. Bloß ein einziges Netztäschchen für Betel-Ingredienzien erwarb ich von einem Mädchen in *Anassai*. Es war dies das einzige dieser Art, das ich jemals zu sehen bekam, und es ist fraglich, ob es wirklich marindinesischer Herkunft ist.

Zu den Schnurflechtwerken sind hingegen vor allen Dingen die Fischnetze *(Kipa)* zu rechnen. Auch diese werden ausschließlich von den Weibern hergestellt, und zwar in allen Größen. Sie sind stets kreisrund, und es gibt solche, welche 3 Meter und mehr im Durchmesser erreichen und demnach aus dicken Schnurgeflechten bestehen; andere wieder sind klein, von feinem Bindfaden geflochten und infolgedessen zum Herausheben der Fischbrut oder kleiner Crustaceen bestimmt.

Das Material zum Drehen der Schnüre liefert der Bast verschiedener Bäume wie *Mandau-mandau* und *Noah* (Hibiscus).

Für gröbere Schnüre verwendet man an der Küste auch den Bast von Kokosschalen *(Eva)*. Das Drehen der Schnüre geschieht, indem die Frau diese Bastfasern mit der Handfläche auf dem Oberschenkel hin und herrollt, und zwar werden die Schnüre stets aus zwei Strängen verfertigt, die erst einzeln gerollt und hierauf zusammengedreht werden. Trotz dieser primitiven Technik vermag eine geübte Arbeiterin in kürzester Zeit eine lange und gleichmäßig dicke Schnur zu verfertigen, die auch für die in Betracht kommenden Zwecke hinreichend stark ist. Das einzige Instrument, dessen sich die Frau dabei bedient, ist eine kleine Muschelschale, mit welcher die Fasern abgeschnitten werden. Es ist dies ein spezielles Weibergerät. Für gewisse Zwecke und namentlich für die Anfertigung von Festschmuck verfertigen die Weiber auch ganz dünne und hübsche zweifarbige Schnüre, die aus weißen und schwarzen Fasern zusammengedreht werden; sie bilden ein beliebtes Dekorationsmaterial.

Wenn die Frau ein Netz flicht, so pflegt sie erst eine Schnur von 2—3 Meter Länge zu drehen, welche sie verflicht, und zwar beginnt sie das kreisrunde Netz stets von der Mitte aus in Spirallinien zu flechten. Sodann wird die Schnur wieder um ein Stück verlängert und dies wieder verflochten; auf diese Weise wechselt sie fortwährend ab mit Flechten und Drehen der Schnur. Irgendwelche Geräte zum Flechten der Netze sind nicht bekannt. Am gebräuchlichsten sind zwei Gewirkmuster (Tafel 38, Abb. 1 bis 3).

Aber in der Regel werden an einem großen Netz beide Flechtarten gleichzeitig angebracht, und man beginnt in der Regel mit dem einen Gewirkmuster

Abb. 2 der Tafel 38 zu flechten; dieses bildet das Zentrum des Netzes; denn es lassen sich auf diese Weise viel engere Maschen herstellen als nach dem andern Gewirkmuster, mit dem sodann das Netz fertig geflochten wird.

Bei kleinen Netzen wird entsprechend der geringen Maschenweite gleichfalls das erste Gewirkmuster angewendet.

Das fertiggestellte Netz wird hierauf an einem kreisrund gebogenen Bambushalm festgeknüpft. Oftmals werden auch die Schnüre, aus denen das Geflecht besteht, in verschiedener Weise gefärbt, so daß das fertiggestellte Netz verschiedenfarbige, z. B. braune, schwarze und rote Kreise aufweist.

Mit Schnurgeflechten sind weiterhin die Weiberkörbe der Küsten-*Marind* versehen, welche zum Transportieren von Früchten, Kokosnüssen und Sago dienen. Sie bestehen aus einem gebogenen Rotan, das mit einem Schnurgeflecht umspannt wird. Ein angeknüpftes Band dient für die übliche Tragweise von großen Lasten, nämlich auf dem Rücken, indem das Band um die Stirne gelegt wird.

Wenn wir uns nun der Flechttechnik zuwenden, so wird man vor allen Dingen das Material, das dabei in Betracht kommt, ins Auge fassen. Für die Flechterei kommen beim *Marind* und größtenteils auch bei den Nachbarstämmen hauptsächlich zwei Pflanzen in Betracht, welche das Material zur Herstellung von Geflechten liefern; das sind die in Streifen zerrissenen und von der Epidermis befreiten Blattstreifen der großen Fächerpalme *(Ugā)* und ein Sumpfgras namens *Wib*, das in den sumpfigen Gegenden außerordentlich verbreitet ist. Beide Materialien werden gleichviel gebraucht. Es gibt aber Gebiete, wo das eine oder andere fehlt oder umgekehrt sehr häufig ist, und es hat sich an solchen Gegenden die Flechterei als Weiberhandwerk ganz besonders hoch entwickelt und selbst den Charakter eines Gewerbes angenommen, indem man infolge der Überproduktion Tauschhandel begann. So steht z. B. der *Kanum-anim* im Osten vom *Maro* bei den benachbarten Küsten-*Marind* im Rufe, hübsche Betelkörbe und Schlafmatten aus *Ugā* herzustellen, weshalb man vielfach diese Flechtwerke von ihm im Tauschhandel bezieht. Die Fächerpalme ist in jenem Gebiet besonders häufig, während der *Marind* dieses Material oft weit her holen muß. Andererseits sind die Bewohner von *Komolom* bekannt wegen ihrer Flechtwerke von *Wib*, das weite Strecken ihres Landes bedeckt, auch hier hat sich mit den Leuten von *Eromka* und *Egewi* lebhafter Tauschhandel mit Körben und Matten entwickelt, wofür die Festlandbewohner ihre Artikel, vor allem Messer und Eisenäxte liefern.

Nur untergeordnet kommt dann auch ein anderes Material in Betracht. Aus einem Kokosblatt verfertigt man an der Küste die wenig dauerhaften Körbe zum Einsammeln von Fischen, Mollusken und Krebsen, während die Inlandbewohner eben solche Körbe aus Sagolaub herstellen, welche zum Fangen von Flußkrebsen verwendet werden.

Was nun die andern Körbe anbetrifft, so sind weiterhin Sagokörbe und vor allem Betelkörbe im Gebrauch, die sich durch ihre mannigfaltige Form und Größe auszeichnen. Letztere gehören zugleich zu den hübschesten Flechtwerken der *Marind*.

Es bestehen gewisse regionale Unterschiede, was die eingeflochtenen Ornamente anbetrifft. Daneben findet man aber, daß im Grunde genommen dieselben Flechtornamente wiederkehren, sowohl bei den *Marind* wie den Nachbarstämmen, was zweifellos auf einen sehr alten Zusammenhang hindeutet. Es fragt sich nun bloß: Haben sie die Nachbarstämme von den *Marind* übernommen oder umgekehrt? Wir finden aber ähnliche und dieselben Ornamente wieder auf geschnitzten Holzgeräten, wie Trommeln, Rudern, Kalkspateln usw., und hier scheint sich nun zu zeigen, daß diese durchweg wiederkehrenden Ornamente bezeichnend für die *Marind-anim* sind. Es wird dies am besten aus der Vergleichung einiger Flechtornamente von Objekten verschiedener Herkunft hervorgehen (s. Tafel 39).

Ein am häufigsten wiederkehrendes Ornament, das wir sowohl in der Flechttechnik als auch auf beschnitzten oder bemalten Holzgeräten wiederfinden, ist das Schweinefährten-Ornament *(Basik-isas-arir)* oder die Fischwirbelsäule *(Awe-hajau)*, die aus gebrochenen Linienzügen besteht, die wir allenthalben angebracht finden; und wir haben es bereits auf andern Flechtwerken, dem Lendengürtel *(Segos)* und den Armbändern *(Barar)*, angetroffen. Ebenso häufig sind Zickzacklinien, die man auf den Flechtwerken anbringt und einfach als *Kandara-arir*, d. h. Trommelornament oder *Imo-arir*, d. h. *Imo*-Ornament bezeichnet, weil es die *Imo* stets auf ihrem *Soja* anzubringen pflegen, vielleicht, daß man es von ihnen abgesehen hat.

Weitere Flechtornamente, die stets wiederkehren, ineinandergeschachtelte Quadrate und konzentrische Kreise, finden sich auch allenthalben auf andern Geräten wieder und sind sowohl in Malerei als auch in Ritz- und Schnitztechnik ausgeführt. Recht häufig findet man dann weiterhin auch die Spirallinie, die sich jedoch für die Flechterei weniger eignet und hier durch Quadrate und Rechtecke ersetzt wird. Die Verbreitung dieses Ornamentes deutet auf gemeinsamen Ursprung hin. Die Spirallinien, die wir auf Trommeln, Pfeilen, Kanu und Rudern und kleineren Holzgeräten aller Art wiederfinden, werden von den *Marind* meistens als *Pihui-arir*, d. h. Schlammwespenornament, gedeutet, weil dieses Insekt in spiraliger Weise seine Nester zu bauen pflegt. Aber ganz allgemein und auch bei den Nachbarstämmen wird die Spirallinie *Kind-arir*, d. h. Augenornament genannt. *Kind-arir* ist bekanntlich auch die Bezeichnung für die spiralig gebaute Nautilusschale.

Ein spezielles Ornament der Flechtwerke, das hier durch die Technik bedingt ist und sich weder für die Schnitzerei noch für die Malerei eignet, wird *Samani* genannt, d. h. Ringwurm; indem das unbestimmte Muster mit der rauhen, unreinen Haut ringwurm-behafteter Leute verglichen wird. Durch Technik und Ornamente zeichnen sich vor allem auch die Flechtwerke der *Jee-anim* aus, bei denen sich diese Kunst besonders hoch entwickelt hat, besonders zur Herstellung des Trauerschmucks, der sog. *Kabu* der Weiber. Geflochten wird nur aus dem Bast gewisser Bäume, aber man pflegt die Ornamente mit der gelben Rinde *(Nagol)* von Baumorchideen einzuflechten, wodurch außerordentlich hübsche Flechtwerke entstehen, die sich weiterhin durch eine reiche Auswahl der Ornamente auszeichnen, deren Bedeutung mir leider nur unvollständig bekannt ist, aber zum Teil mit den marindinesischen Flechtwerken übereinstimmt.

Andererseits finden wir bei den *Kanum-anim* im Osten gleichfalls hübsche Flechtwerke, die aber relativ arm an Ornamenten sind, dürftiger als die der benachbarten *Marind-anim*, wie dies aus einem Vergleich der verschiedenen Körbe auf Tafel 39 hervorgeht.

Zum Färben vegetabilischer Fasern, soweit dies für die Flechttechnik in Betracht kommt, bedient man sich entweder einer wässerigen Lösung des Farbstoffes, in welche die Fasern vor der Verflechtung kurze Zeit hineingelegt werden, oder es wird das fertige Flechtwerk bloß oberflächlich mit dem Farbstoff bemalt. Zum Schwarzfärben dient ein schwarzer humushaltiger Schlamm *(Kahar)*, der sich in den Sümpfen findet. In ihn wird der Bast einige Zeit hineingelegt. Doch pflegt man größere Bastbündel, wie sie namentlich für die Herstellung der Weiberschürzen verwendet werden, erst in eine Rindenbeize zu legen. Zu diesem Zwecke wird die Rinde gewisser Bäume (Mangroven: *Ika*, *Banugua* und von Eugenia aquea: *Objara* u. a.) zerkleinert und ins Wasser gelegt, am zweckmäßigsten in ein Boot. In diese Beize wird nun der weiße Bast einige Zeit hineingelegt, wonach er dauernd braun bleibt. Dasselbe Verfahren pflegt man übrigens an verschiedenen Orten im malaiischen Archipel mit neuen Fischnetzen anzuwenden.

Hierauf wird der Bast mit *Kahar* schwarz gefärbt. Dieser Schlamm dient auch zum Schwarzfärben der Zähne, wie dies früher schon gesagt wurde.

Einen roten Farbstoff liefert ein roter Ton *(Ava)*, der sich an vielen Orten findet und, in Wasser aufgeschwemmt, auch zu Malzwecken dient. Eine spezielle dunkelrote Sorte dieses eisenhaltigen Tones findet sich auf *Komolom*; er wird hier *Bon* genannt und bildet einen beliebten Tauschartikel dieser Inselbewohner.

Zum Gelbfärben und -malen dient die Curcuma-Wurzel *(Bed-a-bed)* und verschiedene Blätter, so vor allem einer Pflanze, namens *Heihse*, deren Saft ausgekaut wird. Die Faser wird hierauf mit dem Kausaft durchtränkt, oder man bemalt auch das fertige Geflecht mit gelbem Ton, der neben Steinrot ein beliebter Farbstoff ist und sich leicht beschaffen läßt. Ein anderer gelber Farbstoff ist aus dem Rhizom einer gewissen Pflanze namens *Oz* durch Auskauen gewonnen. Mit ihm pflegen die *Jee-anim* ihre Tanzschürzen gelb zu färben. Als weißer Farbstoff, auch für Malzwecke, dient das aus See- oder Flußmuscheln (von letzteren kommt hauptsächlich eine Cyrena-Art in Betracht) gebrannte Kalkpulver, wie es zum Betelkauen verwendet wird, das mit Wasser zu einem Brei angerührt wird.

Nur da, wo kein Betel gekaut und infolgedessen auch kein Kalk gebrannt wird, wie bei den östlichen Nachbarstämmen der *Marind*, pflegt man die Asche als weiße Farbe zu verwenden oder aber weißen Ton, mit dem man sich auch Gesicht und Körper weiß zu bemalen pflegt.

Schließlich kennt man noch eine Reihe schwarzer Farbstoffe zu Malzwecken. Da kommt vor allem die Kohle in Betracht, die durch Verbrennen von Sagoblattrippen *(Dagis*; auch gleichbedeutend mit schwarz) gewonnen wird. Für feinere Malzwecke, wie zum Aufmalen der Ornamente auf die Pfeilschäfte, bedient man sich auch eines verbrannten Grases *(Hanau)*, das mit Blut angerührt wird. Zum Schwarzfärben und Einölen des Körpers und der Haarverlängerungen dienen schließlich gebrannte und zerstampfte Trilobiumnüsse *(Pajum)*, die einen schwarzen teerartigen Brei abgeben, welcher mit Kokosöl vermischt wird.

Außer den erwähnten Schüsseln oder der Arecablütenscheide *(Soteh)*, welche das hauptsächlichste und am meisten gebrauchte Hausgerät bildet, besitzt der *Marind* nur noch wenige Geräte. Das sind vor allem Gefäße für Trinkwasser; und es benutzt der *Marind* der Küste zwei Formen. Die eine, namentlich von den Frauen gebrauchte, besteht aus einer großen Kokosschale *(Mangon)*, welche geglättet und mit einem Loch versehen wird (Tafel 38, Abb. 6). Um besser trinken zu können, steckt man in die runde Öffnung einige Holzstäbchen, so daß das Wasser gleichmäßig ausläuft, denn es trinkt der *Marind* ohne das Gefäß an den Mund zu halten und ohne zu schlucken, indem er das Gefäß über den geöffneten Mund hält und die Flüssigkeit schlucklos in die Kehle laufen läßt. Die zweite Form, das sog. *Derari* (Tafel 38, Abb. 10), besteht aus einem Bambusabschnitt, welcher drei Internodien umfaßt, von dem das mittlere durchbrochen ist. Es werden diese Bambusbehälter sodann möglichst dünnwandig gemacht, um das Gewicht zu verringern. Am untern Ende befindet sich oftmals ein zugespitzter Fortsatz, so daß der Wasserbehälter in die Erde gesteckt werden kann, oder es wird am obern Ende ein Astfortsatz stehen gelassen, so daß das Gerät bequem aufgehängt werden kann. Dieses Wassergefäß wird im Gegensatz zum erstgenannten vorwiegend von Männern gebraucht. Im Innern, wo die Kokospalme selten ist, kommt noch eine weitere Art von Wassergefäßen für die Weiber in Betracht. Es sind dies kleine Behälter, die aus einer Arecablütenscheide verfertigt werden, einem Material, das für die verschiedensten Zwecke Verwendung findet, das in frischem, feuchtem Zustande beliebig gebogen werden kann, ohne zu brechen, und auch zu wasserdichten Gefäßen verwendet werden kann (s. Tafel 38, Abb. 7).

Vom Betelkorb unzertrennlich ist weiterhin die Kalkkalebasse *(Zid)*, d. i. ein Flaschenkürbis (Lagenaria vulg.) von runder oder langgestreckter Form; eine schlitzförmige Öffnung dient zum Herausholen des Kalkpulvers mittelst des Spatels *(Tang)*, der aus Palmholz verfertigt wird. Der Griff wird in der Regel mit eingravierten Ornamenten versehen und läuft häufig in einen Schlangenkopf aus, womit ein Übergang in ein anderes Gerät, nämlich den Zauberpfeil, bedingt ist (vgl. Abschnitt 3 des III. Teiles).

Das Kalkpulver wird durch Brennen von See- oder Flußmuscheln gewonnen. Ein weiteres Gerät zum Betelkauen, dessen sich die alten Leute bedienen, bildet ein kleiner Holzmörser zum Zerstampfen der Ingredienzien (Tafel 38, Abb. 8). Dieser besitzt konische Form und ist oftmals mit eingeschnittenen Ornamenten versehen und bemalt, welche denen der Trommeln ganz analog sind. Man sieht sogar hin und wieder solche Holzmörser in Gebrauch, welche in der Tat als eine kleine Trommel ausgebildet sind, die jedoch nicht vollständig durchbohrt ist, sondern beiderseits eine Höhlung besitzt, in welcher die Arecanüsse zerstampft werden. Als Stössel dient irgendein abgerundeter Stein, im Notfalle ein Holzstück.

10. Das Kanu.

In der Herstellung von Booten haben es die Bewohner von ganz Holländisch-Süd-Neu-Guinea und auch im englischen Gebiet nicht über den Einbaum *(Javun)* gebracht. Man kann aber sagen, daß dieser bei den *Marind-anim* im Vergleich zu den benachbarten Stämmen seine höchste Vollendung und Größe erreicht, was wahrscheinlich damit in Zusammenhang steht, daß er bei den Küstenbewohnern in erster Linie für die Seefahrt und in den Unterläufen der Flüsse verwendet wird, während er bei den Inlandbewohnern zum Durchqueren von Sümpfen und zum Fahren über das zur Regenzeit überschwemmte Land im Gegenteil leicht und klein sein muß.

Für die Seeschiffahrt ist das Kanu allerdings ein recht primitives Fahrzeug, besonders im Hinblick auf die starken Strömungen und Brandungen, und es wird sich auch der Eingeborene nur ausnahmsweise von der Küste entfernen, nämlich beim Übersetzen nach der Insel *Habee* und nach *Komolom*, und selbst dies wagt er nur bei vollständig ruhiger See zur Zeit der Windstillen, und selbst dann schlägt er bei der Überfahrt nach *Komolom* stets den kürzesten Weg ein und setzt über den *Muri* in der Nähe von *Dieb*. Bedeutend weiter wagt sich der *Marind* in seinem Kanu den Küsten entlang, und Fahrten nach dem englischen Küstengebiet, selbst nach dem Fly-river und den vorgelagerten Inseln waren früher durchaus keine Seltenheit und gehörten zu den fast alljährlich unternommenen Kopfjagden.

Seinen eigentlichen Zweck erfüllt das Kanu hingegen in unübertroffener Weise bei den Fahrten in Flüssen, durch die Sümpfe und über das zur Regenzeit größtenteils unter Wasser stehende Land. Hier wird die Leistungsfähigkeit des Kanu von keinem andern Fahrzeug übertroffen, wovon ich mich mehrmals selbst überzeugen konnte. Namentlich zur Regenzeit gewährt das schmale leichte Kanu dem Inlandbewohner unübertroffene Vorteile, wenn der allergrößte Teil des Landes unter Wasser steht, und nur die hochgelegenen Partien mit den Siedelungen von Wasser frei sind. Pfeilschnell fliegt dann das Kanu, das mit Stöcken gestoßen wird, durch das wenig tiefe Wasser, wo man zu Fuß gar nicht mehr gehen kann. In wenigen Stunden fuhr ich einstmals mit zwei Eingeborenen im Kanu vom *Torassi* nach dem Morehead-river. Zwei Eingeborene stießen das leichte Kanu mit Bambusstöcken, das fliegend rasch durch die überschwemmte Steppe und Savanne und selbst durch ziemlich dichten Eukalyptusbusch dahinglitt; selbst durch dichtes Schilf wurde das Kanu mühelos durchgezogen und nur an einigen wenig tiefen Stellen mußten wir aussteigen, um das Fahrzeug zu entlasten. Gegen Mittag hatten wir den *Torassi* verlassen und noch vor Sonnenuntergang war der Morehead-river erreicht.

Bei der Herstellung des Kanu (s. Tafel 42, Abb. 1) muß zuerst ein Baumstamm im Walde aufgesucht und gefällt werden, und da große geeignete Baumstämme an der Küste eine Seltenheit sind, so ist die Herstellung von Kanu fast ausschließlich Sache der Inlandbewohner, und zwar derjenigen, die viel Wald besitzen. Bei weitem nicht jedes Holz ist brauchbar, denn nicht wenige Sorten würden beim Trocknen aufreißen und niemals einen wasserdichten Trog liefern. Es kommen hauptsächlich in Betracht die riesigen Stämme von Octomeles moluccana, deren Holz sich auch relativ leicht bearbeiten läßt.

Das Fällen eines so großen Stammes erforderte früher mit den Steinbeilen allein eine Arbeit von mehreren Tagen. Es wird aber ein Kanu stets von mehreren Personen und meistens von sämtlichen männlichen Dorfbewohnern hergestellt, infolgedessen ist ein Kanu auch niemals Privateigentum, sondern gehört vielmehr der ganzen Siedelung. Das Aushöhlen des Baumstammes erfolgt an Ort und Stelle, im Walde, wo der Raum gefällt wird. Man wählt daher auch einen Baum, der nicht so weit vom Flusse oder zur Regenzeit überschwemmten Land entfernt ist, damit man das Boot nicht zu weit auf dem Trockenen nach dem Fluß befördern muß.

Die größten und schönsten Kanu verfertigen zweifellos die Inland-*Marind*, und namentlich die *Bade-anim* am *Maro* und die *Saror-* und *Senam-anim* am *Kumbe*-Fluß, sowie die Bewohner des unter *Bian*. Diese vertauschen dann die Kanu nach der Küste, denn nur an wenigen Orten verfertigen die Küstenbewohner die Kanu selbst, wie z. B. die Bewohner von *Erömka* und *Egewi* und von *Komolom*, sowie auch die östlichen Küstenbewohner, die *Kondo-anim*, d. h. diejenigen, die nicht an der Mündung großer Flüsse wohnen.

Sonderbar ist, daß die an den Oberläufen der Flüsse wohnenden Eingeborenen weit weniger verzierte und solide Kanu verfertigen als die Eingeborenen der Mittelläufe. Aber jedenfalls hängt dies, wie gesagt, mit der Verwendung des Kanu zusammen, denn für die breiten reißenden Unterläufe der Flüsse und gar für das Meer müssen die Kanu groß und schwer sein, während sich für die Oberläufe und das Befahren der Sümpfe und überschwemmten Steppen das leichte schmale Kanu weit besser eignet.

Nachdem der Bootkörper roh hergestellt ist, und wenn die Wasserverhältnisse günstig sind, wird das noch unvollendete Kanu ins Wasser gebracht und erst daselbst allmählich vollendet. Je langsamer der gefällte Baumstamm trocknet, desto besser ist es, desto weniger läuft das Holz Gefahr zu reißen, wodurch die ganze Arbeit umsonst wäre. Man pflegt daher das Boot beim Aushöhlen vor intensiver Sonnenbestrahlung zu schützen. Das Aushöhlen erfolgte ehemals ausschließlich mit Steinbeilen, und man pflegte den Trog anscheinend nicht auszubrennen, wie es beispielsweise bei der Herstellung der Trommeln geschieht.

Große Sorgfalt erfordert die Herstellung der Bootschnäbel, die bei den marindinesischen Kanu in besonderer Weise geschnitzt werden, und man unterscheidet zwei wesentliche Formen, die auf Tafel 41 abgebildet sind. Manchmal, jedoch nicht immer, entsprechen sie einen etwas spitzeren vorderen und mehr abgerundeten hinteren Ende. Sehr oft sind beide Kanuenden in genau gleicher Weise ausgeführt.

Der eine Typus der *Marind*-Kanu besitzt einen Steven mit einer breiten Plattform, auf der sich bequem sitzen oder stehen läßt. Sie hat an jedem Ende einen Wulst und einen hakenartigen Fortsatz, und ein bloßer Blick auf Tafel 41 Abb. 3 zeigt, daß ein solcher Bootschnabel sehr an ein menschliches Gesicht erinnert. Dies ist nicht bloßer Zufall, sondern mit bewußter Absichtlichkeit so hergestellt, und es geht diese Bootform selbst auf die Mythen zurück (vgl. Teil II, Mythe von *Nazr)*. Der bogenförmige Wulst am Ende der Plattform entspricht den Augenwülsten; der Hakenfortsatz der Nase einer menschlichen Figur, die Boothöhlung selbst dem Mund und Magen und die bogenförmigen Fortsätze an der Bootwand den Händen und Fingern. Weniger deutlich zu erkennen ist dies an den folgenden Boottypen (Tafel 41, Abb. 4. u. 5), die jedoch auch aus dem ersten hervorgegangen sind. Meistens wird der Vordersteven mit Ornamenten versehen, welche in den Bootkörper eingeschnitten werden, niemals aber fehlt bei einem frisch hergestellten Kanu die Bemalung, die sich nicht bloß auf Vorder- und Hinterende beschränkt, sondern manchmal auch die ganze innere Bootwand bedeckt.

Einen zweiten Typus von Bootschnäbeln zeigt Abbildung 1 u. 2 der Tafel 41; sie laufen spitz aus und werden als Kopf der Seeschildkröte *(Baba)* gedeutet. Dem widersprechen allerdings die kleinen Fortsätze zu beiden Seiten, die jedenfalls den Ohren entsprechen, möglicherweise aber auch auf Extremitäten irgend eines Tieres zurückgehen.

Andere Kanu und diejenigen der Nachbarstämme sind ohne besonders ausgebildete Bootschnäbel und in der Regel auch kleiner als die der *Marind*. Nach Fertigstellung wird das Kanu bemalt, und zu dessen Einweihung ein kleines Fest *(Jawun-angei*, d. h. Kanufest) gefeiert mit anschließendem Tanz. Man pflegt am Morgen früh nach durchtanzter Nacht den sog. *Tura-zi*, d. h. Bootwandgesang zu singen, wobei man anstatt der Trommel die Kanuwand bearbeitet und dieses selbst mit verschiedenen Früchten und Sago füllt und frisch bemalt und, mit Federn und Tanzschürzen geschmückt, nach dem Festplatz bringt. Jedes Kanu wird auch mit einem Eigennamen benannt, der sehr häufig auf Mythen zurückgeht. Nach einigen Tagen, wenn das Meer ruhig ist, findet dann eine Einweihung des Kanu statt. Alle männlichen Dorfbewohner sind daran beteiligt, und man fährt mit dem neuen und den alten Kanu um die Wette. Das neue Kanu, so denkt man, oder wünscht es wenigstens, muß rascher fahren als die alten, weshalb sich die Insassen und Ruderer durch Schreien und Singen gegenseitig anfeuern, so daß in der Regel auch das Gewünschte eintritt.

Zur Vorwärtsbewegung des Kanu bedient man sich an der Küste und in wenig tiefem Wasser stets eines Bambusstocks oder einer Sagoblattrippe, mit der man das Boot stehend vorwärts stößt. Ein Mann allein kann, auf der hinteren Plattform stehend, das Kanu stundenlang stoßen. Hierin besitzt der Eingeborene große Ausdauer und Geschicklichkeit, so wenig er sich sonst ins Meer hinauswagt und sich nur ungern dem Segelboot der Fremden anvertraut, das sich weit von der Küste entfernt. Das Meer ist und bleibt dem *Marind* und seinen Nachbarn ein fremdes und gefürchtetes Element, abgesehen vom nahen Strande, wo er stets Boden unter sich fühlt; und nur ausnahmsweise wagt er sich weiter ins Meer hinaus, um nach *Habee* oder *Komolom* hinüberzufahren. In tiefem Wasser bedient man sich langer Paddelruder mit lanzettförmigem Blatt. Man rudert sitzend, meistens aber stehend, und wenn einer allein das Kanu fortbewegt, so steht er stets auf der hintern Plattform oder auf dem Bootschnabel, um das Kanu leichter handhaben zu können. Das Blatt des Ruders wird meistens mit eingeschnittenen Ornamenten versehen. Das Spiralornament und Zickzacklinien, wie wir sie auf den Trommeln und andern Geräten finden, sind auch hier am häufigsten. In seltenen Fällen wird das Blatt bloß bemalt (Tafel 41, Abb. 8).

Der Kuriosität halber verweise ich noch auf die beiden Ruderformen (Tafel 41, Abb. 6 u. 7) vom obern *Bian*, deren Stielende als Hand, bezw. Storchenschnabel (Xenorhynchus asiaticus) ausgebildet sind. Derartige Verzierungen sind besonders bei den Bewohnern am obern *Bian* beliebt. während andern Orts das Ruderstielende gewöhnlich in eine Spitze oder in einen Knauf ausläuft, damit das Ruder gleichzeitig auch zum Stoßen verwendet werden kann.

11. Handel und Verkehr.

Trotz der Feindseligkeit der *Marind* gegen sämtliche Nachbarstämme und selbst die Lokalgruppen des eigenen Stammgebietes bestanden doch von jeher zwischen den benachbarten Siedelungen regelrechte Freundschaften und Handelsbeziehungen, welche die betreffenden Lokalgruppen dauernd oder vorübergehend miteinander verbanden. Es vollzog sich also in der früheren Zeit der Tauschhandel nur zwischen direkt benachbarten Lokalgruppen und auch hier nur mit großer Schwerfälligkeit und Schwierigkeit. So hat z. B. bis vor kurzem noch kein Eingeborener des *Jee*-Stammes jemals das Meer gesehen, obschon die Bewohner am *Obat* kaum sieben Tagesreisen von der Küste entfernt sind, und ebensowenig pflegten früher die Bewohner vom obern *Kumbe*- und *Bian*-Fluß nach der Küste zu kommen, obschon sie stammverwandt mit den Küsten-*Marind* sind und sich ohne weiteres mit diesen verständigen können. Es fehlt unter den entfernten Stammesgenossen das Solidaritätsbewußtsein und das Zusammengehörigkeitsgefühl; statt dessen erkennt der Eingeborene bloß seine Lokalgruppe als solidarische Einheit an. Was zu dieser gehört, sind Brüder (ursprüngliche Clanverwandte), was außerhalb derselben liegt, Fremde; und nur die Bewohner der angrenzenden Lokalgruppen werden auch als Freunde betrachtet, während die entfernten unterschiedslos als Feinde angesehen werden, gleichgültig, ob sie stammverwandt sind oder nicht. Man sieht in ihnen unterschiedslos böse und feindlich gesinnte Menschen, Kopfjäger oder *Kambara-anim*. Daher kommt es, daß sich der Eingeborene nur selten weit von seiner Lokalgruppe entfernt, und Freundschafts- und Tauschbeziehungen finden also bloß von Lokalgruppe zu Lokalgruppe statt. Auf diese Weise, also von Hand zu Hand, vollzog sich einstmals der Tauschhandel. So gelangte z. B. die Unmenge von Steinbeilen von den Stämmen am *Digul* und Fly-river durch einen sehr langen Tauschprozeß von Hand zu Hand schließlich auch ins Gebiet der *Marind* und nach der Küste, deren Bewohner trotz dieser Schwierigkeit und der Schwerfälligkeit, mit der sich der Tauschhandel vollzog, recht gut mit Steinbeilen versehen waren; selbst besser als gewisse Gebiete im Innern, die nicht an den direkten Verkehrswegen lagen. Wie wir andernorts gesehen haben, bestanden jedenfalls für die Einführung der Steinbeile zwei Wege, längs deren die zwei verschiedenen Arten von Steinbeilen nach Süden kamen, der eine längs des Fly-river nach dem Gebiet der *Jee-anim*, der andere längs des *Digul* zu den *Makleeu-anim*, denn sowohl am obern *Bian* als auch am *Kumbe*-Fluß bestand niemals ein Kontakt zwischen der marindinesischen Bevölkerung und den Bewohnern am *Digul*; vielleicht, daß die weiten, unbewohnten Strecken im Norden der Flüsse die Ursache waren, daß es zwischen den Eingeborenen beider Stämme niemals zu einer Annäherung kommen konnte.

Wir finden in der Tat, daß nahe beieinander liegende Siedelungen, gleichgültig, ob sie den gleichen oder verschiedenen Stämmen zugehören, stets auf freundschaftlichem Fuße miteinander stehen, während die entfernten und durch unbewohnte Strecken von einander getrennten einander stets feindlich gesinnt sind. So sind z. B. die marindinesischen Strandbewohner im Osten des *Maro* mit den benachbarten *Kanum* die besten Freunde, während sie in den Bewohnern am *Maro* ihre Todfeinde wissen; und solche Verhältnisse finden wir überall wieder. Es hört also bereits zwischen entfernten Siedelungen das Zusammengehörigkeitsgefühl vollkommen auf, in die entfernten Gebiete begab man sich zu ganz andern Zwecken, nämlich um Köpfe zu erbeuten. Aber der Wunsch nach fremden Artikeln war trotzdem stark genug, so daß selbst zwischen einander feindlich gesinnten Siedelungen zeitweise Tauschbeziehungen angeknüpft wurden. Kopfjägerei und zeitweiser Tauschverkehr konnte also nebeneinander bestehen. Man muß den *Marind* kennen, um dies zu verstehen, man muß wissen, daß für ihn die Begriffe Freund und Feind eigentlich gar nicht existieren, daß alles, was zur eigenen oder unmittelbar benachbarten Lokalgruppe gehört, Brüder sind, und daß er in allen entfernten, gleichgültig ob es Stammesangehörige sind oder nicht, seine Feinde sieht, denen man nichts Gutes zuschreibt. — Diese Widersprüche lassen sich nur dadurch erklären, daß sowohl die Kopfjagden als auch der Tausch gleich notwendig waren. Auf den Kopfjagden war es nicht möglich, alles zu rauben, was man wünschte, daher zeitweise Tauschverkehr angebahnt wurde; und umgekehrt versäumte man auf den Handelsreisen nicht, wenn sich eine günstige Gelegenheit bot, zum Schlusse einige Köpfe zu erbeuten und mitzunehmen.

Solche scheinbaren Widersprüche, d. h. das Bestehen von Kopfjagden und zeitweisem Tauschverkehr nebeneinander, finden wir namentlich da, wo beide Parteien aufeinander angewiesen sind, und wo man unter allen Umständen in den Besitz gewisser Artikel kommen mußte. So war es z. B. bei den Bewohnern von *Komolom* und Frédérik-Hendrik Eiland ganz unmöglich gewesen, sich mit den unentbehrlichen Steinbeilen und später mit andern Artikeln zu versehen auf eine andere Art, als durch friedlichem Tauschverkehr mit den benachbarten *Marind* von *Eromka* obschon diese ihre Erzfeinde waren und bis vor kurzem noch sich bei diesen Inselbewohnern Köpfe holten. Und genau dasselbe finden wir auch bei den *Marind* im Osten und den Eingeborenen im englischen Küstengebiet, wo erstere ebenso sehr trachteten, in den Besitz seltsamer und wertvoller Dinge zu kommen, wie z. B. von Eisen, aber daneben gleichzeitig und alljährlich ihre Kopfjagden nach dem englischen Küstengebiet, ihrem *Kui-mirav*, unternahmen. So lesen wir in einem der ältesten Berichte über die Tugeri, wie der damals noch unbekannte Kopfjägerstamm im englischen Gebiet genannt wurde, bei Haddon. The Tugeri headhunters of New-Guinea[1]: „The Tugeri (of Tuger, Tugari, Togĕri) are supposed to live up the Wasie-Kusa. They usually come down in canoes during the rainy season, or North-west monsoon, apparently because they are not good seemen and are afraid to face the South-east trade wind. Their plan is to paddle along the coast and out to the nearer islands during the

[1]) Int. Arch. Ethnogr. Bd. IV, 1891, S. 177 ff.

calms which characterise the ,,Nor-west" and to remain manifested by there camp fircs. The are a fierce, blood thi:sty people whose only object appears to be to collect heads. The inhabitants of the northern portion of the Straits have a great dread of them and tell wonderful stories about them. One of these is that they break the arms and legs of their prisoners so as to prevent their figthing or running away. They keep them as fresh meat until required, killing and cooking one or two bodies at the time." Dann aber lesen wir weiter: ,,The Rev. E. B. Savage, of the London Missionary Soc., was the only white man who had ever seen the Tugeri. He first came across them in the spring 1887 at Saibai. A number of Saibai canoes went to the Tugeri encampment in the mainland and, as signs of peace were made, they landed. ,, ,,Presents were given on both sides" ", Mr. Savage writes in The Cronicle of the London Missionary Soc. (Sept. 1887 pag. 379), ,,,,The Saibai men gave what they possessed, whilst they received in return the various adornments of the savage people."" Next day Mr. Savage went with a number of the Saibai natives. On reaching the rendez-vous, a signal shout was made and the Tugeri ,,,,came rushing out of the bush to the waters edge, in all, I shoud think about five hundred. A fiercer looking lot of man I have never seen, even in New-Guinea"". Soweit E. B. Savage.

Neben diesem Modus von gewaltsamer Aneignung und von Austausch der Güter finden wir ständige und friedliche Handelsbeziehungen eigentlich nur zwischen benachbarten Siedelungen und Lokalgruppen oder solchen, die an einer Verkehrsstraße, also z. B. an ein und demselben Flußsystem liegen. Hier beruhen denn auch die Handelsbeziehungen auf uralter Tradition der Clanväter, die auch in den Mythen erwähnt werden, und sind geknüpft an das Vorkommen bestimmter Naturschätze und gewerblicher Erzeugnisse. So tauschen die Inlandbewohner Federn, Rotan, Waffen, Kanu und Trommeln und in früherer Zeit vor allem die Steinäxte, wofür die Strandbewohner die ebenso unentbehrlichen Muschelschalen, Flechtwerke aller Art hingaben, die sie in früherer Zeit im englischen Gebiet durch Raub und Tausch erwarben. Aber was uns hier am meisten interessiert, sind die Tauschbeziehungen, die an bestimmte Gewerbe geknüpft sind. Auch sie sind bedingt durch das Vorkommen der betreffenden Rohstoffe einerseits und andererseits an das Beherrschen der Technik selbst. So liefern z. B. die Inlandbewohner den benachbarten Strandsiedelungen fast sämtliche Rohmaterialien zur Herstellung ihres Schmuckes, aber nicht die fertigen Schmuckstücke selbst. Andererseits verfertigen sie die Kanu und Trommeln, welche die Strandbewohner niemals selbst herzustellen pflegen. Diese werden von den Strandbewohnern vielmehr von den benachbarten Lokalgruppen an den Flußläufen bezogen also, den *Bade-anim* am *Maro*, den *Saror-* und *Senam-anim* am *Kumbe*-Fluß und den *Adih-anim* am *Buraka*. Trommeln werden im Innern überall hergestellt und weithin vertauscht. Weiterhin finden sich besondere Gebiete, wo gewerbsmäßig Flechtwerke hergestellt werden. Das sind die fremden Stämme im Osten und im Westen des marindinesischen Küstengebietes, also die *Kanum-anim* und die Sumpfbewohner der westlichen Inseln. Diese Flechtwerke sind weithin bekannt und werden von Siedelung zu Siedelung vertauscht, obschon man solche überall herzustellen weiß. Ein berühmtes Fabrikationszentrum für Pfeile haben wir früher am *Maro* bei den *Jee-anim* kennen gelernt, deren hübsche Jagdpfeile weit und breit in hohem Ruf stehen und selbst am Fly-river und jenseits des *Muri* wieder zu finden sind; aber auch dies ist bloß das Resultat eines langen Tauschprozesses, indem Pfeile nur von einer Lokalgruppe zur andern vertauscht werden. Das Verhältnis benachbarter Lokalgruppen zu einander ist durchweg ein friedliches. Da besteht ein ständiges Kommen und Gehen, Reisen und Besuchemachen. Daher trifft man stets in einer Siedelung soundsoviele Auswärtige aus benachbarten Lokalgruppen, die oft lange Zeit auf fremdem, gutem Boden zu Gaste sind. So pflegt man befreundete Siedelungen aufzusuchen, um Feste und Geheimkulte mitzumachen und gemeinsam auf Kopfjagd zu gehen, und der Austausch von mitgebrachten Produkten und Erzeugnissen erfolgt dann ganz von selbst und geschieht nur so nebenbei, indem man das Angenehme mit dem Nützlichen verbindet. Die Freundschaft zwischen benachbarten Lokalgruppen ist so eng, daß man im Gebiet der Freunde sich ganz zu Hause fühlt und selbst Pflanzungen anlegt, und Heiratsbeziehungen machen natürlich das Verhältnis vollends zu einem festen Bündnis.

Irgendwelchen Wertmesser kennen die *Marind* nicht. Der Handel ist ein regelrechter Tausch, doch tauscht man womöglich nur Gleiches mit Gleichem, d. h. Gebrauchsgegenstände gegen Geräte, Nahrungsmittel gegen Nahrungsmittel usw. Dann wird nicht lange gefeilscht und gerechnet, so etwas ist dem *Marind* fremd. Auch mit den Koprahändlern versteht er nicht zu handeln und zu feilschen und legt stillschweigend die nötige Anzahl von Kokosnüssen hin, worauf er ebenso stillschweigend das gewünschte Objekt in Empfang nimmt. Dadurch wird der Eingeborene natürlich sehr oft stark übervorteilt, dem hält jedoch die gegenseitige Konkurrenz der Koprahändler das Gleichgewicht. So kostete z. B. im Jahre 1915 ein Päckchen Tabak 18—20 Kokosnüsse, ein gewöhnliches Messer im Werte von 80 Cts. 150 Nüsse, während die Eingeborenen ein neues großes Kanu von den Leuten von *Senajo* eintauschen gegen:

ca. 50 Päckchen Tabak im Werte von 8 Cts. per Stück
10 Päckchen Tabak im Werte von 50 Cts. „ „
10 Messer im Werte von 80 Cts. „ „
2 große Messer im Werte von $2\frac{1}{2}$ Gulden per Stück
1 eiserne Schaufel im Werte von 3 Gulden
1 eiserne Axt im Werte von $2\frac{1}{2}$ Gulden
2 Decken im Werte von 4 Gulden per Stück
Glasperlen im Werte von 3 Gulden
Zinnober im Werte von 5 Gulden,

und weiter wurden Bananen und Piper methysticum-Pflanzen ausgeteilt, was alles in allem einen Wert von ca. 50 Gulden erreicht. Sämtliche europäische Bedarfsartikel werden beim Händler ausschließlich gegen Kokosnüsse eingetauscht, und es wird dieser Tausch von schlauen Händlern natürlich so bemessen, daß der Eingeborene, der von den wirklichen Preisen keine Ahnung hat, stark übervorteilt wird und infolgedessen an Kokosnüssen schon längst keinen Überfluß mehr hat.

Der Verkehr vollzieht sich in erster Linie längs den natürlichen Wasserstraßen der Flüsse, also von Norden nach Süden und umgekehrt; und längs ihnen vollzog sich jedenfalls auch die Einwanderung und die Besiedelung des Inlandes. Doch nicht überall werden die Flüsse als Verkehrsstraßen benutzt, woran vor allem deren außerordentliche Serpentinenbildung die Hauptschuld trägt, und weiterhin der Umstand, daß zur Regenzeit, ein großer Teil des Landes unter Wasser steht und somit mit dem Kanu mühelos durchquert werden kann, während zur Trockenzeit vielerorts man zu Fuß zu gehen den langen mühsamen Kanufahrten vorzieht, und die Kanu nur für den Transport der Geräte, Tauschartikel und Waffen, und zum Durchqueren der Flüsse vorauszuschicken pflegt. So verfährt man auch bei weiteren Reisen längs der Küste. Die Kanu dienen in erster Linie zum Transport der Geräte und zum Übersetzen über die breiten Flußläufe, während man sonst überall mühelos zu Fuß geht. Bei den Inlandbewohnern endlich erfüllt das Kanu seine Hauptbestimmung zur Durchquerung des über schwemmten Gebietes.

Somit finden wir auch kreuz und quer durch das ganze Land eigentliche Verkehrswege in Form schmaler, kaum erkennbarer Pfade, welche die Siedelungen in kürzester Strecke mit einander verbinden, und daher pflegt man auch zur Trockenzeit überall die Savanne in Brand zu stecken, um sie mühelos durchqueren zu können. Nur in unmittelbarer Nähe der Siedelungen finden sich dann breitere, reingehaltene Wege, aber auch hier pflegt der Eingeborene keine Mühe und Arbeit aufzuwenden, um beispielsweise einen Baumstamm, der am Wege liegt, fortzuschaffen oder über einen Bach eine Brücke zu schlagen. Im besten Falle genügt ein übergelegter Baumstamm, wenn ein solcher gerade in der Nähe ist.

Eigentliche Brücken finden sich nur sehr selten. Da, wo ein wichtiger Verkehrsweg von einem breiten Fluß durchschnitten wird, oder wo die Leute ein und derselben Lokalgruppe zu beiden Seiten des Flußes angesiedelt sind, findet sich in der Regel ein Kanu an einem oder beiden Flußufern, das zur allgemeinen Benutzung dient, während man zur eigentlichen Brückenkonstruktion nur im Notfalle seine Zuflucht nimmt. Ich sah solche eigentlich bloß am obern *Maro*, wo das dichtbesiedelte Land von zahlreichen, zur Regenzeit mit Wasser gefüllten Graben durchschnitten ist, so daß sich die Anlage einer Brücke oft nicht umgehen läßt. Diese besteht dann stets aus dem wenig dauerhaften, aber um so leichter zu handhabenden Material, nämlich aus Bambus, während man über kleine Bäche und Gräben, wie gesagt, bloß einen Baumstamm legt. Die Konstruktion einer solchen Bambusbrücke zeigt das Schema auf Tafel 43. Es ist dies eine Brücke bei *Oan* von ca. 25 Meter Länge und 18 Meter Höhe. Hängebrücken aus Rotanseilen finden sich erst am obern *Digul*, und sie scheinen in ganz Neu-Guinea nur auf die Inlandbewohner beschränkt zu sein.

1. Aus den Pflanzungen der Strandbewohner.

2. An der Mündung des Kumbe-Flusses.

Verlag: L. Friederichsen & Co., Hamburg. Lichtdruck von Knackstedt & Co., Hamburg.

1.

2.

3.

4.

5.

Landschaftsbilder.

Verlag: L. Friederichsen & Co., Hamburg. Lichtdruck von Knackstedt & Co., Hamburg.

1. Landschaftsbild am oberen Torassi.

2. Sagobusch mit den Hutten der Eingeborenen am oberen Maro.

Verlag: L. Friederichsen & Co., Hamburg. Lichtdruck von Knackstedt & Co., Hamburg.

1.

2.

3.

4.

Frauen mit Kindern, die auf verschiedene Weise getragen werden.

Verlag: L. Friederichsen & Co., Hamburg. Lichtdruck von Knackstedt & Co., Hamburg.

1. Kiwasum mit verschiedenen Haartrachten.

2. Mokraved von Kondo.

3. Ewati von Kaibur.

4. Ewati mit der Dapis-Haartracht.

Verlag: L. Friederichsen & Co. Hamburg.

Lichtdruck von Knackstedt & Co., Hamburg.

1.

2.

3

Haartrachten.

Verlag: L. Friederichsen & Co., Hamburg.

Lichtdruck von Knackstedt & Co., Hamburg.

1.

2.

3.

Haartrachten.

Verlag: L. Friederichsen & Co., Hamburg.

Lichtdruck von Knackstedt & Co., Hamburg.

1.

2.

3.

4.

5.

6.

Haartrachten.

Verlag: L. Friederichsen & Co. Hamburg.

Lichtdruck von Knackstedt & Co., Hamburg.

1.

2.

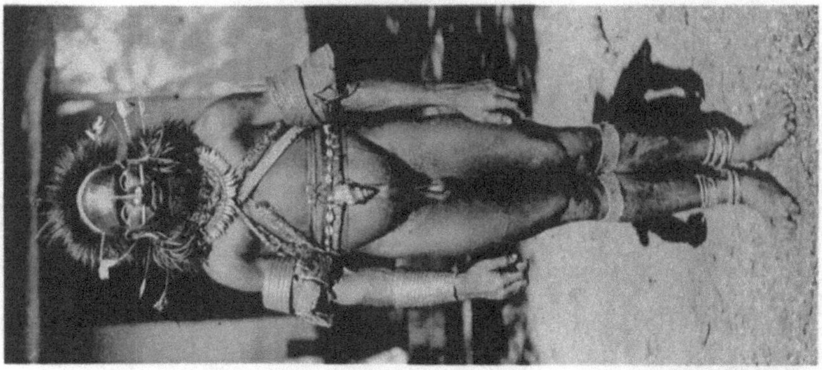

3.

Amnanga in vollem Schmuck.

Verlag: L. Friederichsen & Co., Hamburg.

Lichtdruck von Knackstedt & Co., Hamburg.

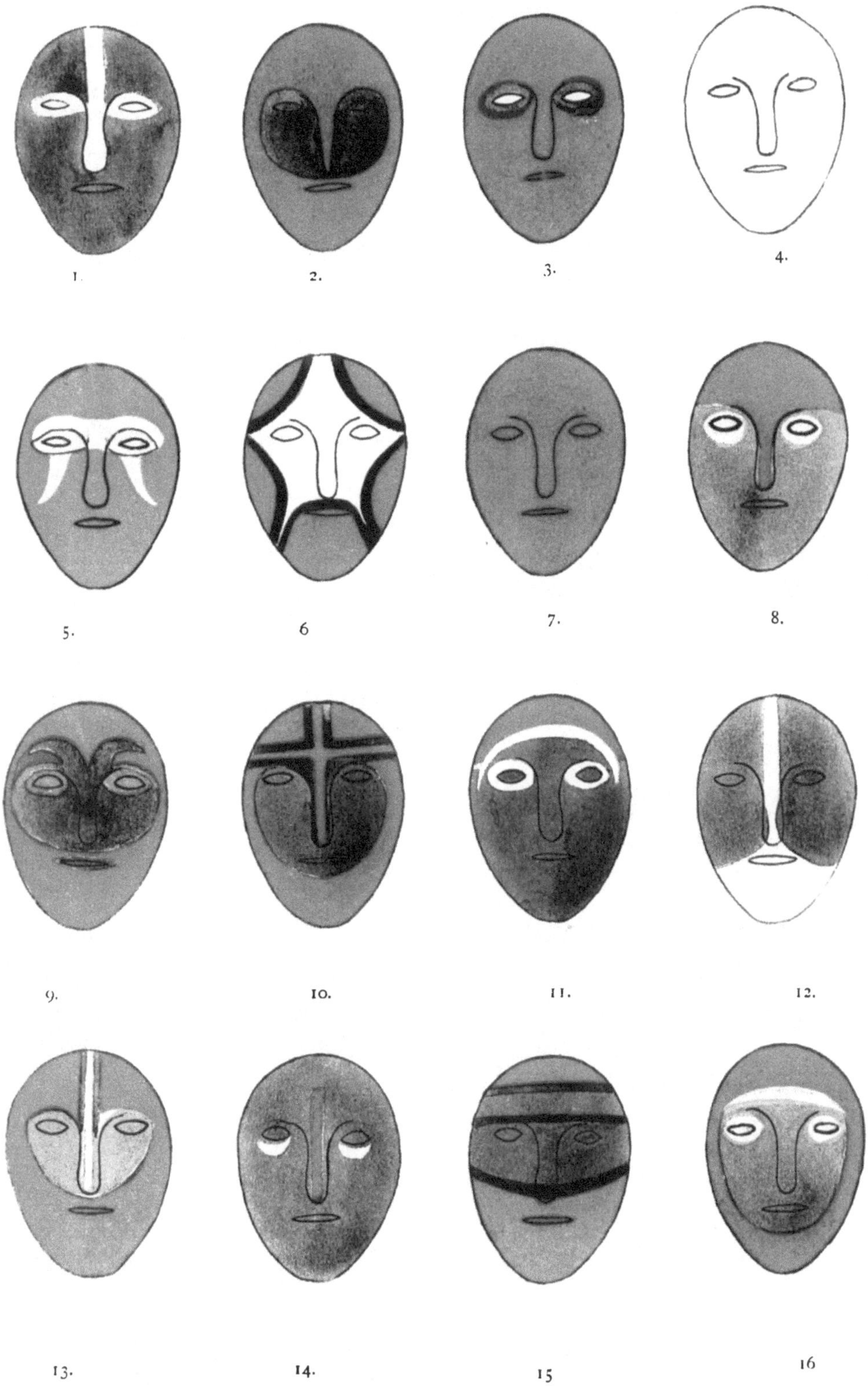

Gesichtsbemalungen.

Verlag: L. Friederichsen & Co., Hamburg.

Lichtdruck von Knackstedt & Co., Hamburg.

1.

5.

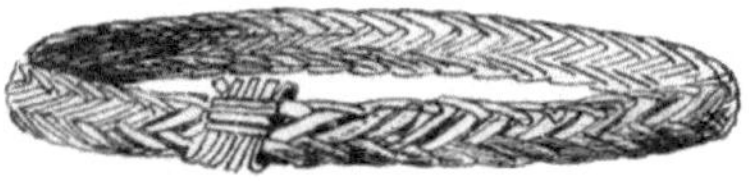

2.

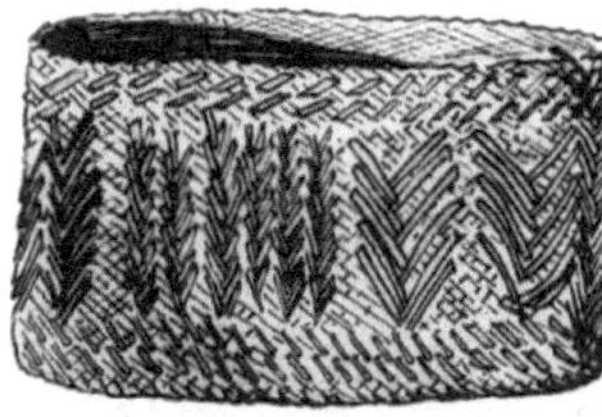

3.

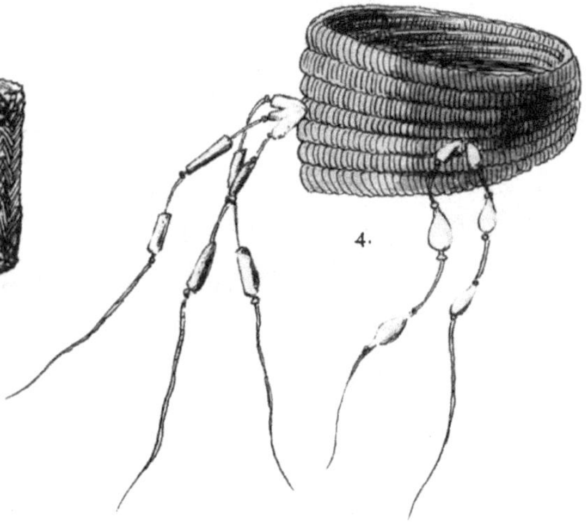

4.

6.

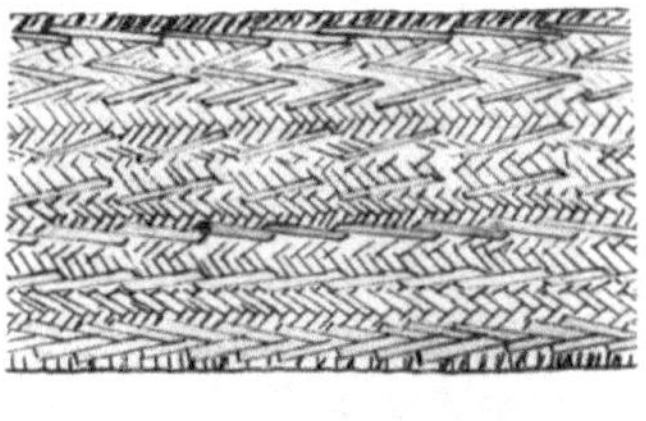

6a.

3a.

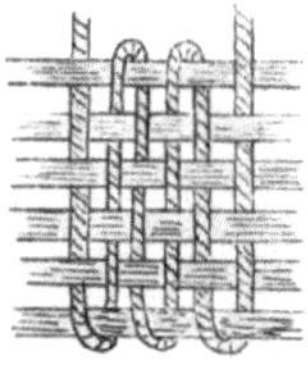

4a.

6b

Schmuck (Mahi).

Verlag: L. Friederichsen & Co., Hamburg.

Lichtdruck von Knackstedt & Co., Hamburg.

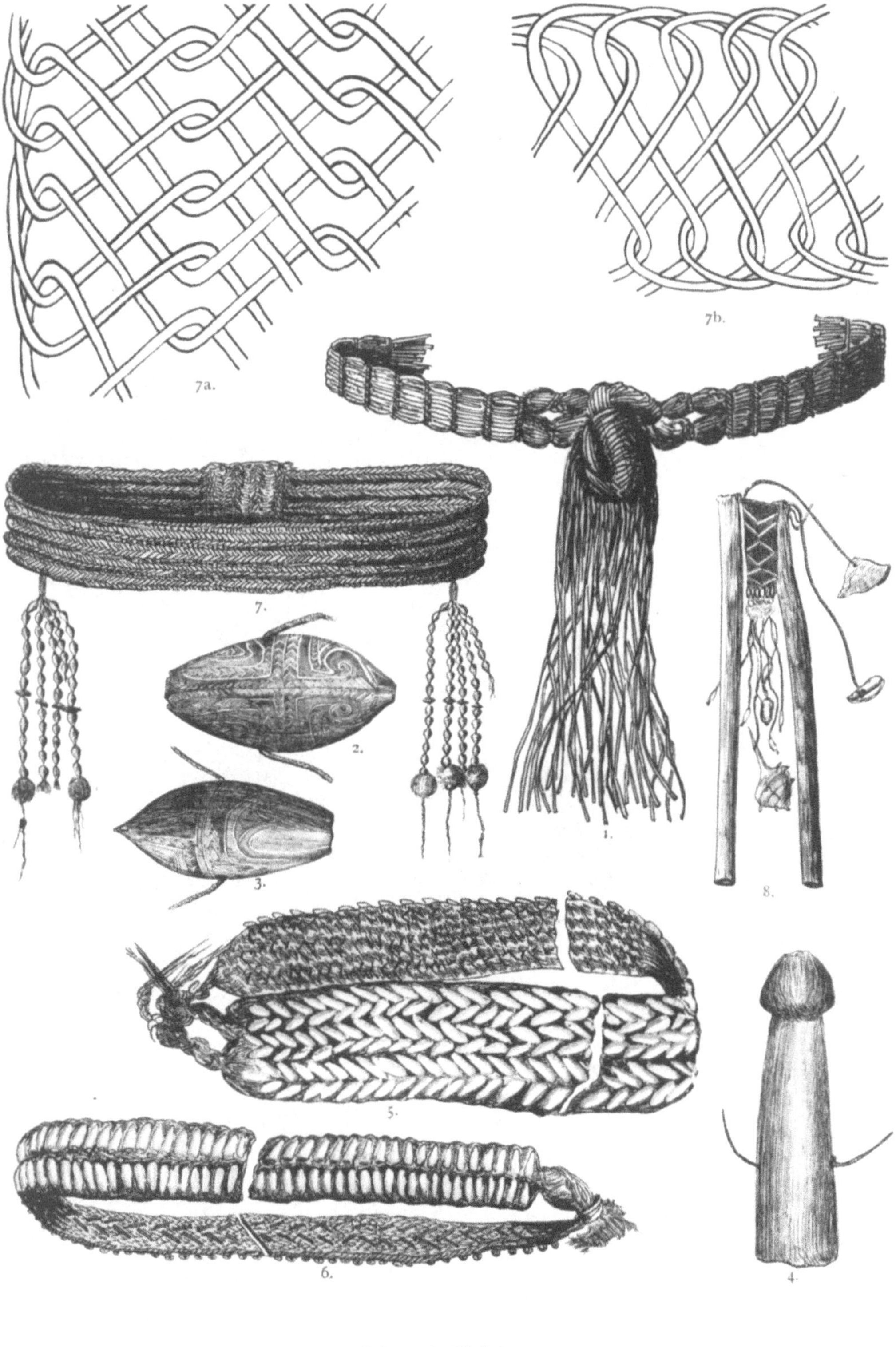

Schmuck (Mahi).

Verlag: L. Friederichsen & Co., Hamburg.

Lichtdruck von Knackstedt & Co., Hamburg.

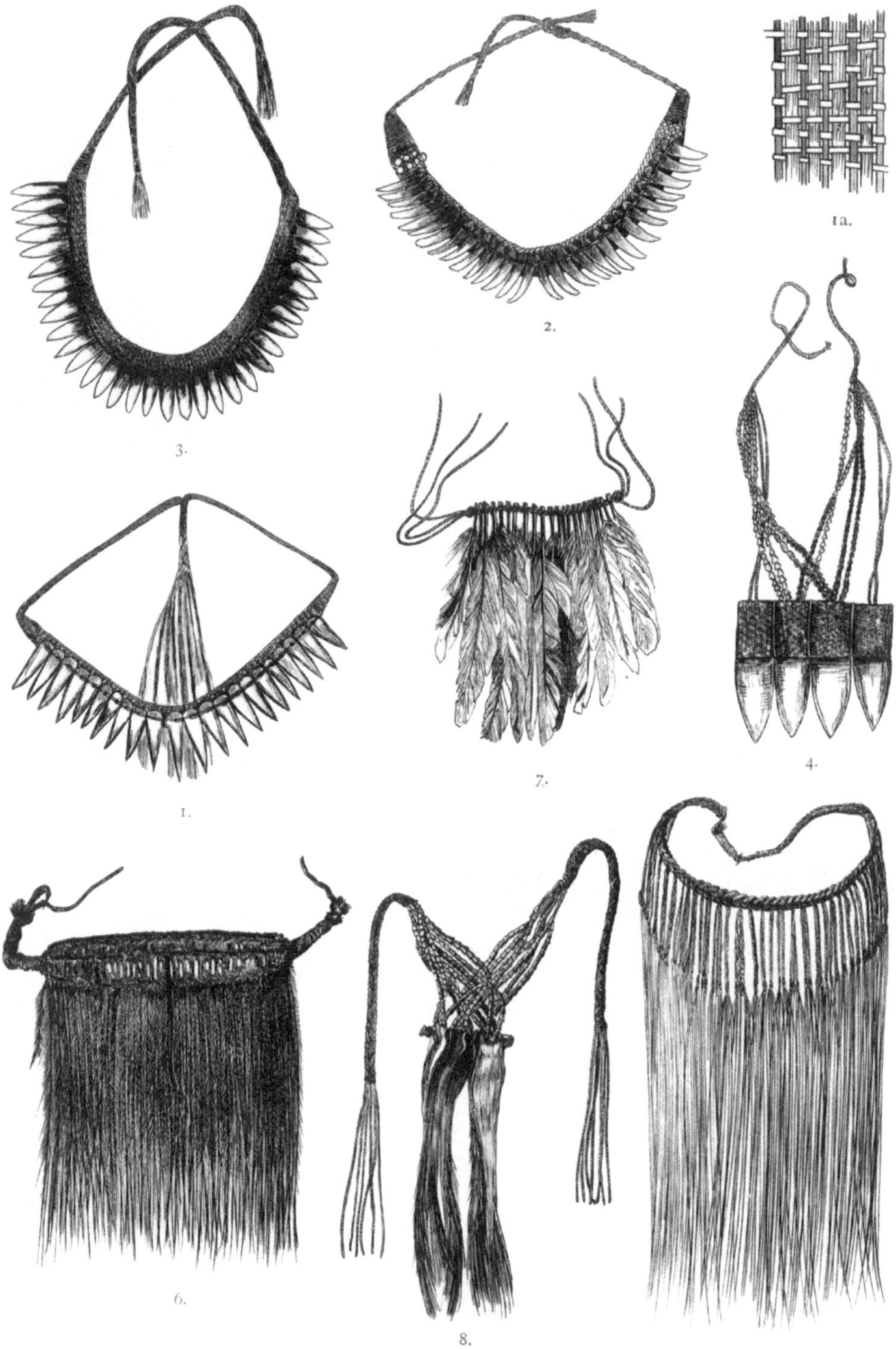

Schmuck (Mahi).

Verlag: L. Friederichsen & Co., Hamburg.
Lichtdruck von Knackstedt & Co., Hamburg.

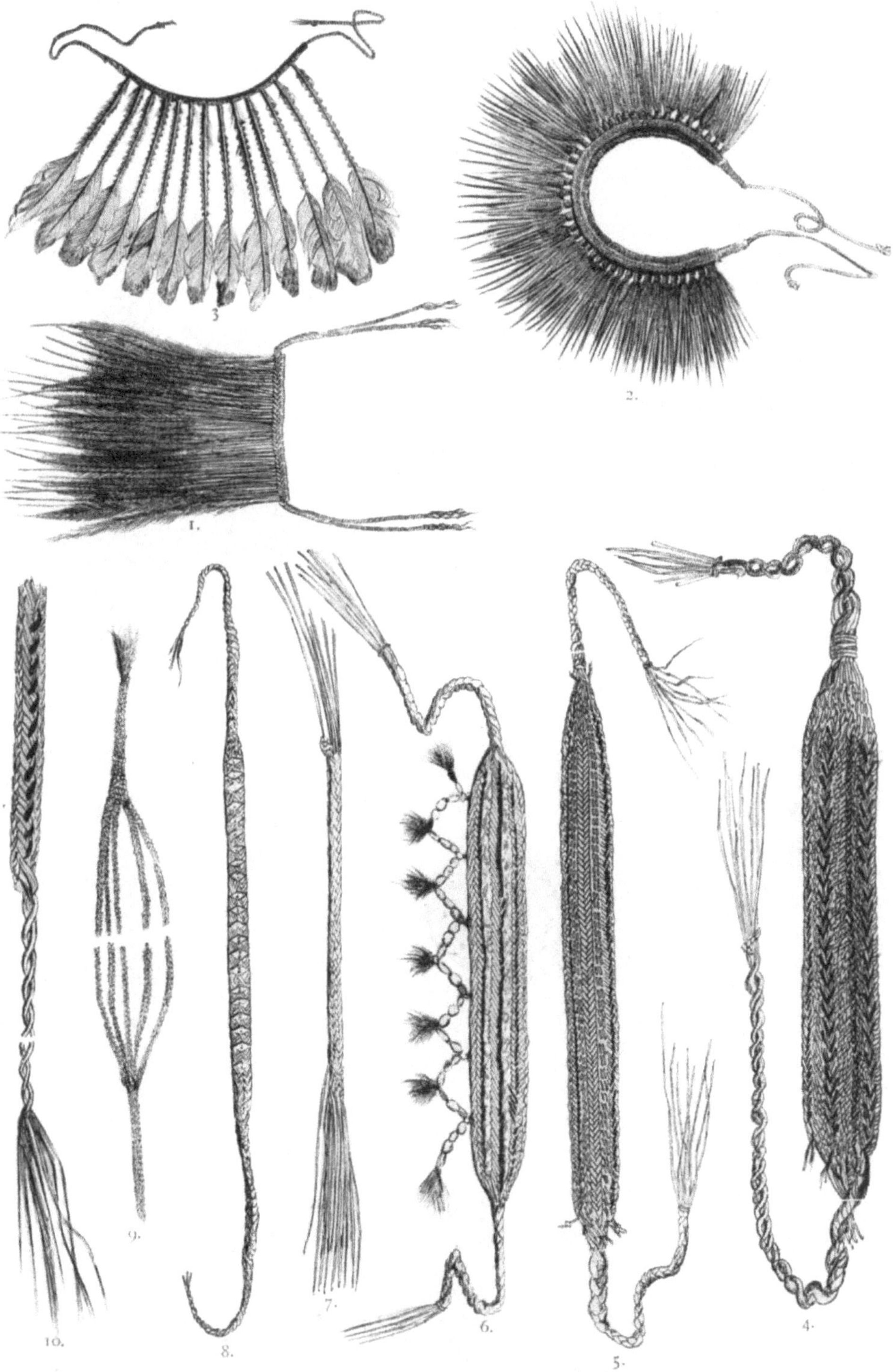

Schmuck (Mahi).

Verlag: L. Friederichsen & Co., Hamburg.

Lichtdruck von Knackstedt & Co., Hamburg.

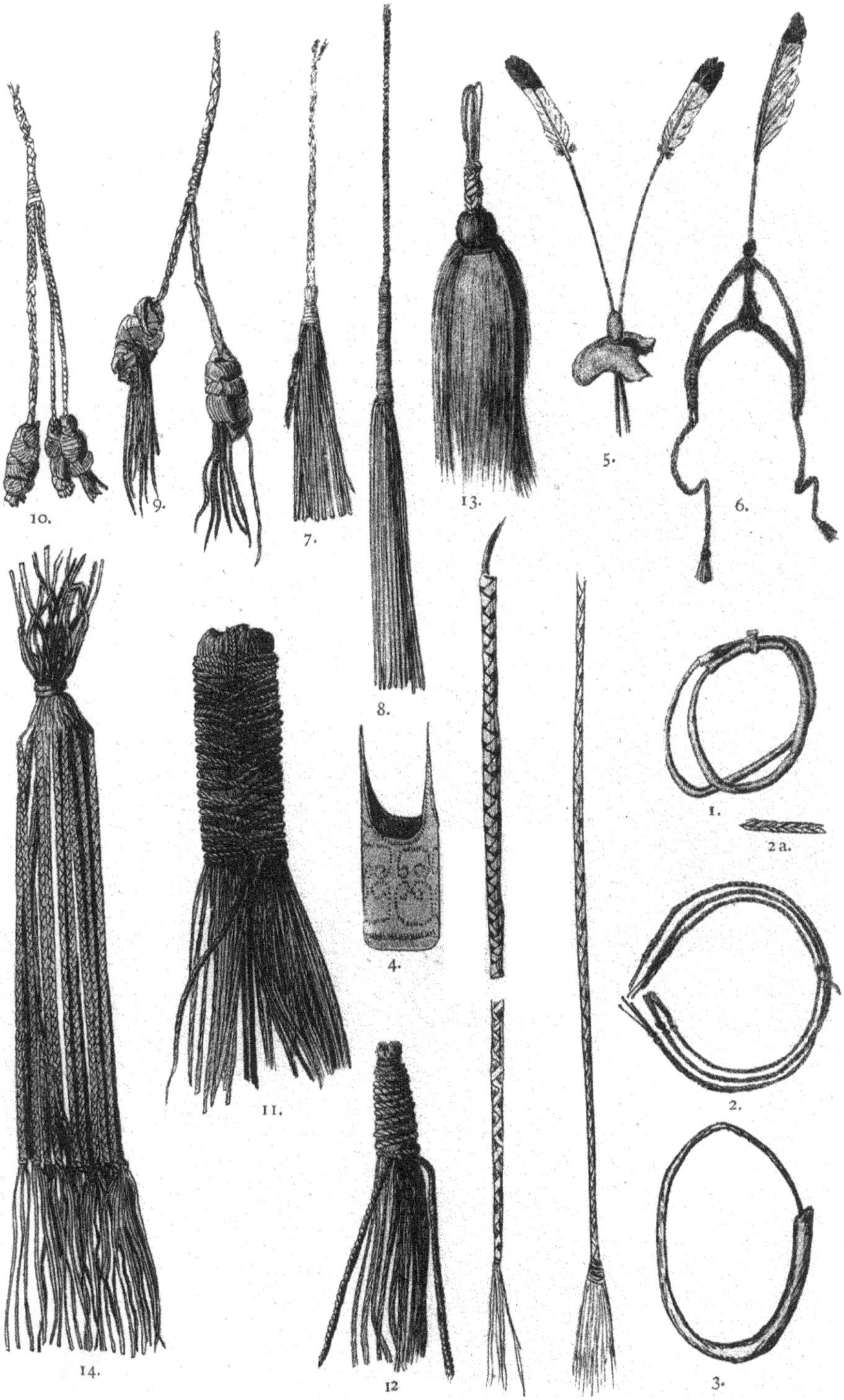

Schmuck (Mahi).

Verlag: L. Friederichsen & Co. Hamburg. Lichtdruck von Knackstedt & Co., Hamburg.

Wahuku mit der Beisam-bosā-Haartracht.

Verlag: L. Friederichsen & Co., Hamburg. Lichtdruck von Knackstedt & Co., Hamburg.

1.

2.

3.

Haartrachten.

Verlag: L. Friederichsen & Co., Hamburg. Lichtdruck von Knackstedt & Co., Hamburg.

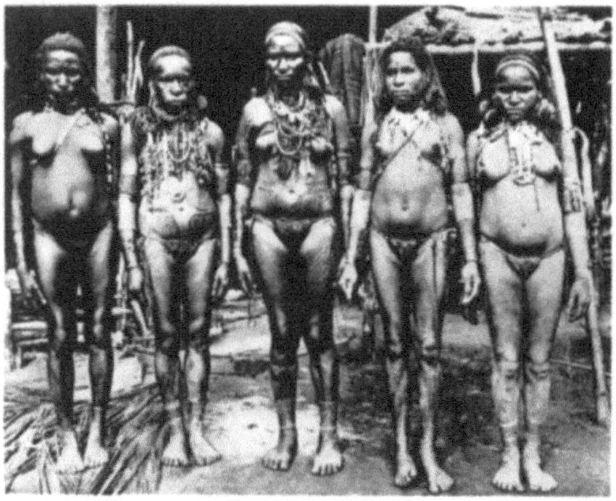

1.

2.

3.

4.

Haartrachten.

Verlag: L. Friederichsen & Co., Hamburg. Lichtdruck von Knackstedt & Co., Hamburg.

1.

2.

5.

3.

4.

Haartrachten.

Verlag: L. Friederichsen & Co., Hamburg.

Lichtdruck von Knackstedt & Co., Hamburg.

1.

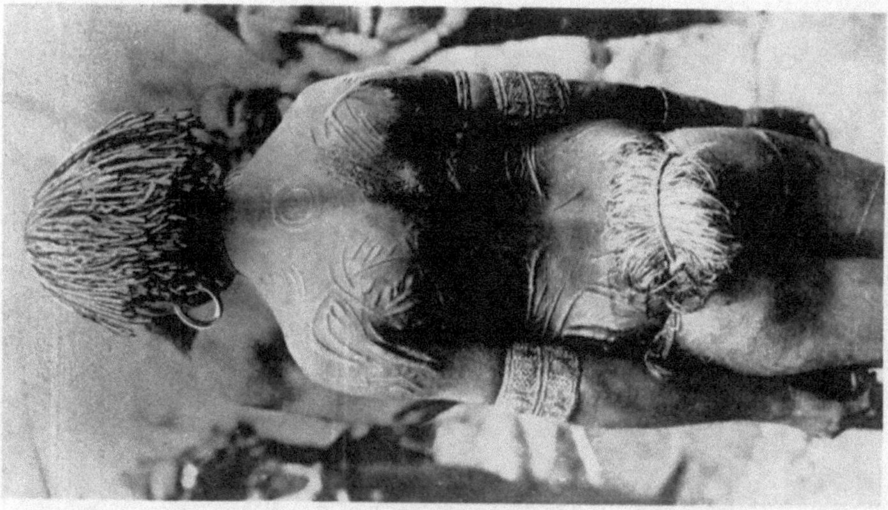

2.

Sâv mit zahlreichen und stark hervortretenden Narbentätowierungen.

Verlag: L. Friederichsen & Co., Hamburg. Lichtdruck von Knackstedt & Co., Hamburg.

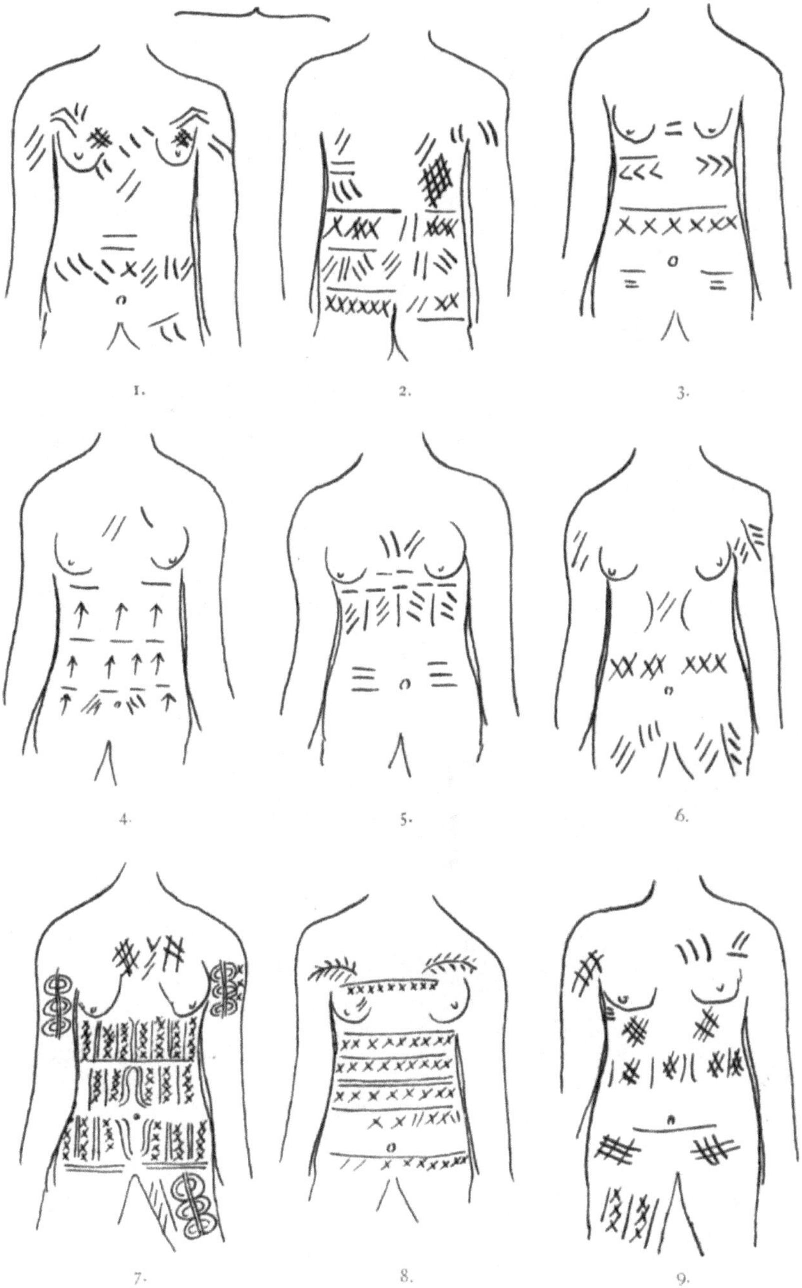

Narbentätowierungen.

Verlag: L. Friederichsen & Co., Hamburg.

Lichtdruck von Knackstedt & Co., Hamburg.

1.

2.

3.

Frauen der Jee-anim.

Verlag: L. Friederichsen & Co., Hamburg.

Lichtdruck von Knackstedt & Co., Hamburg.

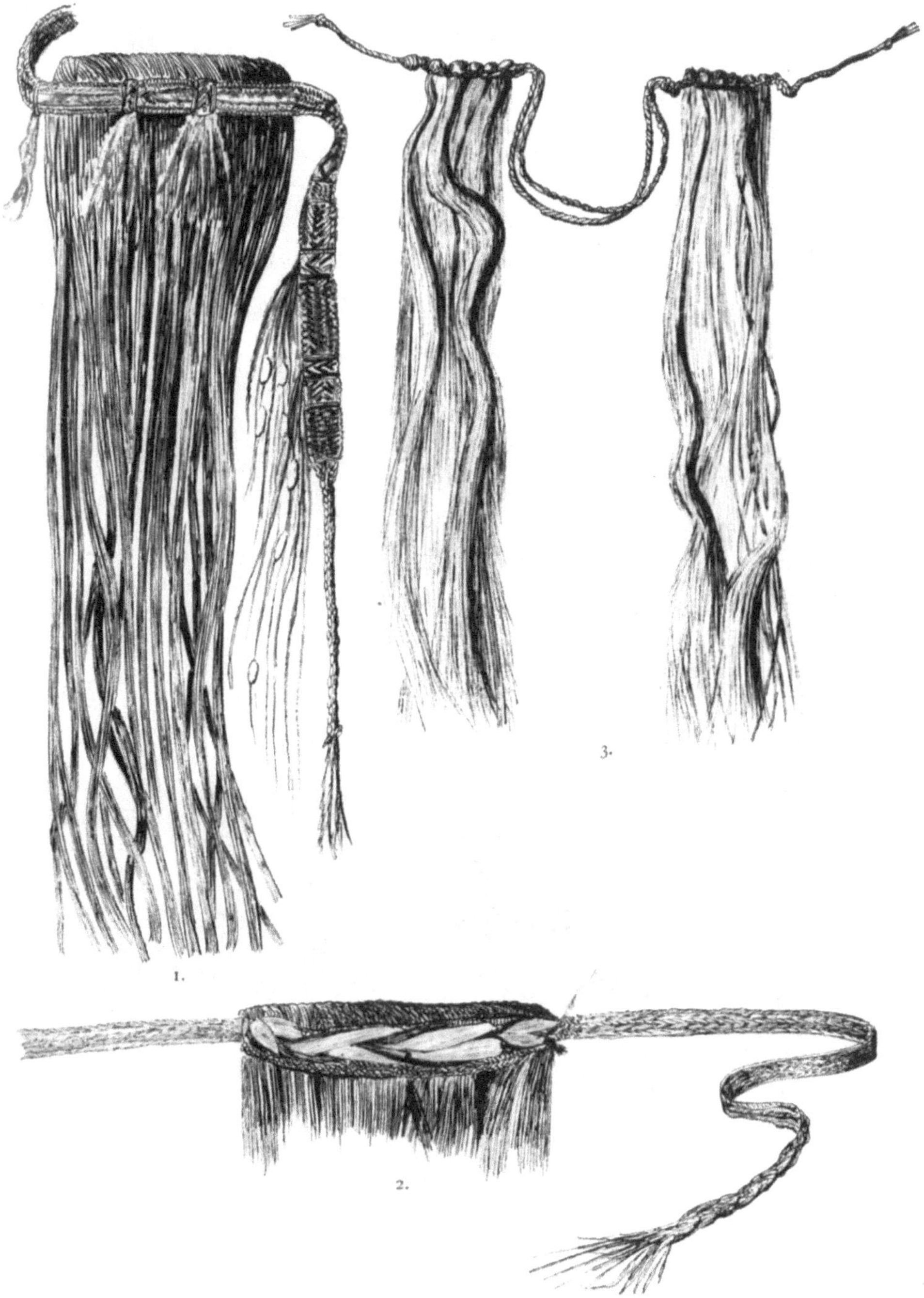

Schamschürzen.

Verlag: L. Friederichsen & Co., Hamburg. Lichtdruck von Knackstedt & Co., Hamburg.

1.

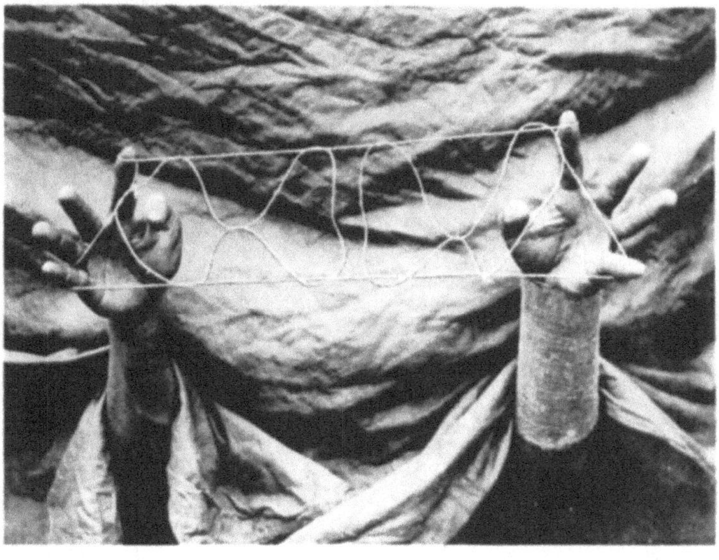

2.

Schnurfiguren.

Verlag: L. Friederichsen & Co., Hamburg. Lichtdruck von Knackstedt & Co., Hamburg.

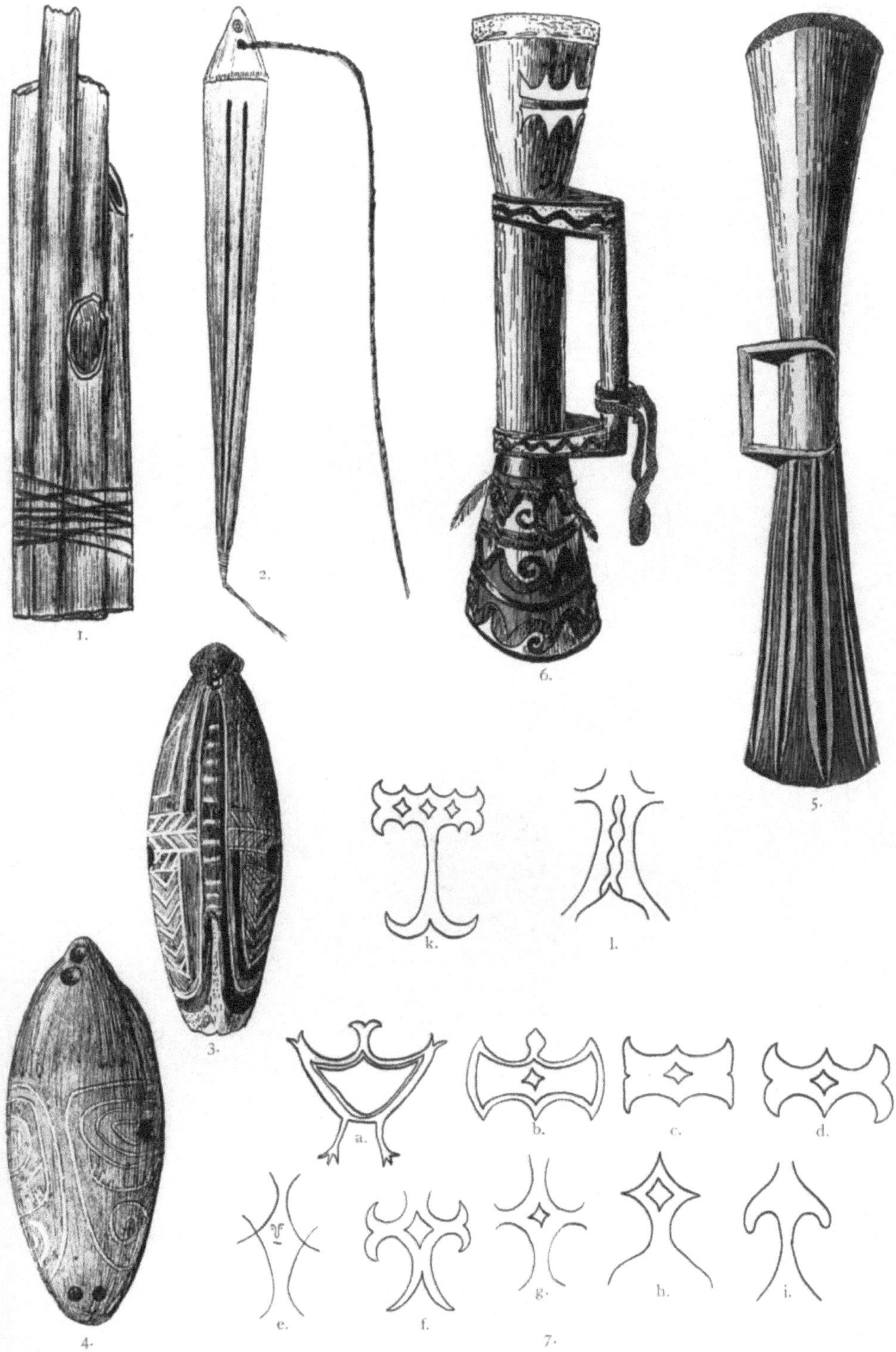

Musikinstrumente.

Verlag: L. Friederichsen & Co., Hamburg.

Lichtdruck von Knackstedt & Co., Hamburg

Verlag: L. Friederichsen & Co., Hamburg.

Lichtdruck von Knackstedt & Co., Hamburg.

1.

2.

3.

Sagobereitung.

Verlag: L. Friederichsen & Co., Hamburg.

Lichtdruck von Knackstedt & Co., Hamburg

1.

2.

6.

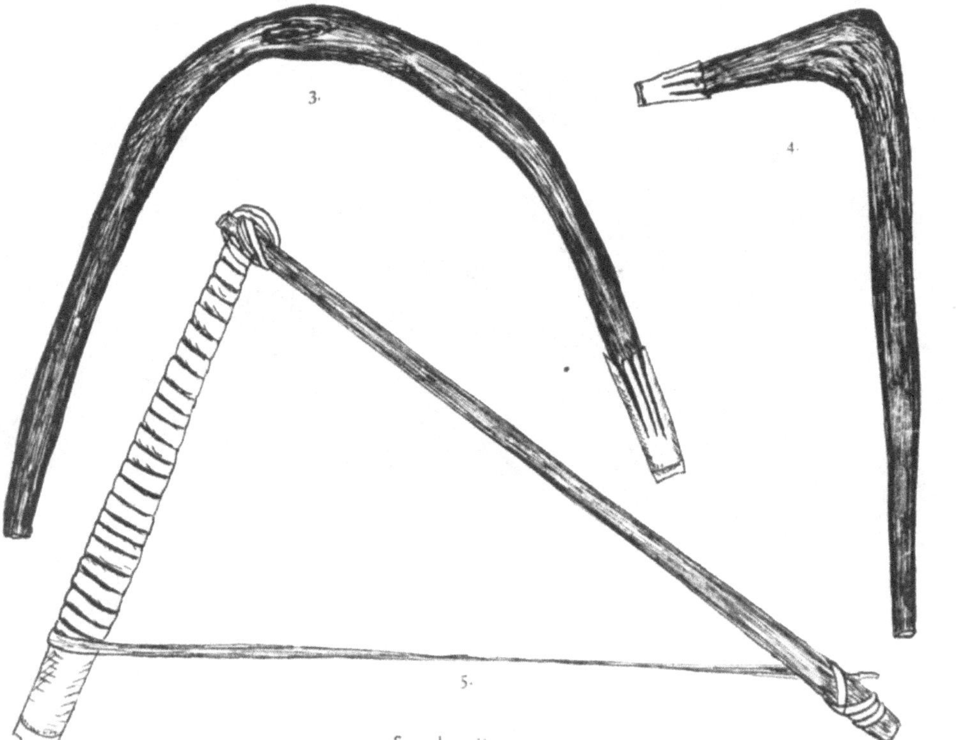

3. 4. 5.

Sagobereitung

Verlag: L. Friederichsen & Co., Hamburg. Lichtdruck von Knackstedt & Co., Hamburg.

1. Große Falle für Krokodile.

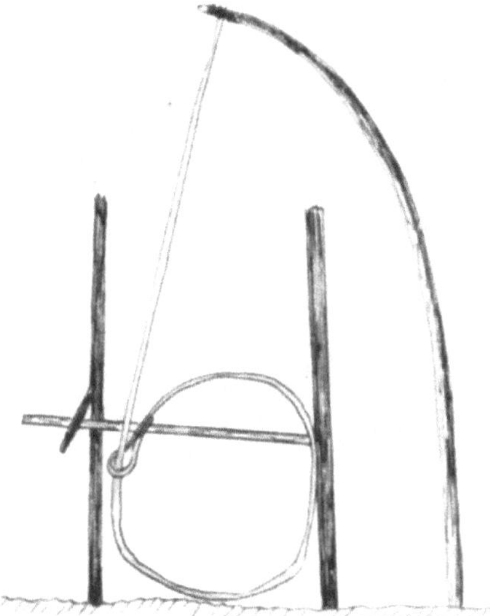

3. Schema einer Krokodilfalle.

2. Kleine Falle für Krokodile.

Verlag: L. Friederichsen & Co. Hamburg.

Lichtdruck von Knackstedt & Co., Hamburg.

1. Falle für Wildschweine.

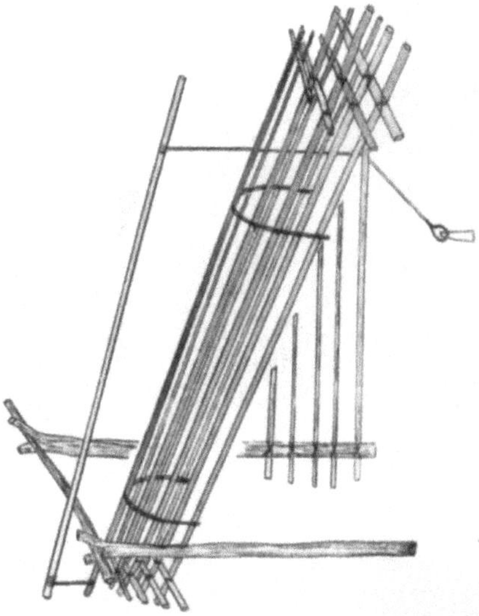

2. Schema der Schweinefalle.

3. Jagdhütte.

Verlag: L. Friederichsen & Co., Hamburg.

Lichtdruck von Knackstedt & Co., Hamburg.

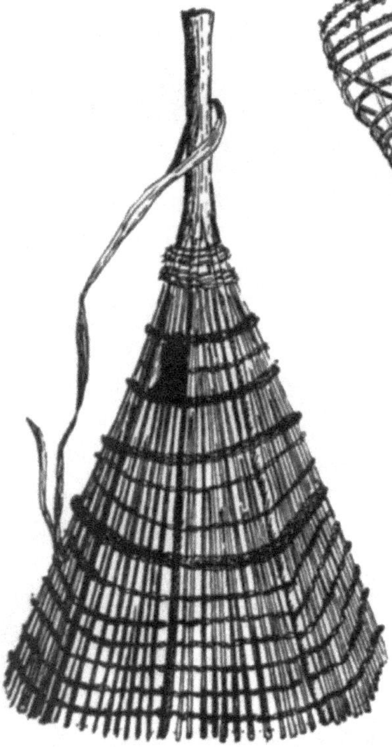

3.

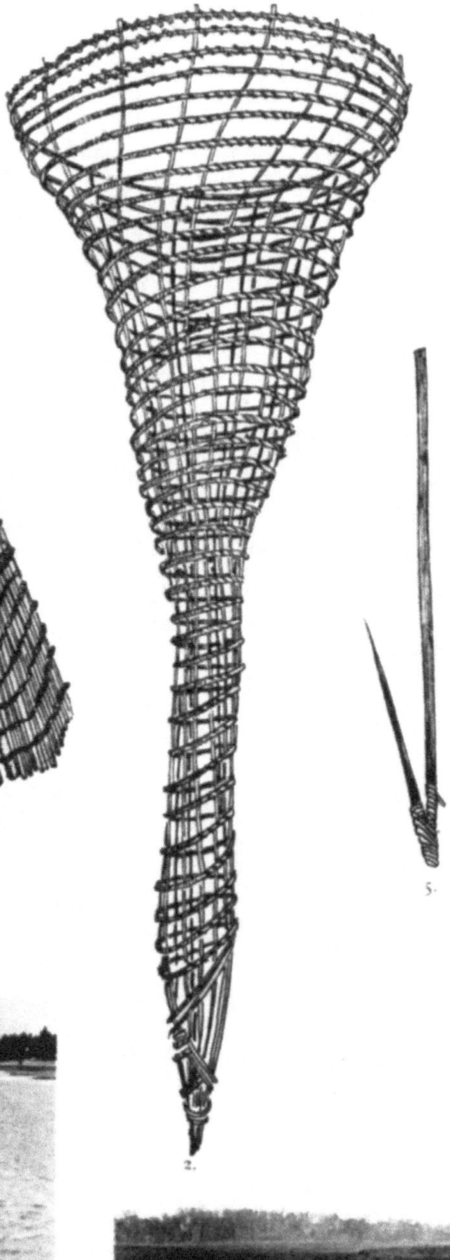

2.

5.

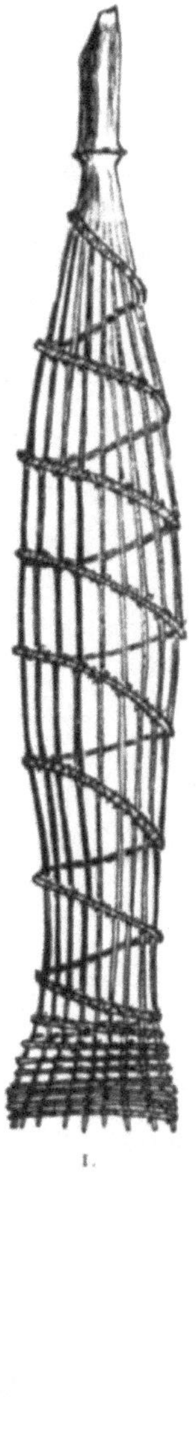

1.

4.

6.

Fischerei.

Verlag: L. Friederichsen & Co., Hamburg.

Lichtdruck von Knackstedt & Co., Hamburg.

1. 2.

Bogenschützen.

3. Mann mit Speerschleuder.

Verlag: L. Friederichsen & Co., Hamburg. Lichtdruck von Knackstedt & Co., Hamburg.

1.

2

3.

8a.

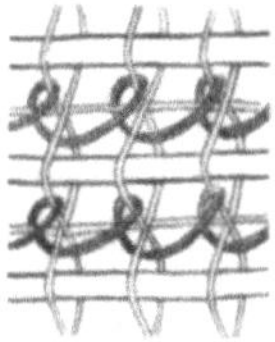
5a.

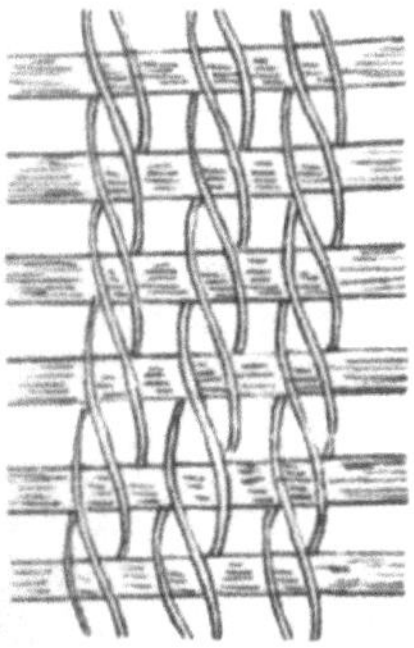
4b.

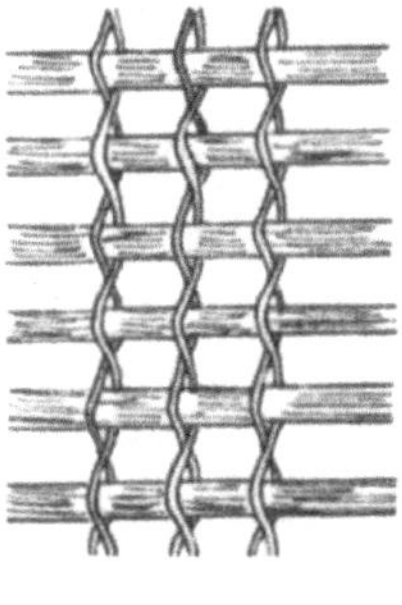
4a

8.

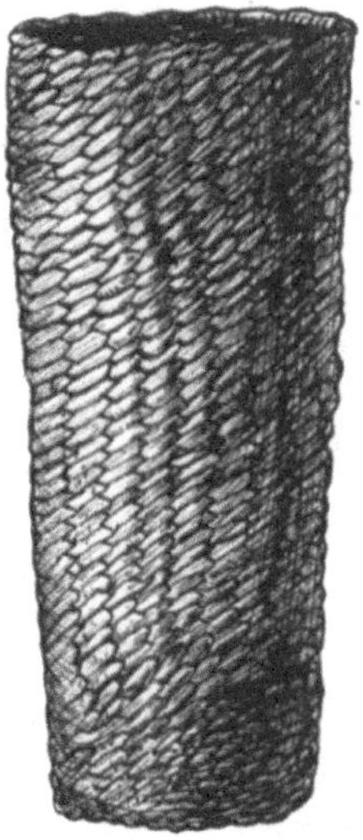
9.

4.

5.

6.

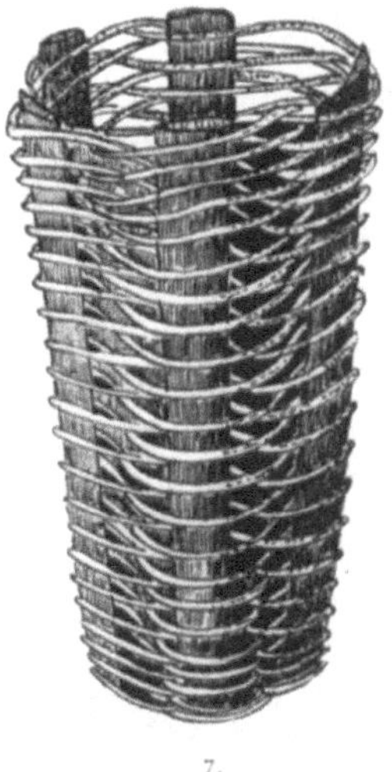
7.

Waffen.

Verlag: L. Friederichsen & Co. Hamburg.

Lichtdruck von Knackstedt & Co., Hamburg.

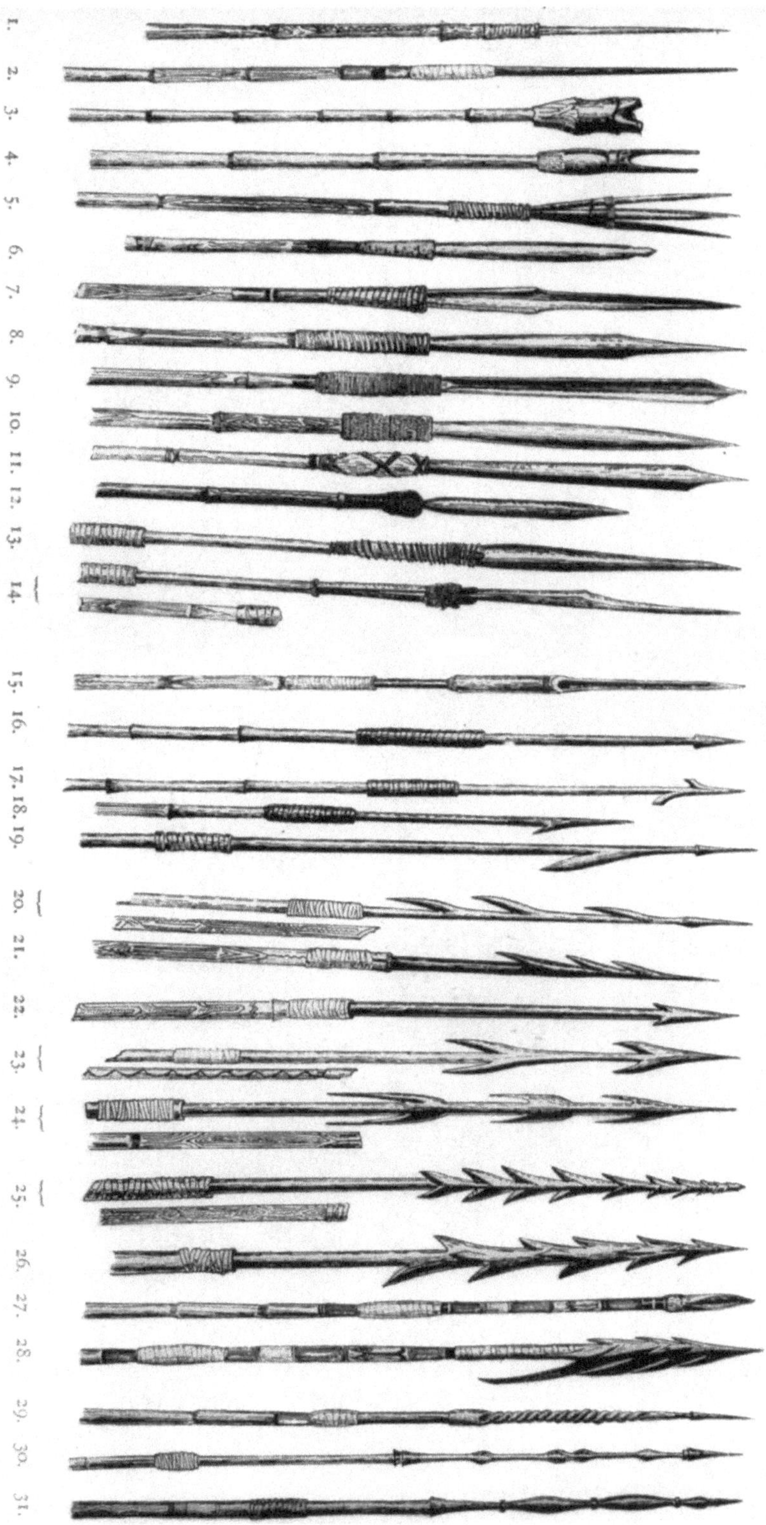

Pfeile (Tange).

Verlag: L. Friederichsen & Co., Hamburg.

Lichtdruck von Knackstedt & Co., Hamburg.

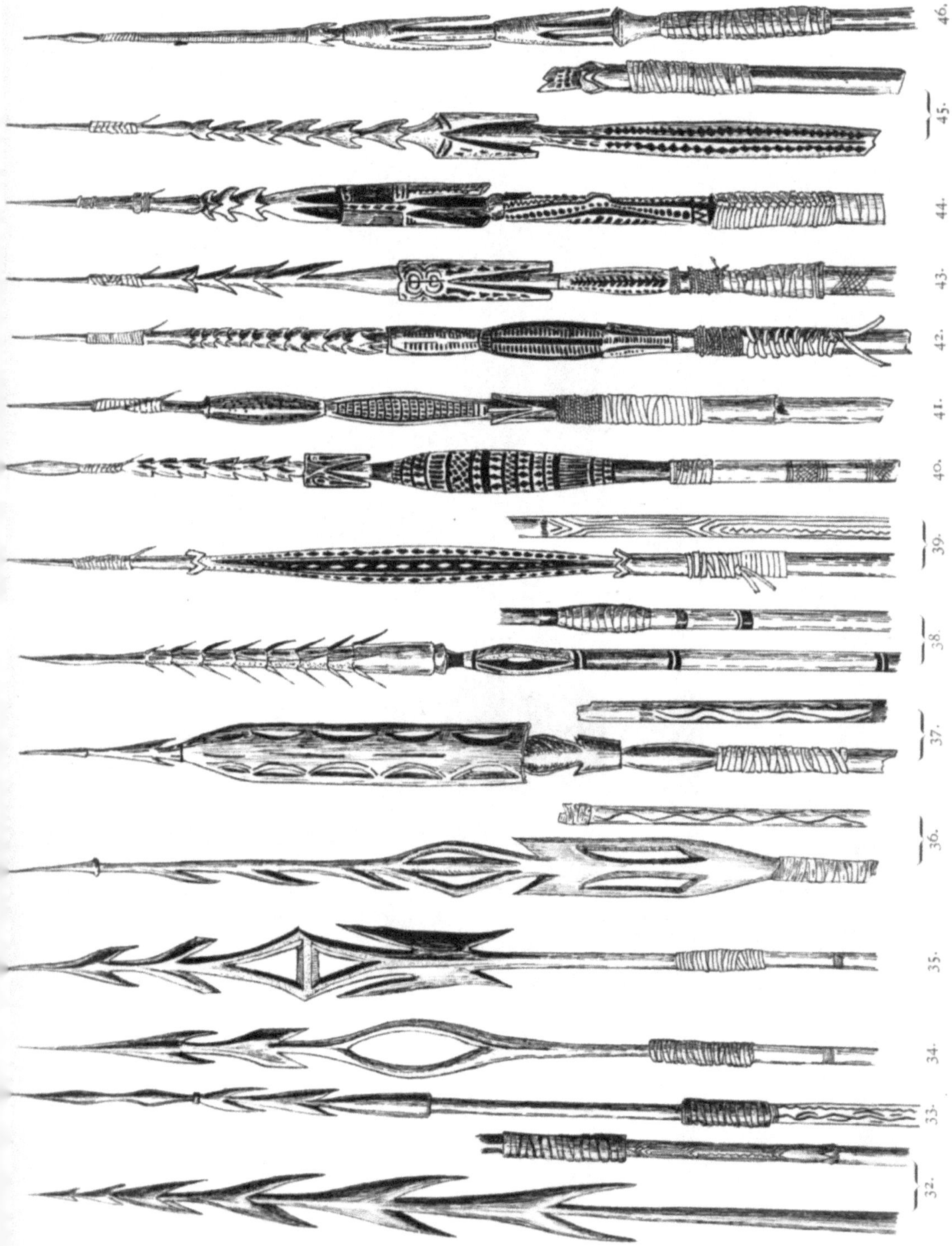

Pfeile (Tange).

Verlag: L. Friederichsen & Co., Hamburg.

Lichtdruck von Knackstedt & Co., Hamburg.

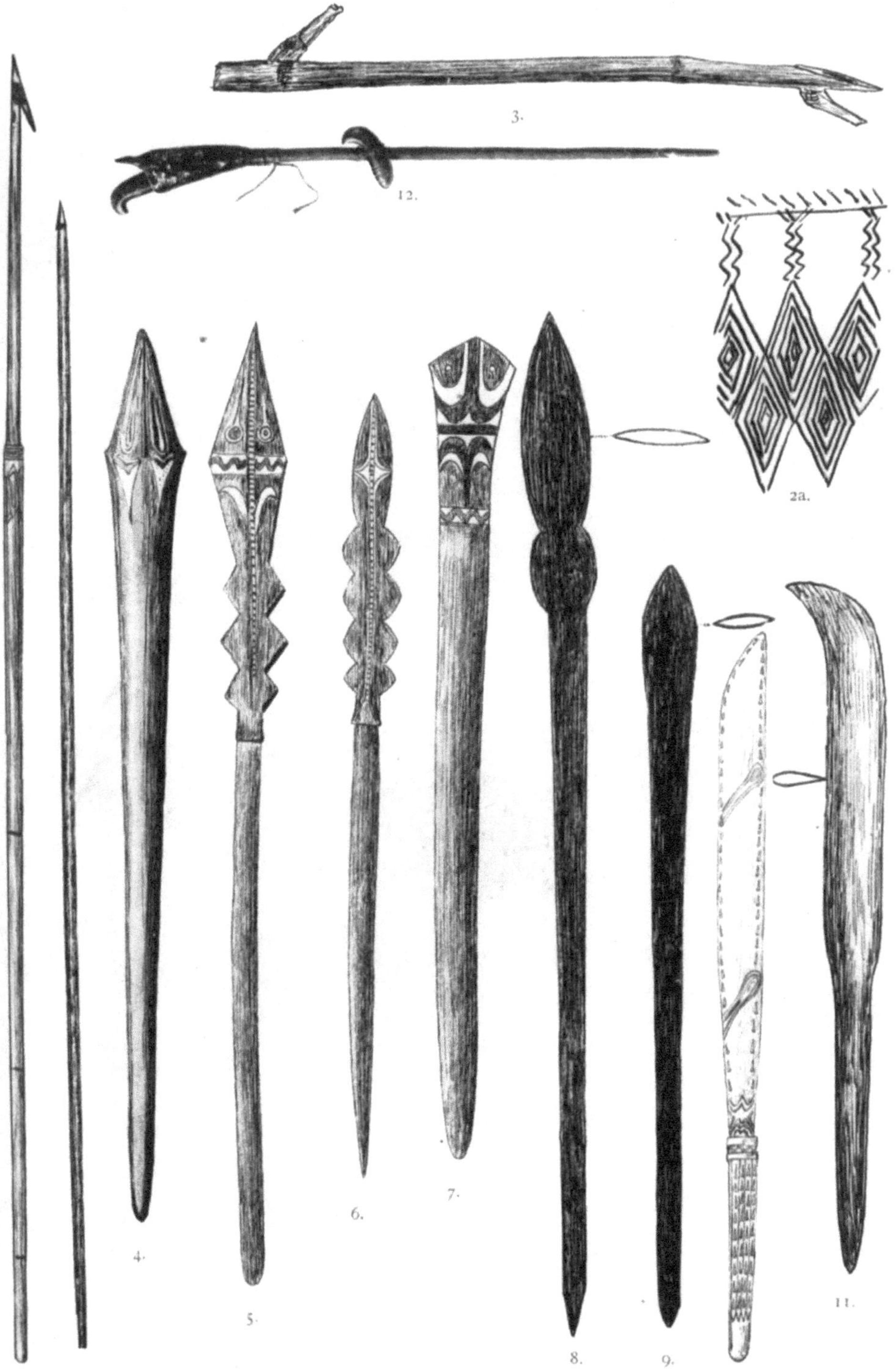

Waffen.

Verlag: L. Friederichsen & Co., Hamburg. Lichtdruck von Knackstedt & Co., Hamburg.

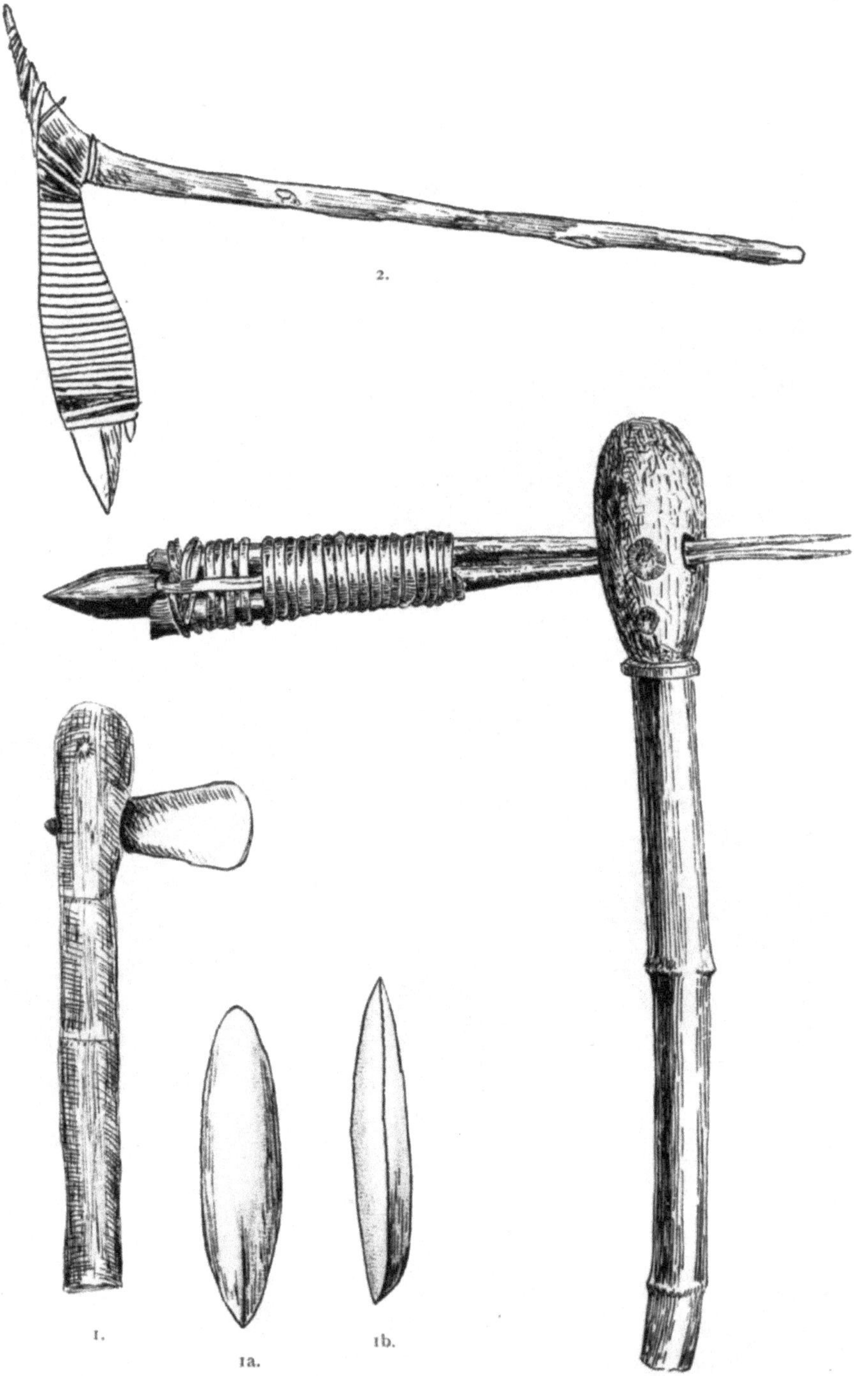

Geräte

Verlag: L. Friederichsen & Co., Hamburg.
Lichtdruck von Knackstedt & Co., Hamburg.

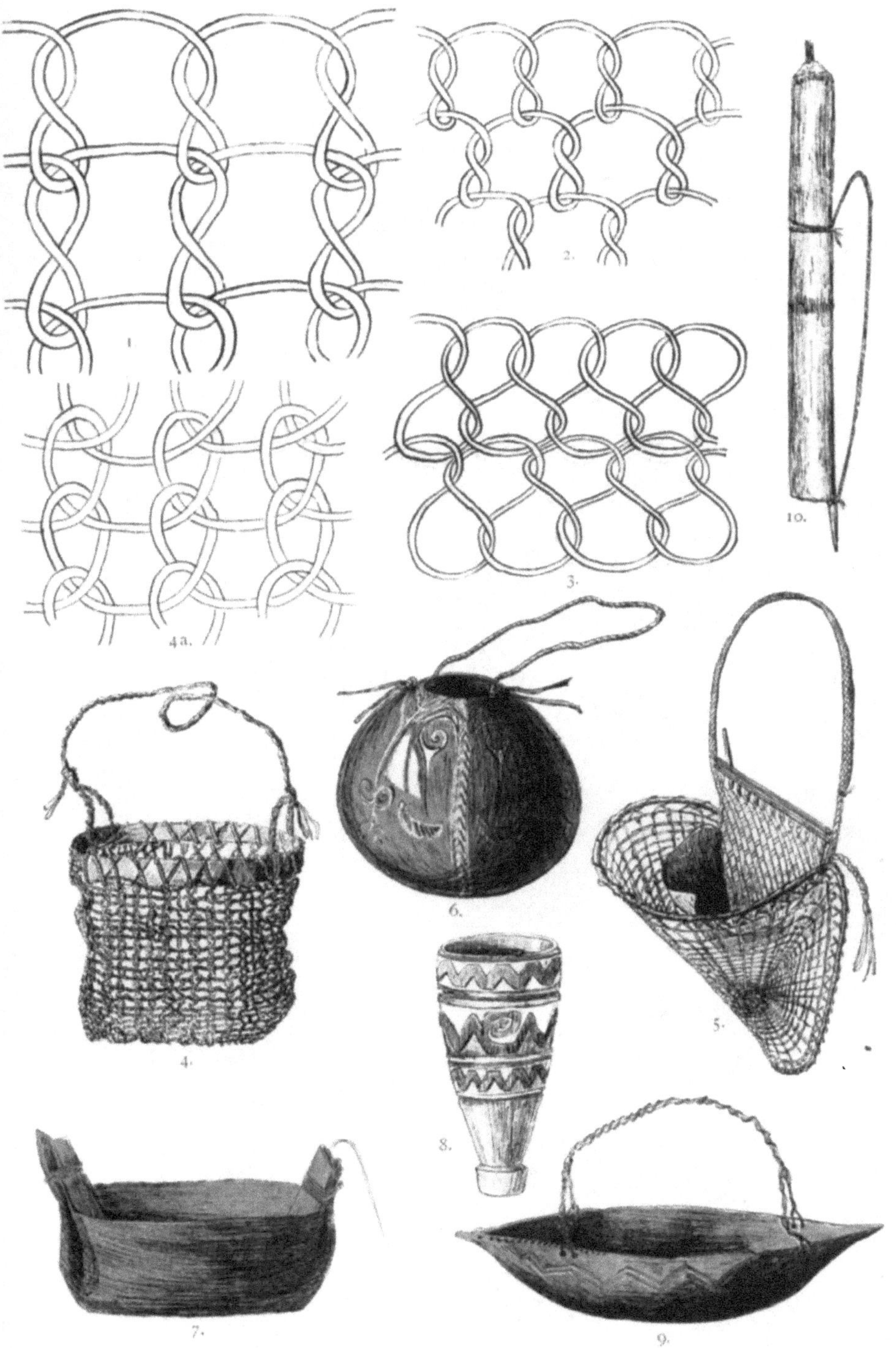

Geräte.

Verlag: L. Friederichsen & Co., Hamburg.
Lichtdruck von Knackstedt & Co., Hamburg.

Körbe (Wad).

Verlag: L. Friederichsen & Co., Hamburg.

Lichtdruck von Knackstedt & Co., Hamburg.

Flechtwerke der Jee-Frauen.

Verlag: L. Friederichsen & Co., Hamburg.
Lichtdruck von Knackstedt & Co., Hamburg.

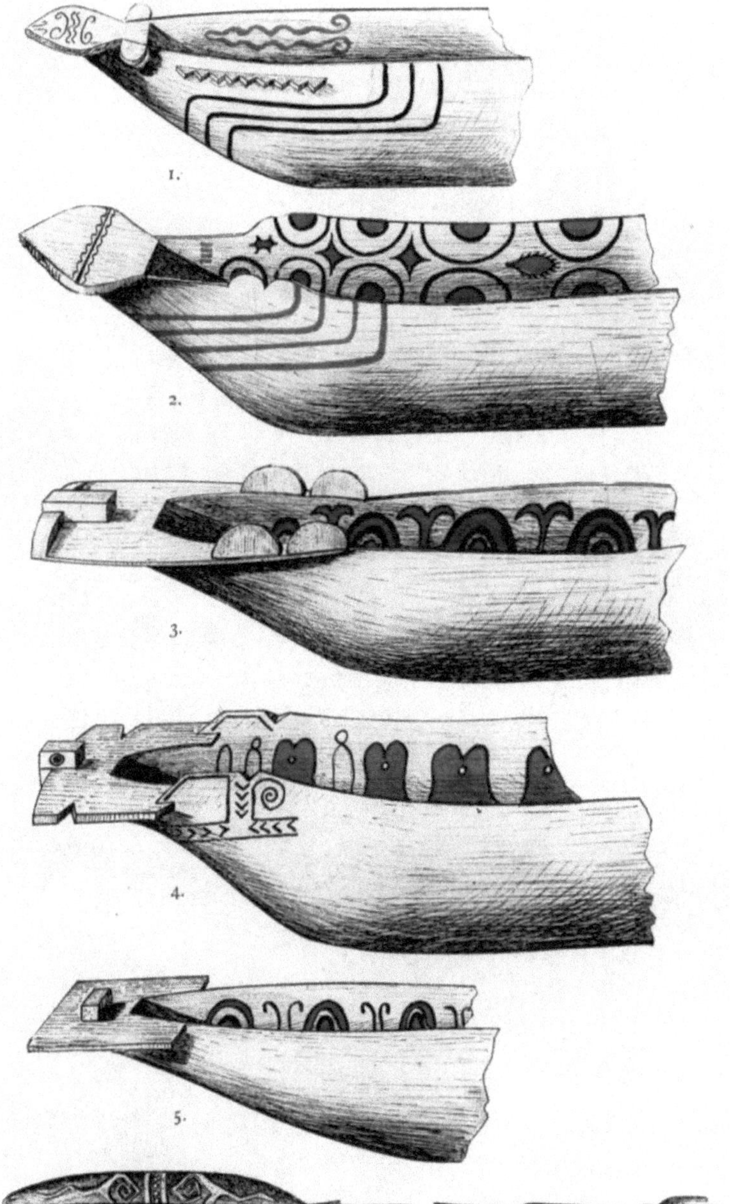

Kanuschnäbel und Paddel.

Verlag: L. Friederichsen & Co., Hamburg.

Lichtdruck von Knackstedt & Co., Hamburg.

1.

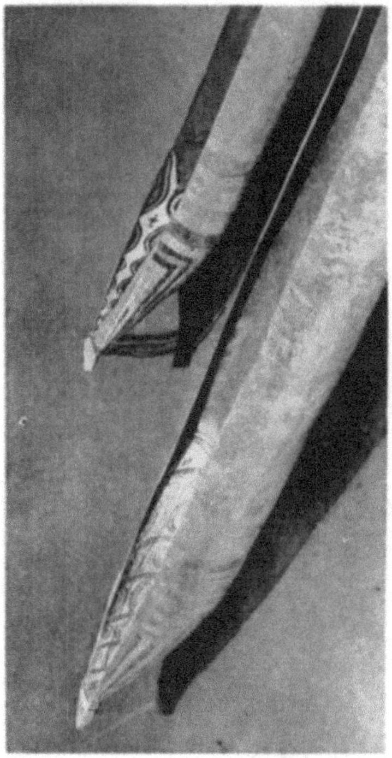

2.

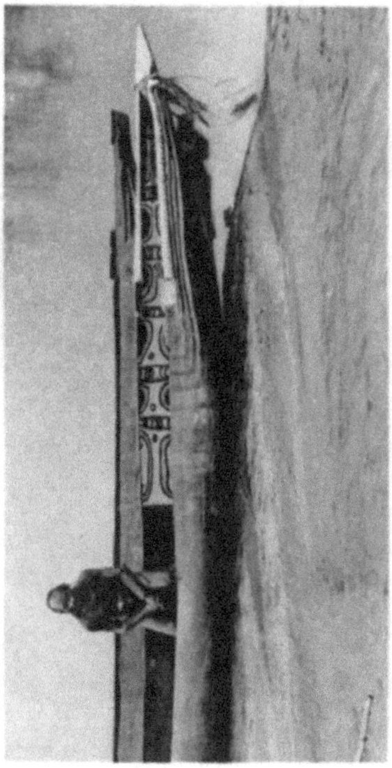

3.

4.

Kanu.

Verlag: L. Friederichsen & Co., Hamburg.

Lichtdruck von Knackstedt & Co., Hamburg.

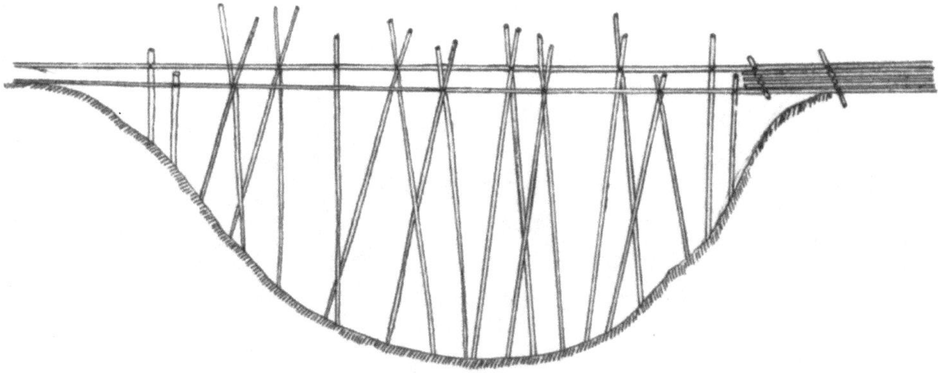

1. Brückenkonstruktion (oberer Bian).

2. Brücke aus Baumstämmen in der Nähe von Saror.

Verlag: L. Friederichsen & Co., Hamburg.

Lichtdruck von Knackstedt & Co., Hamburg.

FSC
www.fsc.org
MIX
Papier | Fördert gute Waldnutzung
FSC® C083411

Kolibri 360 GmbH
Ferdinand-Jühlke-Straße 7
99095 Erfurt, Deutschland
produktsicherheit@kolibri360.de